Barbara
Szandorowska

FLUCHT
VOR DEM
GURU

D1726750

Verlag C. M. Fliß
Lütt Kollau 17, 22453 Hamburg

1. Auflage 1993
Originaltitel: Escape from the Guru
Übersetzung: CMF – DE
Umschlag: image design
Satz: Convertex, Aachen
Printed in Germany

ISBN 3-922349-77-3

Wir informieren Sie gerne über unser Gesamtprogramm.
Postkarte genügt!

Inhalt

Vorwort

Führen wirklich alle spirituellen Wege zum gleichen Ziel, also letztendlich zu Gott? Wie kann man Gut und Böse unterscheiden? Ist es überhaupt zulässig, die Welt in diese Begriffe aufzuteilen? In unserer Zeit, in der Yin und Yang, New Age und Okkultismus zu Alltagsbegriffen geworden sind und es große Mode ist, selbst mit gefährlichen Dingen zu spielen, stellen viele junge Leute solche und ähnliche Fragen.

Dieses Buch berichtet über meine persönliche Suche nach relevanten Antworten. Ich glaube, daß Gott Seine Hand über unserem Leben hält und daß der Mensch, der Ihn aufrichtig und ehrlich sucht, schließlich doch der Lüge auf die Spur kommen und die Wahrheit erkennen wird. So ist es mir jedenfalls gegangen.

Einführung

Wer der stillen, nachdenklichen Kanadierin polnischer Abstammung, Barbara Szandorowska, zum ersten Mal begegnet, wird an ihr nichts entdecken, das auf eine solch erstaunliche Geschichte hinweist, wie sie in diesem Buch geschildert wird. Aber sie ist wahr. Nachdem Barbara ihre Studien mit einem Bakkalaureat in Psychologie abgeschlossen und vier Jahre in der Forschung gearbeitet hatte, brach sie zu ihrer großen Reise auf, die sie in viele Länder der Erde führte – getrieben von einer rastlosen Suche nach spiritueller Erfüllung. Sie geriet dabei in äußerst schwierige Situationen, sei es daß sie mit nur ein paar Groschen in der Tasche per Anhalter reiste oder selber am Lenker eines Motorrads saß. In Indien machte sie Bekanntschaft mit Opium, durchquerte die Urwälder Guatemalas, lebte mit einem Japaner in Tokio zusammen, hatte Kontakt zu buddhistischen Mönchen in Burma und verbrachte schließlich längere Zeit in Indien, dessen krasse Gegensätze und besondere Atmosphäre sie gänzlich gefangennahmen. Hier in Indien lernte sie Mutter Teresa kennen, und hier geriet sie unter den unheilvollen Bann Sai Babas, des berühmten hinduistischen Gurus.

Wenn Sie noch nicht mit dem Phänomen der Belastung durch böse Geister konfrontiert worden sind, wird dieses Buch Sie über deren Einfluß und Macht aufklären. Barbara war davon überzeugt, daß alle Wege letztendlich zu Gott führten und alle Religionen in die gleiche Richtung wiesen. Die scheinbare Heiligkeit und die enorme Ausstrahlung dieses Mannes, der so viele wundersame Dinge, besonders Heilungen, aufzuweisen hatte, beeindruckten sie tief. Sie erlag seinem Zauber und merkte nach einer gewissen Zeit, daß sein Geist sie erfüllte, beherrschte und ihr half. Alles schien in bester Ordnung zu sein – bis zu jenem furchtbaren Augenblick, als Barbara erkannte, daß diese Kraft, die ihr so freundlich und mild erschienen war, in Wirklichkeit unsagbar böse war.

Das Buch berichtet weiter, wie Barbara schließlich der Finsternis, die sie beinahe umgebracht hätte, entkommen konnte und ins Licht verbindlicher Christusnachfolge gelangte. Wie so viele andere auch, war sie nach Indien gekommen, um die Wahrheit zu finden. Sie mußte jedoch erkennen, daß die Spiritualität, die aussah als wäre sie Licht, in Wirklichkeit schreckliche Finsternis war, aus der sie, wenn auch durch unsagbare Not hindurch, endlich in den Sonnenschein der Freundschaft mit Jesus durchbrechen durfte. Diese in Indien begonnene Freundschaft hat ihr Leben total verwandelt. Es ist faszinierend, von der liebevollen Art und Weise zu lesen, wie Christus sie geführt hat, besonders wenn man sie mit der kopflosen Suche im ersten Teil ihres Buches vergleicht.

Barbara schreibt gut. Ihr Stil ist anschaulich, voller Farbe und Spannung, die den Leser gefangennimmt. Aber das ist nicht der Grund, warum sie dieses Buch geschrieben hat. Gewiß mag das Schreiben ihr geholfen haben, ihre erstaunlichen Erfahrungen innerlich zu »verdauen«. Aber auch das ist nicht der eigentliche Grund des Buches. Was Barbara Sorge macht, sind die vielen jungen Menschen in den westlichen Ländern, die dem Christentum bewußt den Rücken gekehrt haben und sich das Licht aus hinduistischen und buddhistischen Quellen erhoffen. Sie ist diesen Weg selbst gegangen und weiß, daß er unweigerlich in eine Sackgasse führt. Dieser Weg hält nicht nur nicht, was er verspricht, sondern bringt den Menschen in geistliche Knechtschaft, die manchmal sogar bis an die Grenzen geistiger Umnachtung und in den Selbstmord führen kann. Barbaras Buch ist ein beredtes Zeugnis für die Macht Jesu Christi, der jeden retten kann und will, der Ihn um Hilfe bittet. Gleichzeitig ist es eine Warnung für Menschen, die meinen, mit den okkulten Kräften spielen zu können, die so harmlos und verführerisch erscheinen, in Wirklichkeit aber äußerst gefährlich sind. Sie werden diese Biographie auch gewiß mit Spannung lesen. Barbaras größter Wunsch ist es jedoch, daß Sie sich die darin enthaltene Botschaft wirklich zu Herzen nehmen.

Michael Green

Kapitel 1

Die Begegnung

Mühsam schlängelte sich der Zug im Zickzack die steilen Abhänge hinauf, vorbei an sauberen Reihen dunkelgrüner Teestauden, die in terrassenförmig angelegten Plantagen wuchsen. Je mehr wir uns den Ausläufern des Himalaja näherten, desto mehr keuchte und stöhnte die Lokomotive unter der gewaltigen Anstrengung.

Ich verspürte ein mulmiges Gefühl in der Magengegend. Hatte ich wirklich die richtige Entscheidung getroffen? Erst vierzehn Tage war es her, seit ich meinem Lebensgefährten Makoto endgültig Lebewohl gesagt hatte. Dreieinhalb Jahre lang waren wir gemeinsam durch die Welt gezogen, zuletzt in Indien. Ob ich ohne ihn überhaupt fertig werden würde? Es hatte alles so leicht ausgesehen, als ich mich am Flughafen von ihm verabschiedete. Geschmerzt hatte es kein bißchen – eher war es mir so vorgekommen, als sei eine schwere Last von meinen Schultern genommen worden. Unwillkürlich hatte ich die Worte eines Schlagers vor mich hingesummt, die genau der Situation zu entsprechen schienen: »Denn jedes Ding, la, la, la, la, hat seine Zeit, la, la, la, la . . .« Die Worte hatten mir bestätigt, daß es die richtige Zeit gewesen war, um Abschied zu nehmen. Bestimmt, so dachte ich, würde das Leben ohne Makoto leichter sein. Keiner war mehr da, der mich davon abhielt, so zu leben, wie ich es für richtig hielt.

Einige Tage später jedoch, als ich in der »Red Shield«-Jugendherberge in Kalkutta übernachtete, hatte mich eine Grippe erwischt, und kein Makoto war da, um mich zu trösten. Plötzlich sah ich die Dinge in einem völlig neuen Licht. Die Tränen, die ich vergoß, waren nicht weniger ein Zeichen meines Trennungsschmerzes als ein Symptom der Erkältung. Schwere Zweifel nagten an meinem Herzen. Hatte ich tatsächlich die richtige

Entscheidung getroffen? Wie konnte ich absolut sicher sein? Ob ich jemals den Mut aufbringen würde, allein zu reisen?

Das Problem hatte sich ganz von selbst gelöst. Als Hans – ein Deutscher, der ebenfalls in der Jugendherberge wohnte – verkündete, er werde am folgenden Tag nach Darjeeling aufbrechen, eine Tagereise nordwärts mit der Eisenbahn, da stellte sich heraus, daß er nicht der einzige war.

»Wir fahren auch dorthin«, meldete sich ein Pärchen zu Wort.

»Wir auch«, flötete ein weiteres Paar. Andere hatten ebenfalls den gleichen Plan.

»Wie wär's – sollen wir nicht alle zusammen fahren?« schlug Hans vor.

»Dann komme ich auch mit«, entschied ich spontan. Obwohl wir uns nicht näher kannten, schien mir das Reisen in der Gruppe weniger gefährlich zu sein, als wenn ich mich allein hätte auf den Weg machen müssen. Der Vorschlag fand allgemeine Zustimmung, und nachdem wir die Einzelheiten besprochen hatten, begab ich mich in mein Zimmer, um meine Sachen zu packen.

Jetzt war ich froh, mit der Gruppe (wir waren ungefähr 15 Leute) im Zug zu sitzen. War das nicht die beste Gelegenheit, mich ans Alleinreisen zu gewöhnen? Wir würden einige Tage gemeinsam in Darjeeling verbringen, ehe ich allein nach Kalkutta zurückkehren würde – sicherlich mutiger und mit wesentlich mehr Erfahrung. Dieser Ausflug würde ein Test für mich sein, ob ich mich außerhalb der gewohnten Umgebung der Jugendherberge überhaupt zurechtfinden konnte. »Höchste Zeit, endlich flügge zu werden und auf eigenen Beinen zu stehen«, so dachte ich. Wieder schaute ich aus dem Abteilfenster auf die vorbeiziehende Landschaft und gab mir dabei alle Mühe, das nagende Gefühl in der Magengegend zu ignorieren.

Knirschend kam der Zug in Siliguri zum Stehen und riß mich aus meinen Gedanken. Von hier aus konnte man die Reise entweder mit der Himalaja-Kleinbahn nach Darjeeling fortsetzen oder für das letzte Stück einen Jeep nehmen. Die meisten von uns entschieden sich für die Jeeps, weil sie schneller waren. Die Fahrer warfen unsere Rucksäcke ins Gepäckabteil oben auf dem Dach und pferchten uns im Wageninneren zusammen. Zum Abschied winkten wir den übrigen aus der Gruppe zu, die in den

Zug eingestiegen waren, bis der Staub, den unsere Fahrzeuge aufwirbelten, sie unseren Blicken entzog.

Die Straße führte parallel zur Bahnlinie im Zickzack bergauf und kreuzte die Schienen mehrmals. Zu meiner Überraschung konnte man dabei den Zug sehen, der in einiger Entfernung unter uns dahinkroch. Er fuhr so langsam, daß einige Inderkinder unter lautem Lachen, das weit den Berg heraufschallte, auf die Plattform und wieder hinuntersprangen, sehr zum Verdruß des Fahrers. Doch plötzlich tauchten wie aus dem Nichts einige Erwachsene in heller Kleidung, die deutlich von ihrer braunen Haut abstach, auf, scheuchten die Kinder weg und kletterten ihrerseits auf die Plattform. Sie hielten sich von außen am Wagen fest und freuten sich ganz offensichtlich über die kostenlose Bahnfahrt. Bald war die gesamte Plattform voller Leute. Einige hatten sich hingehockt, andere standen aufrecht. Ein paar ganz Mutige waren sogar aufs Dach geklettert.

Jedes Mal, wenn unser Jeep wieder die Schienen überquerte, sah der Zug kleiner aus, bis er schließlich nur noch als Punkt in der Ferne sichtbar war. Dann war auch dieser verschwunden, vom Dunst verschluckt. Je höher es den Berg hinaufging, desto frischer wurde der Wind, der uns entgegenpfiff. Wir zitterten in unseren dünnen Baumwollkleidern und drängten uns noch enger aneinander, um warm zu werden. Kaum ein Wort wurde gewechselt, bis wir am Ziel angekommen waren.

Plötzlich tauchte zu unserem Entzücken wie von Zauberhand Darjeeling vor uns auf. Die Stadt lag auf einer Höhe von fast 3000 Metern, umgeben von Bergen und in Dunstschwaden eingehüllt. Tief sog ich die Stille der Bergwelt in mich hinein. Es war kaum zu glauben, daß wir erst an diesem Morgen die Palmen und den dampfenden Dschungel am Golf von Bengalen verlassen hatten.

Wir stiegen die steilen Straßen zu unserer ganz am Ende des Dorfes gelegenen Jugendherberge hinauf, wo ich mein Gepäck in einem der Schlafräume auspackte. Vom Balkon aus konnte ich das gesamte Dorf überblicken, eingebettet in die terrassenförmig angelegten Hänge unter mir. Nebelschwaden hingen in der Luft wie Wattestreifen und nahmen mir teilweise die Sicht.

Die Sonne war bereits am Untergehen. Es wurde dämmerig, und die Holzhäuser waren kaum mehr zu erkennen. Die Marktgeräusche, die aus der Ferne heraufdrangen, ebbten langsam ab, bis mich zuletzt absolute Stille umfing.

Ich warf noch ein paar Holzscheite in den Kamin und schickte mich an, ins Bett zu gehen. Es war ein langer Tag gewesen, und ich war rechtschaffen müde. Während ich in meinen Schlafsack kroch, atmete ich tief die kühle Gebirgsluft ein und spürte ihre heilende Wirkung. Ich war froh, hier zu sein. Etwas Wunderbares würde passieren, das wußte ich. Ich kam mir vor wie ein Kind am Tag vor Heiligabend. Aufregung und Erwartung erfüllten mein Herz. Selbst als der Rest unserer Gruppe mitten in der Nacht eintraf und ich von dem Lärm wach wurde, konnte mich das nicht weiter erschüttern. Wir wechselten ein paar Worte miteinander, dann schlief ich wieder ein.

»He, wach auf!« weckte mich am anderen Morgen die Stimme meiner Zimmergenossin. »Das mußt du dir ansehen!« Ich warf einen Blick auf die Uhr und notierte kurz in meinem Kopf die Zeit: 6.30 Uhr. Müde schloß ich von neuem die Augen und zog mir die Decke über den Kopf, denn es war kalt. Doch sie ließ nicht locker. So blieb mir schließlich nichts anderes übrig, als mein warmes Bett zu verlassen. Schnell zog ich mich an und begab mich hinaus auf den Balkon zu den anderen.

So weit das Auge reichte, sah man schneebedeckte Bergriesen hoch in den Himmel ragen. Der Mount Kangchendzönga, der »König des Himalajas« mit seinen fünf Gipfeln, türmte sich, 8579 Meter hoch, über ihnen auf. Seine Gipfel glühten zartrosa, während die Sonne über dem Horizont auftauchte. Andächtig sah ich zu, wie das Rosa immer heller wurde, bis der Dunst, der aus den Wäldern aufstieg, die Berge einhüllte.

»Kommt, wir gehen frühstücken!« schlug Louise, ein Mädchen aus Südfrankreich, schließlich vor. Ihre Worte rissen mich aus meiner Versunkenheit. Ich merkte plötzlich, daß ich Hunger hatte.

Wir waren zu siebt, die kurz darauf die Straße hinunterschlenderten, um in einem kleinen Gasthaus das dort angebotene einheimische Essen zu probieren – eine stark gewürzte tibetanische Nudelsuppe, dazu in schwimmendem Fett gebackene Blätterteigpasteten. Es war eine köstliche Mahlzeit, ein erfreulicher Kontrast zu dem eher schäbig anmutenden Lokal. Nachdem wir

12

gegessen hatten, fragte Louise mich, ob ich Lust hätte, mit ihr zusammen durchs Dorf zu gehen.

»Klar«, erwiderte ich, »mit Vergnügen!« Ich freute mich über die Gelegenheit, mein Schulfranzösisch praktizieren zu können. Louise und ich trennten uns also von den anderen, um auf eigene Faust die Gegend zu erkunden.

Enge Treppen unterbrachen die steil abfallenden Straßen, die im Zickzack hinunter zum Basar führten. Während wir gingen und uns unterhielten, beobachtete ich das geschäftige Treiben um mich herum. Die meisten der Händler waren Inder, aber es gab auch dunkelhäutige Orientalen tibetanischer Herkunft. Die Tibeter verkauften handgestrickte Pullover, Schals und Mützen. Andere handelten mit Arzneikräutern und -wurzeln oder boten Äpfel, Tomaten, Kartoffeln und Möhren feil. Die zahlreichen Buden waren von indischen Händlern besetzt. Sie sprachen fließend Englisch und wollten unbedingt ihren Tee an den Mann bringen, den sie in jeder gewünschten Menge aus großen Fässern verkauften. Jede Sorte kam von einer anderen örtlichen Plantage und hatte ihre ganz speziellen Eigenschaften, die nur von Spezialisten zu unterscheiden waren. Stundenlang schlenderten wir von einer Bude zur anderen, betrachteten die Läden und nahmen zwischendurch einen Imbiß zu uns, wenn wir gerade an einem Restaurant vorbeikamen.

Als es schließlich Abend geworden war, hatten Louise und ich bereits Freundschaft geschlossen. Zwar stammte sie nach meiner Einschätzung aus einem behüteten Elternhaus und besaß noch keine allzugroße Lebenserfahrung, aber ich war trotzdem froh, daß sie mich zu ihrer Freundin erkoren hatte.

»Wie wär's, hättest du Lust, ein bißchen Opium zu versuchen?« fragte Louise mich, als wir allein in der Jugendherberge waren. Der Gedanke erschreckte mich, gleichzeitig war ich aber sehr interessiert. Ich hatte gesehen, wie die Inder das Zeug bei den regierungseigenen Opiumläden in Kalkutta eingekauft hatten, und war schon damals versucht gewesen, es auch einmal zu probieren.

»Wie ist das denn? Hast du es schon mal genommen?« wollte ich wissen. Von allen Leuten aus der Gruppe schien Louise die letzte zu sein, die Drogen nehmen würde. Sie kam mir ausgesprochen naiv vor. Sie kramte ein kleines, in Plastik gewickeltes

Päckchen hervor, dem sie ein rundes Kügelchen – ähnlich einer Pille – entnahm, schmutzig-braun anzusehen und weich anzufühlen. Aufmerksam betrachtete und befühlte ich das Ding, während meine neue Freundin mit kurzen Worten von ihrer Drogenvergangenheit berichtete. Ihre Freunde in Toulouse, ihrer Heimatstadt, hatten beinahe täglich Drogen genommen. Sooft sie konnten, experimentierten sie auch mit neuem Stoff. Ungläubig sah ich Louise an. Ihr hätte ich so etwas am wenigsten zugetraut!

»Okay«, willigte ich schließlich ein. »Ich werd's mal versuchen.« Warum eigentlich nicht? dachte ich bei mir selbst. Schließlich war ich ein freier Mensch, und außerdem befand ich mich in Indien – einem Land, dessen Regierung offen den Gebrauch von Opium förderte.

Sechs Stunden lang fasteten wir, um so die Möglichkeit, uns übergeben zu müssen, weitgehend auszuschalten. Dann schluckte ich die Hälfte der Pille, die Louise mir gegeben hatte. Mehr wollte ich nicht nehmen, aus Angst, abhängig zu werden. Das Opium ließ einen bitteren Nachgeschmack in meinem Mund zurück. Er erinnerte mich stark an die Medizin, die ich manchmal als Kind hatte einnehmen müssen. Wir lagen im Dunkeln auf unseren Betten und fühlten uns träge und schwerelos. Ich war am meisten über die milde Wirkung erstaunt.

Louise hatte mir eingeschärft, jede hastige Bewegung zu vermeiden, um der Übelkeit vorzubeugen. Als ich aufstand, um zur Toilette zu gehen, vergaß ich für einen Augenblick ihren Rat. Mir wurde schwindelig, und ich verspürte Übelkeit im Magen.

»O weh . . .«, stöhnte ich und hielt mich an der Bettkante fest. Louise lächelte nur, als wollte sie sagen: »Hab ich dir's nicht gesagt?« Wesentlich langsamer setzte ich mich von neuem in Bewegung. Anschließend lagen wir betäubt in halbwachem Zustand auf den Betten, bis der Morgen dämmerte.

Am nächsten Abend wollte Louise mich wieder überreden, Opium zu nehmen, aber ich lehnte ab. Ein Versuch hatte ausgereicht, um zu wissen, daß es Aufregenderes gab. Meine Neugier war befriedigt, und ich ließ sie guten Gewissens mit ihrem Opium allein.

Eine Woche war schnell vergangen. Sie war angefüllt mit Streifzügen durch den Basar und Besuchen in den Restaurants am Ort. Ein Lokal war bei unserer Gruppe ganz besonders beliebt, weil es dort nach westlicher Art zubereitete Speisen gab. Außerdem lag es ganz in der Nähe der Jugendherberge. Wir hatten es schnell zu unserem »meeting point« erkoren. Sooft man vorbeikam, saß garantiert jemand von der Gruppe darin. Man brauchte nur hineinzugehen, sich einen Stuhl heranzuziehen, ein heißes Getränk zu bestellen – und schon konnte die Unterhaltung beginnen. Meistens war es Hans, der Weltenbummler aus Deutschland, der uns in tiefschürfende Diskussionen über irgendein wichtiges Thema verwickelte. »Wie denkt ihr über die Todesstrafe?« fing er beispielsweise an. Oder: »Was haltet ihr von Atomkraftwerken?« Er besaß ein einmaliges Talent, alle ins Gespräch mit einzubeziehen. Wenn wir dann stundenlang das Für und Wider erörtert hatten, zogen wir in angeregter Stimmung heimwärts und redeten manchmal noch bis spät in die Nacht weiter.

Langsam fühlte ich mich in der Gruppe wohl, die hauptsächlich aus Europäern, einigen Neuseeländern und mir als einziger Kanadierin bestand. Diejenigen, die weiterreisten, wurden jeweils durch Neuankömmlinge ersetzt, so daß die Gruppe immer im Fluß blieb. Für mich war dieser Ausflug in die Berge ein voller Erfolg. Ich hatte neue Freunde kennengelernt, die ich als meine persönlichen Freunde betrachtete, und ich hatte mich langsam an meine Rolle als alleinstehende Frau gewöhnt. Ich war dabei, selbständig zu werden. Ja, ich spielte ernsthaft mit dem Gedanken, in Kürze nach Kalkutta zurückzukehren.

Doch dann geschah etwas, was meine Pläne total über den Haufen warf.

Es war Spätnachmittag. Unsere Gruppe drängte sich wie gewohnt ins Restaurant. Dort waren bereits etliche Weltenbummler versammelt, zu denen wir uns gesellten. Ein Australier, groß und gutaussehend, war das erste Mal da. Im Lauf der Unterhaltung trafen sich unsere Blicke häufiger. Ich fühlte mich von der Wärme, die von ihm ausging, eingehüllt, und mein Herz klopfte schneller. Das Stimmengewirr um mich herum trat in den Hintergrund, ich sah nur noch ihn. Irgend etwas spielte sich zwischen uns ab, aber was, wußte ich nicht. Konnte ein so gutaussehender Mann wirklich an mir als Frau Interesse haben, oder was war los? Zu gerne hätte ich das herausgefunden, auf

15

der anderen Seite fürchtete ich mich aber auch davor. Nach dem Abendessen verließen die Leute einer nach dem anderen das Lokal. Wir beide blieben sitzen, bis wir allein übrig waren. Er begann die Unterhaltung.

»Sind Sie Christ?« fragte er mich.

»Nein«, erwiderte ich überrascht. »Ich komme zwar aus einem christlichen Elternhaus, bin aber seit Jahren nicht mehr in der Kirche gewesen. Weshalb fragen Sie?« Das interessierte mich wirklich ungemein. Diese Art, eine Unterhaltung zu beginnen, war so ungewöhnlich, daß ich total überrumpelt war. Nach einer längeren Pause sprach er zögernd weiter.

»Wissen Sie, ich bin Hellseher. Von dem Moment an, als Sie hereingekommen sind, habe ich ein heilendes Kreuz über Ihrem Kopf gesehen.«

»Ein heilendes Kreuz?«

»Ja. Genau hier.« Dabei deutete er auf einen Punkt direkt über mir.

»Vielleicht sollten Sie sich einmal etwas näher mit Ihrer spirituellen Seite befassen«, schlug er vor.

Seine Worte trafen mich tief. Ich war bis ins Mark erschüttert. Dann fing er an, mir von einem Yogi zu erzählen, den er gut kannte, und davon, daß er jeden Tag meditiere. Nebenbei erwähnte er auch etwas von Schwierigkeiten in seinem Leben. Während er weiter und weiter redete, wußte ich nur das Eine: Ich mußte unbedingt allein sein, um über das nachzudenken, was er mir gesagt hatte.

Bei einer günstigen Gelegenheit unterbrach ich ihn mit den Worten: »Ich hoffe, Sie sind mir nicht böse, aber ich möchte jetzt gehen. Ein andermal unterhalte ich mich gern weiter mit Ihnen. Sie wohnen doch auch in der Jugendherberge, oder?«

»Allerdings«, erwiderte er.

Tief in Gedanken versunken, trat ich den Heimweg an.

Kapitel 2

Eine religiöse Phase

Meine allerersten Erinnerungen gehen dahin, daß ich meinen Bruder Richard, ein Jahr jünger als ich selbst, in einem Sportwagen in unserem Garten umherschob. Richard war für mich wie eine Puppe, ein schönes Spielzeug.

Mit Vorliebe spielten wir im Garten Verstecken. Jeden Zentimeter des Gebüschs an dem einen Ende kannten wir genau. Uns erschien es wie ein Urwald. Als ich viele Jahre später dieses Haus noch einmal aufsuchte und über den Zaun in den Garten spähte, war ich fast ein wenig enttäuscht darüber, wie klein er in Wirklichkeit war.

Wie so viele Menschen in England kurz nach dem Krieg, schlugen sich auch unsere Eltern nur mühsam mit kargen Lebensmittelkarten und sehr wenig Geld durch. Wir waren erst vor kurzem aus Polen nach London gekommen, und das Geld war ausgesprochen knapp. Beide Eltern gingen arbeiten. Wir Kinder befanden uns in der Obhut polnischer Haushälterinnen, die wir nicht ausstehen konnten. Unsere größte Freude bestand darin, ihre jeweiligen Schwachpunkte herauszufinden und sie so lange zu ärgern, bis sie wieder gingen. Bei jeder neuen Bewerberin, die sich vorstellte, schlossen wir Wetten ab, wann sie uns wieder verlassen würde. Den besten Streich spielten wir einer armen Frau, die schreckliche Angst vor allem hatte, was mit Tod und Toten zu tun hatte.

»Daß ihr mir ja nicht auf den Friedhof geht!« sagte sie drohend, als wir einmal daran vorbeikamen. Wir kicherten bloß. Sie konnte natürlich nicht ahnen, daß ihre Worte für uns ein Wink mit dem Zaunpfahl waren. Bei der erstbesten Gelegenheit rannten wir durchs Friedhofstor und ließen uns durch kein Bitten und Zureden wieder herauslocken.

»Kommt sofort her!« schrie sie. Aber wir rannten lachend weiter. Zornig und der Verzweiflung nahe, kam sie schließlich hinterher, um uns zu holen. Ihr Gesicht war aschfahl, als sie uns beim Kragen packte. Sie zitterte immer noch, als wir zu Hause ankamen. Kurz darauf kündigte sie und ging. Mutter schalt uns zwar wegen unseres Ungehorsams, aber wir dachten noch lange mit Vergnügen an diesen Vorfall zurück.

Unsere Eltern waren noch tief mit ihrer Heimat verwurzelt und wollten unbedingt, daß wir unsere polnische Tradition aufrechterhalten sollten. Bei uns zu Hause wurde nur Polnisch gesprochen. Bis zu unserer Einschulung war das die einzige Sprache, die wir beherrschten. Unsere Eltern hielten es für das beste, uns in polnische Internate zu schicken, obwohl das für sie mit großen finanziellen Opfern verbunden war.

Alles Protestieren half nichts, und als ich acht Jahre alt war, fand ich mich in einem katholischen Internat für Mädchen in einem kleinen Dorf in Northamptonshire wieder, das von den »Schwestern des Nazareners« geleitet wurde. Richard wurde in einer ähnlichen Einrichtung für Jungen in der Nähe von Wales untergebracht. Ich kam in die dritte Klasse. Neben den normalen Fächern lernte ich Religion, Polnische Geschichte, Geographie, Grammatik und Literatur, alles auf Polnisch. Solange wir uns in Hörweite der Nonnen befanden, sprachen wir Polnisch, aber sobald sich eine Chance bot, schalteten wir auf Englisch um.

Sehr bald hatte ich mir den Ruf eines Unruhestifters eingehandelt. Vielleicht lag es daran, daß ich wie eine Wilde über das ausgedehnte Klostergelände jagte – die Kleider verrutscht, die Kniestrümpfe auf den Knöcheln hängend und mit ungeputzten Schuhen . . . Wenn Schwester Jadwiga, unsere Hausmutter, guter Laune war, nannte sie mich »Zigeuner«, aber wenn sie sich besonders über mich geärgert hatte, konnte auch ein »Rowdy« daraus werden. Meine Mutter dagegen stand bei ihr in hohem Ansehen.

»Womit hat solch eine wunderbare Mutter nur so ein ungeratenes Kind wie dich verdient?« pflegte sie zu klagen, wobei sie verzweifelt die Hände rang. Es muß ihr wirklich ein großes Rätsel gewesen sein, denn sie wiederholte diese Worte häufig.

Die Lehrer ließen mich sehr oft nachsitzen. Ich mußte nach Unterrichtsschluß in der Klasse bleiben und Linien auf die Tafel malen. »Mr. Punkt«, wie wir unseren Chemielehrer nannten, weil er gewöhnlich jeden Satz mit »Punkt« beendete, wies mir einen Platz in der Nähe des Laboratoriums zu, getrennt von meinen Klassenkameradinnen.

»Ich begreife gar nicht, wie du so gute Zensuren schreiben kannst, wo du doch das ganze Jahr über nichts dafür tust«, bemerkte er manchmal erstaunt. Ich verriet ihm natürlich nicht, daß ich auf meinem Platz in der Ecke ohne Schwierigkeiten das Lehrbuch während der Klassenarbeiten aufgeschlagen lassen konnte.

Einmal, so erinnere ich mich, war eine Schachtel Pralinen gestohlen worden. In dem Bestreben, den Schuldigen zum Geständnis zu veranlassen, wiesen die Nonnen sämtliche Schülerinnen an, sich in einer Reihe aufzustellen, damit man ihre Fingerabdrücke feststellen könne. Während ich darauf wartete, an die Reihe zu kommen, kam Schwester Michaela, unsere Lateinlehrerin, der wir wegen ihrer großen, vorstehenden Zähne den Spitznamen »Equus« (lat.: Pferd) gegeben hatten, leise auf mich zu.

»Barbara«, versuchte sie mir gut zuzureden, wobei ihr Pferdegebiß klapperte, »weshalb gibst du es nicht zu? Du hast doch bestimmt die Pralinen genommen, nicht wahr?«

»Nein, Schwester«, erwiderte ich wahrheitsgemäß, tief getroffen von der ungerechten Beschuldigung. Soweit ich weiß, wurde die Schuldige nie gefunden, aber ich war es bestimmt nicht. Das Bewußtsein, daß Nonnen und Lehrer mich gleichermaßen verdächtigten und ablehnten, gab mir das Gefühl, ausgestoßen, falsch verstanden und verwaist zu sein. Von meinen Eltern getrennt und bei Schwestern und Lehrern unbeliebt, wußte ich mir nicht anders zu helfen, als in die Arme Gottes zu flüchten.

An einem Ende des Klostergeländes befand sich eine weiße Marienstatue mit ausgestreckten Händen. Ihre Füße standen auf einer Schlange, womit ihr Sieg über den Teufel symbolisiert werden sollte. In dem Gehölz, das die Statue umgab, befand sich eine kleine Begräbnisstätte mit zwei Gräbern. Jedesmal, wenn ich an diesen kaum besuchten Ort kam, verspürte ich einen tiefen inneren Frieden, während ich die Maria anschaute, betete und dann um die Gräber ging.

Abends fanden in der Kapelle jeweils Andachten statt, deren Besuch uns freigestellt war. Sooft ich konnte, versuchte ich dabeizusein. Jedesmal sah ich dort ein Mädchen knien, das einige Jahre älter war als ich selber und dessen Andacht ich aus der Ferne bewunderte. Ich versuchte, es ihr nachzumachen und mich mit der gleichen gespannten Aufmerksamkeit auf meine Gebete zu konzentrieren.

Meine Lieblingsheilige war Maria Goretti, die im Jahr 1950 heiliggesprochen worden war. Vielleicht fühlte ich mich deshalb besonders zu ihr hingezogen, weil sie ungefähr in meinem Alter gewesen war, als sie starb. Erst 12 Jahre alt, war sie sexuell mißbraucht und anschließend erstochen worden, doch hatte sie ihrem Mörder mit ihren letzten Atemzügen vergeben. Später hatte dieser einen Traum, in dem Maria ihm einen Blumenstrauß reichte. Dieser Traum war der Anlaß seiner Bekehrung gewesen und hatte schließlich zu Marias Heiligsprechung geführt. Wie sehr wünschte ich mir, genau wie sie mein eigenes Ich überwinden zu können, um Gott in rechter Weise zu dienen.

In Seiner Gnade hörte Gott auf meine Gebete und erhörte sie sehr oft sogar – manchmal, wie es schien, dem Wunsch der Schwestern entgegengesetzt. Einmal betete ich z. B. ernstlich um 100 Punkte in einer Religionsarbeit. Ich betete bis zu dem Tag, an dem wir die Arbeiten zurückbekamen.

»Herzlichen Glückwunsch zu diesem unerwarteten Ergebnis!« meinte Schwester Benedikta, unsere Religionslehrerin, als sie mir mein Blatt reichte. Ich warf einen Blick darauf und konnte es kaum glauben: 100 Punkte!

»Geh an die Tafel und schreib deine Antworten hin«, fuhr sie in gewohnt strengem Ton fort. Gehorsam begab ich mich nach vorne. Als ich halbwegs mit meiner Aufgabe fertig war, fing Schwester Benedikta an zu schreien:

»Was machst du denn da? Weshalb schreibst du falsche Antworten auf? Willst du vielleicht alle durcheinanderbringen? Schreib gefälligst die Ergebnisse so hin wie auf deinem Blatt!« Schnell verglich ich die beiden noch einmal – sie stimmten haargenau überein. Schwester Benedikta hatte alle meine Antworten in der Arbeit als richtig bewertet. Doch wie sich jetzt herausstellte, waren zwei davon falsch. Die Schwester, die mich wegen meines ungehobelten Benehmens ohnehin nicht recht leiden konnte, hätte mir niemals wissentlich eine unverdient gute Note gegeben. Doch während sie die Arbeiten zensierte, muß Gott Seinen Humor gezeigt haben.

Hin und wieder hatten wir Schülerinnen auch etwas in der Stadt zu erledigen. Entweder ging es um einen Arztbesuch, oder jemand mußte sich ein neues Kleidungsstück kaufen. Für uns war das immer ein willkommener Anlaß, weil dadurch gewöhnlich etliche Unterrichtsstunden ausfielen. Wenn man Glück hatte, konnte man auf diese Weise mit Genehmigung der Nonnen einen ganzen Schultag versäumen. Einmal im Jahr kam der Zahnarzt ins Internat, und wir stellten uns in Reih und Glied auf, um unsere Zähne untersuchen zu lassen. Gewöhnlich waren ein paar dabei, die zu einer speziellen Behandlung in die Stadt mußten. Ich betete, unter den Auserwählten sein zu dürfen, und tatsächlich, so war es. Nach nochmaliger Überprüfung beschloß der Zahnarzt, lieber mit der Behandlung zu warten, bis ich älter wäre, und ich konnte unbeschwert meinen freien Tag genießen! Bei solchen Gelegenheiten schien es mir immer, als zeige Gott ein ganz persönliches Interesse an mir.

Allerdings hatten mein kindlicher Glaube und mein blindes Fürwahrhalten dessen, was die Nonnen uns gelehrt hatten, ihre Ursache mehr in der Struktur meiner Umgebung als in mir selbst. Sie sollten schon bald ernstlich auf die Probe gestellt werden. Als ich ungefähr elf Jahre alt war, beschlossen meine Eltern, nach Kanada auszuwandern, auf der Suche nach besseren Lebensbedingungen.

Da die kanadische Wirtschaft Anfang der sechziger Jahre nicht gerade sehr stabil war, reiste Vater im Jahr 1961 zunächst allein aus, um einen Arbeitsplatz zu finden, ehe er seine Familie nachkommen ließ. Wie staunten wir über die aus Zeitungen ausgeschnittenen Comics im Großformat, die er uns schickte, gespickt mit Slang-Ausdrücken und mit einer Rechtschreibung, wie wir sie noch nie gesehen hatten. Ein Jahr später hatte er in Ottawa eine Arbeitsstelle als Ingenieur gefunden, und Mutter reiste ihm nach. Richard und ich blieben noch bis zum Ende des Schuljahrs im Internat. Nie hätten wir gedacht, welch große Umwälzungen der bevorstehende Umzug in unserem Leben verursachen würde.

Kapitel 3

Entwurzelt

Unsere erste Berührung mit Kanada hatten wir in den Weihnachtsferien 1961/62. Ich war damals elf Jahre alt. Richard und ich flogen zu einem Besuch unserer Eltern nach Toronto. Es war unsere erste Reise mit dem Flugzeug, und außerdem waren keine Erwachsenen dabei, die uns sagten, was wir zu tun und zu lassen hatten. Meine Aufregung kannte keine Grenzen. Da ich die ältere von uns beiden war, lag die volle Verantwortung auf mir. Dieser versuchte ich gewissenhaft nachzukommen, indem ich ein strenges Regiment über meinen Bruder Richard führte. Ich kam mir ausgesprochen wichtig vor. Richard erkannte meine Überlegenheit jedoch nur halbherzig an, so daß ich insgeheim froh war, als wir endlich in Toronto landeten und mich unsere Eltern von meinem aufsässigen Bruder befreiten.

Mutter hatte uns eingeschärft, unbedingt zwei Mäntel übereinanderzuziehen, aber trotzdem waren wir nicht im entferntesten auf den Schneesturm gefaßt, der uns in Montreal empfing. Wir mußten über das Rollfeld gehen, um unsere Anschlußmaschine nach Toronto zu besteigen, und ich muß sagen, ich hatte noch nie in meinem Leben eine solche Kälte verspürt.

In Toronto angekommen, sogen wir mit allen Sinnen das Neue ein, das uns begegnete. Wir hatten uns Kanada als ein Land mit hohen Bergen, Wasserfällen und absoluter Gebirgseinsamkeit vorgestellt. Statt dessen sahen wir uns mit modernen Städten und ebensolchen Supermärkten konfrontiert, in denen eine große Vielfalt an Nahrungsmitteln zum Verkauf angeboten war. Wir konnten es kaum fassen, welche Bequemlichkeiten die durchschnittliche kanadische Familie besaß: Zentralheizung, Fenster mit Doppelglasscheiben, Kühlschrank und Elektroherd. Mehr und mehr erschien uns England wie ein seltsam altmodisches Land, ein Relikt aus einem vergangenen Jahrhundert.

Der kurze Besuch hatte meinen Appetit auf Kanada geweckt. Als wir nach den Ferien zurück in England waren, krochen die restlichen Monate im Internat schier endlos dahin, während ich voller Ungeduld auf den Neuanfang in der Neuen Welt wartete. In der Zwischenzeit wurde Vater von seiner Firma von Toronto nach Ottawa versetzt. Mutter fand dort ebenfalls eine Arbeitsstelle, und so flogen Richard und ich nach Schuljahresende, im Mai 1962, nach Ottawa.

Wir zogen als Familie in ein billiges Haus im französischen Teil der Stadt jenseits der Brücke in Hull/Quebec ein. In der ersten Woche schliefen wir auf alten Mänteln auf dem Fußboden, während wir auf unsere Möbel aus Toronto warteten. Für uns Kinder war das eine ganz neue, aufregende Erfahrung.

Richard und ich wurden in einer katholischen Schule in Ottawa angemeldet, in der Jungen und Mädchen in allen Fächern außer Kunst getrennt unterrichtet wurden. An unserem ersten Schultag wies der Direktor uns die Klassen zu, die wir besuchen sollten. »Ich denke, ihr fangt am besten beide in der neunten Klasse an«, meinte er, nachdem er unsere Zeugnisse begutachtet hatte. Ich verspürte einen dicken Kloß im Hals. Mein Leben lang war ich Richard immer eine Klasse voraus gewesen. Das war mir in Fleisch und Blut übergegangen, und ich wollte nicht kampflos auf diese Stellung verzichten. »Aber«, protestierte ich, als wenn meine ganze Zukunft auf dem Spiel stünde, »ich habe schon zwei Jahre Latein hinter mir und außerdem Chemie und Physik gehabt!« Der Direktor dachte nach.

»Okay«, erwiderte er schließlich, »versuchen wir es also mit der zehnten Klasse – aber nur unter der Bedingung, daß deine Noten dem Klassendurchschnitt entsprechen.« Ein Seufzer der Erleichterung entrang sich meiner Brust.

Also fing Richard mit der neunten Klasse an und ich mit der zehnten. Die provisorische Entscheidung des Direktors entfesselte meinen Ehrgeiz und gab für das kommende Schuljahr den Ton an. Insgeheim schwor ich:

»Ich werde es ihnen schon zeigen! Ich *werde* es schaffen! Ich *bin* besser als Richard!«

Das Resultat war, daß ich mich mit meinen zwölf Jahren als Jüngste der Klasse wiederfand. Die meisten Mädchen waren etwa zwei Jahre älter als ich. Während ich in England die Schule immer auf die leichte Schulter genommen und oft beim Unterricht nicht aufgepaßt hatte, konnte ich mir hier in Kanada diesen Luxus nicht mehr leisten. Um meine ehrgeizigen Ziele zu erreichen, mußte ich notgedrungen hart arbeiten. Ich mußte mir den Stoff von mehreren Jahren aneignen, den ich eigentlich hätte beherrschen sollen, aber es leider nicht tat. Dieses Streben nahm mich während des ersten Jahres total gefangen. Doch die Mühe zahlte sich aus: am Jahresende wurde ich durch gute Zensuren belohnt.

Zu dem Druck, den ich mir selbst auferlegt hatte, kamen noch andere Sorgen hinzu, die außerhalb meiner Macht standen. Alles war hier anders: das Busfahren, der Sport, das Essen – einfach alles. Das Schlimme daran war, daß *ich* es war, die sich verändern und anpassen mußte. Ohne mir dessen bewußt zu sein, erlebte ich einen regelrechten »Kulturschock«. Ich kam mir fast anormal vor, weil ich einen polnischen Hintergrund besaß und in England gelebt hatte.

Auch daß ich meinen Klassenkameraden leistungsmäßig überlegen war, nützte nichts. Im Gegenteil, es schärfte nur das ohnehin vorhandene Bewußtsein meiner Andersartigkeit. Meine Kameradinnen benutzten Make-up und interessierten sich für Jungen. Ich trug Kniestrümpfe und war ein richtiger kleiner Wildfang. Der Druck, so sein zu wollen wie die anderen, lastete schwer auf mir. In dem verzweifelten Bemühen, akzeptiert zu werden, verbrachte ich viele Stunden zu Hause vor dem Spiegel, machte Sprechübungen und polierte an meiner kanadischen Aussprache herum, bis nur noch ein winziger Rest meines britischen Akzents übrig war.

Aber am unzulänglichsten fühlte ich mich in bezug auf Jungen. Bisher hatte ich nur wenig Kontakt mit dem anderen Geschlecht gehabt, von meinem Bruder einmal abgesehen. Aber der hatte seine eigenen Freunde, und uns verbanden wenig gemeinsame Interessen. In meinen Augen waren Jungen eine unbekannte Sorte Mensch, die genausogut auf einem anderen Planeten hätte leben können. Außerdem hatten die Nonnen in England uns wiederholt vor den Gefahren einer Verabredung mit Jungen gewarnt und so unbewußt Angstgefühle in meinem unschuldigen Kinderherzen erzeugt.

»Denkt daran, ihr müßt zu jeder Zeit fest mit beiden Beinen auf dem Boden bleiben – egal wie die Situation ist!« hatten sie uns eingeschärft.

Welche Konsequenzen ein eventuelles Nichtbefolgen dieser Anweisung haben könnte, hatte man uns nicht näher erläutert, aber ich malte mir in Gedanken alle möglichen schrecklichen Dinge aus, die daraus resultieren konnten. Im stillen war ich zu der Überzeugung gelangt, daß es das Beste wäre, Männern unter allen Umständen aus dem Weg zu gehen, da jede nähere Berührung nur Sünde und Verderben nach sich zog.

Zur selben Zeit erwachten bei mir aber nun auch die sexuellen Gefühle. Da war Greg, ein Junge, der mit mir in Klasse 10 und 11 am gemeinsamen Kunstunterricht teilnahm. Ich verliebte mich Hals über Kopf in ihn. Ein ganzes Jahr lang versuchte ich, seine Handschrift nachzumachen, und schmachtete nach einem flüchtigen Blick von ihm. Auf der anderen Seite vermied ich es tunlichst, näher mit ihm in Kontakt zu kommen. Ich hatte die größte Angst davor, daß er es womöglich wagen könnte, mich anzusprechen!

Während die Monate vergingen, fragte ich mich manchmal, ob Jungen vielleicht doch nicht ganz so schlimm wären, wie ich mir vorgestellt hatte. Später kam ich zu einem noch gravierenderen Schluß: Vielleicht traf das, was die Nonnen uns beigebracht hatten, ja gar nicht auf die Situation hier in der Neuen Welt zu. Die Mädchen, die mit mir in die elfte Klasse gingen, fühlten sich jedenfalls nicht an das gebunden, was von den Nonnen als anständiges Betragen angesehen worden wäre. Trotzdem war bei ihnen nichts von irgendwelchen Schuldgefühlen oder Unglücklichsein zu merken, was man doch eigentlich hätte erwarten sollen, weil sie durch ihr leichtfertiges Betragen den Zorn Gottes erregt hatten.

Mit der gedanklichen Möglichkeit, daß die von den Nonnen gesetzten Wertmaßstäbe vielleicht nicht auf der ganzen Welt verbindlich waren, begann ein verhängnisvoller Kreislauf. Ich fing nämlich an, auch ihre Ansichten in bezug auf andere Dinge kritisch unter die Lupe zu nehmen und eine nach der anderen als überholt abzutun; sie paßten einfach nicht in meine neue Umgebung hinein. Ich mußte mein eigenes Moralgesetz finden, so wie es die Umstände erforderten.

Aber wen konnte ich diesbezüglich um Rat fragen? Auf keinen Fall meine Eltern! Sie würden kein Verständnis haben für das, was ich durchmachte. Insgeheim schämte ich mich ihrer sogar. Sie waren schließlich nur Einwanderer. Die Schwierigkeiten, mit denen ich zu kämpfen hatte, mußten ihnen wie eine Fremdsprache erscheinen, die sie nicht entziffern konnten. Meine Eltern waren der Inbegriff all dessen, was ich am meisten aus meinem Leben zu verbannen wünschte. Sie waren die Ursache meines Andersseins, nämlich meiner polnischen Herkunft. Nein – sie hatten ihre eigenen Probleme, und ich hatte meine. Das jahrelange Getrenntsein von ihnen hatte zu einer Kluft zwischen uns geführt, die meiner Meinung nach nicht zu überbrücken war.

Meine beste Freundin Kerry war es, der ich mich mit all meinen Schwierigkeiten und meiner ganzen Zerrissenheit anvertraute. Kerry war wie ich in der zehnten Klasse und die erste Person in meiner neuen Umgebung, die positiv auf das Angebot meiner Freundschaft reagierte. Man nannte uns »die Unzertrennlichen«, und wirklich, selten war eine ohne die andere zu finden. Unsere Freundschaft half mir über das Auf und Ab während der Umstellungsphase hinweg. Sie führte mich in die Welt kanadischer Teenager ein, mit ihrer besonderen Musik und der Vorliebe für bestimmte Sportarten wie Schlittschuhlaufen, Fahrradfahren und Tanzen.

Am Ende des Schuljahres wechselte Kerry jedoch in eine staatliche Schule über, und ich war wie am Boden zerstört. Meine einzige richtige Freundin hatte mich verlassen! Zu den Problemen, die ich ohnehin bereits zu tragen hatte, kam nun auch dieser Schmerz noch hinzu. Ich fühlte mich total allein; keiner war da, an den ich mich hätte wenden können.

Mit meinen Eltern konnte ich nicht reden, und Gott und Christus schienen uns allen fern. Vater sprach kaum über religiöse Dinge. Ihm waren seine Bücher und wissenschaftlichen Interessen wichtiger – ganz zu schweigen von seiner Vorliebe fürs Schachspielen. Häufig verbrachte er die Sonntagvormittage zu Hause im Bett, während wir anderen in die Kirche gehen mußten. Mein Bruder und ich konnten den wöchentlichen, in französischer Sprache abgehaltenen einstündigen Gottesdiensten nichts abgewinnen. Während der Predigt wurde mein Blick gewöhnlich starr, denn ich versuchte angestrengt, die Querbalken in der Decke zu zählen.

Obwohl Mutter mehr für religiöse Dinge übrig hatte, ging sie doch nie zum Abendmahl. Als ich sie einmal deswegen fragte, wich sie mir aus. Erst nachdem sie gestorben war, ging mir die Ursache für ihre »Abstinenz« richtig auf. Ich erinnerte mich plötzlich an ein Ereignis, das sich Jahre zuvor zugetragen hatte, als man unsere Familie als zukünftige Kanada-Einwanderer interviewt hatte.

»Haben Sie auch Kinder aus erster Ehe?« wollte die Sozialarbeiterin von Mutter wissen.

»Nein«, erwiderte sie. Diese Frage brannte sich tief in mein kindliches Gemüt ein. Mutter war also schon einmal verheiratet gewesen! Auf so einen Gedanken wäre ich nie gekommen. Bei der erstbesten Gelegenheit bombardierte ich sie mit Fragen, und sie erzählte uns mit kurzen Worten von ihrer unglücklichen ersten Ehe und der darauffolgenden Scheidung. Zu der Zeit bestrafte die römisch-katholische Kirche eine Scheidung noch mit Exkommunikation, was in Mutters Fall bedeutete, daß sie nicht am Abendmahl teilnehmen durfte.

Aber das Schlimmste von allem war, daß der Glaube in unserer Familie nicht praktiziert wurde. Die Atmosphäre zu Hause war meistens spannungsgeladen, wozu ich zugegebenermaßen nicht unwesentlich beitrug. Es schien überhaupt keinen Zusammenhang zwischen der Religion und dem täglichen Leben zu geben.

Je mehr mein katholisches Erbe an Boden in meinem Leben verlor, um so mehr ließ ich mich von einer anderen Welt absorbieren. Während meines elften Schuljahres verbrachte ich sehr viel Zeit allein in meinem Zimmer, wo ich Trost bei meinen Büchern suchte. Ganz besonders fühlte ich mich zum Okkulten hingezogen. Mit Vorliebe las ich die Biographien von Leuten wie Edgar Cayce, Swami Vivekananda, Buddha und anderen. Ich machte Jogaübungen, bis ich meinen Rücken mühelos in der Kobraposition strecken konnte. Eine neue Welt tat sich mir auf, eine Welt, in der Astralprojektion, Reinkarnation, Mantras und das »dritte Auge« eine wichtige Rolle spielten.

Im Lauf der nächsten Jahre wurde ich immer introvertierter und depressiver. Das Leben zu Hause war die reinste Hölle. Die

Gespräche bei Tisch arteten oftmals in lautstarke Schimpfereien aus, die erst aufhörten, wenn ich zornbebend aus dem Haus rannte und die Tür krachend hinter mir ins Schloß fiel. Gewöhnlich marschierte ich dann zu der nahe gelegenen künstlichen Eisbahn, wo ich so lange meine Kreise drehte, bis ich mich wieder einigermaßen beruhigt hatte. Meine Bedrücktheit wurde immer größer, so daß selbst meine bis dahin guten Noten ins Rutschen kamen. Ich mißachtete alle Regeln von Anstand und Moral und gab mich zeitweise sogar mit Stehlen und sexuellen Ausschweifungen ab. Meinen Eltern zuliebe ging ich zwar weiterhin zur Kirche, aber ich kam mir dabei vor wie ein Heuchler. Als ich dann nach meinem High-School-Abschluß zu Hause auszog und auf niemand mehr Rücksicht zu nehmen brauchte, hörten meine Gottesdienstbesuche endgültig auf. Ich hatte Gott bewußt den Rücken zugekehrt. So sah mein geistlicher Zustand während der Zeit als junger Erwachsener aus.

Kapitel 4

»Wer bin ich?«

In der Mitte des 13. Schuljahrs hielt eine Frau von einer Universitäts-Werbeagentur unserer Klasse eine aufputschende Rede.

»Wie die Statistiken beweisen«, sagte sie, »besuchen nur 10 % der Schulabgänger in Ontario anschließend eine Universität. Sie alle, die Sie es bereits bis zur 13. Klasse geschafft haben, können zu diesen wenigen Privilegierten gehören. Alle Türen stehen Ihnen offen. Sie sind die Elite unserer Gesellschaft.« In dieser Anspielung auf intelligenzmäßige Überlegenheit lag ein Element von Snobismus, das seine Wirkung auf mich nicht verfehlte. Während andere Gebiete meines Lebens einzustürzen drohten, wußte ich, daß ich im akademischen Bereich Hervorragendes leisten konnte, wenn ich nur wollte. Immer wenn ich hart gearbeitet hatte, waren meine Noten sehr gut gewesen.

Der Same, den diese Frau in unsere Herzen gesät hatte, ging auf, wenigstens bei mir. Ich wußte jetzt, was ich machen wollte. Ich würde zur Universität gehen und studieren, egal welche Hindernisse sich mir in den Weg stellten. Mit neuer Entschlossenheit machte ich mich ans Werk und verbrachte jede freie Minute mit Pauken. Die Notwendigkeit, mich auf meine Studien zu konzentrieren, half mir aus meiner Selbstvertiefung heraus. Dabei entdeckte ich ganz neu die Freude am Studieren. Nach und nach wich meine Bedrücktheit.

Schließlich bestand ich das Abitur noch besser als erwartet. Beide Universitäten, bei denen ich mich beworben hatte, schickten mir eine Zusage, und ich stand nun vor der »Qual der Wahl«. Vor kurzem erst 17 Jahre alt geworden, hatte ich das Gefühl, die ganze Welt stünde mir offen.

Wegen der Spannungen in unserer Familie entschied ich mich für die Universität, die am weitesten von zu Hause entfernt lag, und zwar in London/Ontario. Psychologie schien für jemand, der so verwirrt und zerrissen war wie ich, das logische Studienfach zu sein. Warum sich die Menschen so verhielten, wie sie es taten, war für mich ein Geheimnis, das ich unbedingt ergründen wollte.

Ich »wurstelte« mich durch das erste Jahr hindurch, aber dann wurden meine Zensuren immer besser. Ich war auch nicht mehr so deprimiert und unsicher, sondern auf dem besten Weg, erwachsen zu werden. Ich schloß neue Freundschaften, von denen manche bis heute fortbestehen. Nach dreijährigem Studium schloß ich mit einem Bakkalaureat in Psychologie ab.

Da ich noch nicht wußte, was ich in Zukunft machen wollte, blieb ich zunächst innerhalb der schützenden Mauern der Universität und belegte Kurse für ein weiteres Jahr. Dann konnte ich mich der Realität des wirklichen Lebens jedoch nicht länger entziehen und fing an, nach einer geeigneten Arbeitsstelle Ausschau zu halten.

Meine Suche hatte Erfolg, und im November 1972 trat ich eine Stelle als wissenschaftliche Assistentin bei der Forschungsanstalt für Suchtprobleme an, die sich mit der Erforschung und Behandlung von Suchtkrankheiten – insbesondere des Alkoholismus – beschäftigte. Für die nächsten viereinhalb Jahre wurde dieses Zentrum meine Heimat.

Die Arbeit war herausfordernd, aufregend und wirklich erfüllend. Ich stürzte mich mit allen Kräften in meine Aufgaben und stand bald in dem Ruf, äußerst zuverlässig und tüchtig zu sein. Mit der Zeit wurde ich zur Oberassistentin befördert, was für jemand mit nur einem Bakkalaureat eigentlich ungewöhnlich war. Ich erhielt Einladungen zu Konferenzen, und mehr und mehr wissenschaftliche Artikel aus meiner Feder wurden veröffentlicht. Das damit verbundene gesellschaftliche Ansehen und die vielen Reisen genoß ich von Herzen. Als karriereorientierte Frau war mein Leben praktisch bestimmt und eingegrenzt von meiner Arbeit. Dies war für eine gewisse Zeit der Weg, auf dem ich Glück und Erfüllung zu finden meinte.

Während dieser Zeit faßte ich große Zuneigung zu Bob, meinem Chef, der als Priester im säkularen Bereich tätig war. Er wurde mein treuer und geschätzter Ratgeber, um nicht zu sagen mein Seelsorger. Ich spürte, daß er mir helfen wollte, und buhlte um seine Anerkennung. Bob und ich arbeiteten bei einer Reihe von Forschungsprojekten zusammen. Ich half ihm, seine Daten und Ergebnisse zu analysieren und ermutigte ihn, ein Buch über eine therapeutische Einrichtung für jugendliche Amphetaminsüchtige, besser bekannt unter dem Namen »Speed Freaks«, zu schreiben.

Doch die Befriedigung, die ich in meiner Arbeit verspürte, ging nicht tief genug. Je länger ich im Forschungsinstitut war, desto offensichtlicher wurde es, daß mir irgend etwas fehlte. Ein quälendes Gefühl der Leere, so wie ich es von meiner Oberschulzeit her kannte, bemächtigte sich meiner. War das wirklich alles, was das Leben zu bieten hatte? Jeden Morgen stand ich auf, um zur Arbeit zu gehen. Jeden Abend kam ich heim, um mich auszuruhen und neue Kraft für den nächsten Tag zu schöpfen. Weitaus schlimmer jedoch war, daß ich anfing, den Wert dessen, was ich tat, ernstlich in Frage zu stellen. Die Aufgabe unseres Forschungsinstituts bestand darin, den Alkoholikern zu helfen, aber ich konnte beim besten Willen nicht sehen, inwiefern sich meine Arbeit positiv auf das Leben der Betroffenen auswirkte. Die Geldmittel, die uns zur Verfügung standen, nahmen zwar ständig zu – aber die Zahl der Alkoholabhängigen ebenfalls. Wenn es überhaupt irgendwelche Fortschritte zu verzeichnen gab, dann waren sie nebulös und schwer zu packen.

Eine Konferenz in New York City, an der ich teilnahm, rückte meine Bedenken in den Brennpunkt. Gleich am ersten Tag machte ich die Bekanntschaft eines Zeitungsreporters, der mich mit den Worten attackierte:

»Das Schlimme bei euch Profis ist, daß ihr in Wirklichkeit gar nicht wißt, was Sache ist. Ihr schreibt Artikel und zirkuliert sie unter euch, beglückwünscht euch gegenseitig dazu und heftet sie dann in irgendwelchen Ordnern ab, die auf irgendwelchen Regalen Platz finden. Ihr meint, etwas Wichtiges geleistet zu haben, während eure Artikel in Wirklichkeit nichts weiter als lästige Staubfänger sind. Wo bleibt bei alledem der Süchtige selber? Was wißt ihr von ihm? Ich wette, Sie haben noch nie einen richtigen, lebendigen Alkoholiker gesehen! Wie wär's, wenn Sie sich mal unters gemeine Volk mischten, anstatt immer nur andächtig zuzuhören, wie irgendwelche weltfremde Gelehrte aus ihren Elfenbeintürmen überhebliche Reden schwingen?

Gehen Sie doch mal aufs Nachtgericht, dann wissen Sie, worum es wirklich geht!«

»Was ist ein Nachtgericht?« wollte ich wissen.

»Das ist der Ort, wo ein Richter entscheidet, was mit den Kerlen geschehen soll, die die Polizei im Lauf des Tages geschnappt hat; ob er die Klage gegen sie abweisen oder sie ins Untersuchungsgefängnis zurückschicken und ihnen den Prozeß machen soll. Manche Dinge dort würden Ihnen die Haare zu Berge stehen lassen!«

Trotz der groben Manieren des Journalisten schien mir seine Argumentation logisch zu sein.

»Ich würde liebend gern einmal aufs Nachtgericht gehen«, sagte ich.

»Okay«, erwiderte er, »ich nehme Sie mit.« Offensichtlich bereitete ihm die Aussicht, jemand wie mir, den er als ausgesprochen weltfremden Theoretiker einordnete, etwas beibringen zu können, das allergrößte Vergnügen.

Pünktlich um 22.30 Uhr trafen wir uns in der Halle meines Hotels und legten den kurzen Weg zum Nachtgericht zu Fuß zurück. Gespannt verfolgten wir die verschiedenen Verhandlungen. Während einer der am Tage Verhafteten nach dem anderen vor den Richterstuhl trat, las ein Beamter die gegen ihn erhobene Anklage vor, und der Richter entschied, was mit ihm passieren sollte. Jeder Fall nahm für gewöhnlich kaum mehr als ein paar Minuten in Anspruch. Die meisten Prostituierten z. B. wurden auf freien Fuß gesetzt. Ein 16 Jahre alter weißer Junge, der soeben einen Taxifahrer umgebracht hatte, hörte mit ausdrucksloser Miene zu, wie der Beamte das Gericht über sein Vergehen informierte. Mit einem Gesicht, das verriet, daß er auf seine Tat sogar noch stolz war, verließ er nach dem Urteilsspruch den Gerichtssaal. Für mich war es schockierend, zu sehen, wie jemand so gleichgültig über die Tatsache hinweggehen konnte, ein Menschenleben auf dem Gewissen zu haben.

Kurz darauf brachen wir auf. Den Rest des Abends verbrachten wir im Chinesenviertel, wo wir das soeben Erlebte bei einer köstlichen chinesischen Mahlzeit nochmals an uns vorüberziehen ließen. Nach diesem Abend war ich mehr denn je davon überzeugt, daß das Schreiben von Artikeln nicht die beste Methode war, um den Alkoholikern in ihren Problemen zu helfen.

Wieder nach London/Ontario zurückgekehrt, konnte ich meine Augen nicht länger vor dem Mißstand verschließen, als erfolgreiche Karrierefrau Artikel schreiben und veröffentlichen zu müssen, von denen ich im Grunde genau wußte, daß sie wertlos waren. Irgend etwas mußte sich ändern! Oder konnte es mich auf die Dauer glücklich machen, so weiterarbeiten zu müssen? Die Antwort auf diese drängende Frage war ein klares, entschiedenes Nein! Aber wenn meine Arbeit im Forschungsinstitut nicht den Schlüssel zum Glücklichsein barg, was dann? Was sollte ich sonst mit meinem Leben anfangen? Ich überlegte, ob ich vielleicht nochmals zur Universität gehen und einen Magistergrad in Psychologie oder Sozialarbeit erwerben sollte, verwarf diesen Gedanken jedoch wieder. Was nützte es, noch mehr zu lernen, wenn ich am Ende doch keinen wertvolleren Beitrag für die Gesellschaft leisten konnte? Im Grunde würde ich nur dasselbe anzubieten haben wie bisher – wenn auch in größerem Umfang und in etwas besserer Verpackung.

Während dieser Zeit der Ungewißheit fing Gott an, ganz leise zu meinem Herzen zu reden, obwohl ich das damals noch nicht erkannte. Ich spürte, daß zwischen mir und Gott eine Kluft bestand, die ich nur zu gern überbrückt hätte, aber ich wußte nicht, wie. Eines Tages kam das Thema »Gott« bei einer Unterhaltung mit Bob ganz von selbst zur Sprache. Ich schüttete meine Gedanken über das Christentum vor ihm aus.

»Ich sehe keinen Wert darin, in die Kirche zu gehen. Das ist für mich eine völlig nutzlose Übung. Es ändert sich bei mir dadurch überhaupt nichts!« Geduldig hörte Bob zu, wie ich einen Einwand nach dem anderen gegen das Christentum vorbrachte. Er schien meine Enttäuschung über die Kirche zu verstehen. Als ich mir alles von der Seele geredet hatte – mit keiner Silbe von ihm unterbrochen –, wies er mich sehr behutsam auf die Person Gottes hin. Je länger wir sprachen, um so mehr traten die anderen Dinge in den Hintergrund. Am Ende konnte ich sogar wieder lächeln. Irgendwie, das spürte ich, würde doch alles noch gut werden. Ich war zwar noch nicht bereit, Konsequenzen zu ziehen, aber zumindest offen für das, was passieren würde.

Trotzdem lösten sich meine Probleme nicht von selbst, indem ich weiter Tag für Tag zur Arbeit ging. Was ich brauchte, war eine Zeit ohne jegliche Verpflichtungen, um in Ruhe nachdenken zu können.

Damals war ich von einem Buch von Robert Pirsig mit dem Titel *Zen und die Kunst des Motorradfahrens* sehr beeindruckt. Pirsigs Philosophie war mir zwar zu hoch, aber ein Gedanke setzte sich bei mir fest. Für den Autor bedeutete das Reisen im Auto eine Art, jeden Kontakt mit dem Leben zu meiden. Der Autofahrer erlebte das, was um ihn her vorging, nur passiv durchs Wagenfenster mit, so ungefähr wie eine Sendung im Fernsehen oder einen Schnappschuß im Urlaub. Mit dem Motorrad unterwegs zu sein, war dagegen etwas ganz anderes. Jede kleinste Luftströmung forderte eine Reaktion heraus. Der Motorradfahrer wurde eins mit seiner Umgebung, er war den verschiedensten Geräuschen und Gerüchen ausgesetzt und mußte sich auf die jeweiligen Temperaturunterschiede und Windrichtungen einstellen . . . Als ich das las, erfaßte mich eine große Sehnsucht, das Leben einmal so »hautnah« kennenzulernen.

Viele meiner männlichen Bekannten besaßen bereits ein Motorrad, und ich entschloß mich, mir ebenfalls eines zuzulegen. Ich fing ganz klein an und kaufte mir als erstes ein Moped, das ich ohne Führerschein benutzen konnte. Es war leuchtend gelb, und ich trug einen passenden gelben Motorradhelm. Meine Kollegen nannten mich die »gelbe Gefahr«, wenn ich mit 50 Stundenkilometern daherbrauste, das Höchste, was die 50-ccm-Maschine zu leisten vermochte.

Der Gedanke ans Reisen reizte mich ungemein. Jedesmal, wenn ich irgendwo unterwegs war, wich die Eintönigkeit meines Lebens wenigstens vorübergehend einer glühenden Lebensfreude. Ich nahm bewußt Anteil an den fremden Geräuschen und Gerüchen und war empfänglich für Kontakte jeder Art mit anderen Menschen. So schien es nur natürlich, das selbst verordnete Ferienjahr dazu zu benutzen, so weit wie möglich zu reisen und möglichst viele Länder per Motorrad kennenzulernen. Ich gab meine Arbeitsstelle auf und mein Moped in Zahlung, um mir eine 380-ccm-Suzuki zu kaufen. Zunächst hatte ich vor, meiner Familie einen Besuch abzustatten, die nach Vancouver in Britisch-Kolumbien, an der Westküste Kanadas gelegen, gezogen war.

Um mich auf die große Reise vorzubereiten, machte ich täglich Ausflüge in die nähere Umgebung. Eine derart weite Entfernung zurückzulegen, war jedoch ein größeres Unternehmen, und ich verschob die Abreise immer wieder. Meine große Angst machte sich darin bemerkbar, daß ich nächtelang sehr unruhig schlief und häufig Alpträume hatte. Eines Tages kam ich zufällig am Forschungsinstitut vorbei und ging hinein, um Bob guten Tag zu sagen.

»Bist du denn noch nicht fort?« fragte er.

»Nein«, erwiderte ich lachend, »vielleicht fahre ich nächste Woche.«

»Ich habe gehört, daß John Lewis mit seiner BMW irgendwo in den Westen will«, meinte Bob. John hatte früher ebenfalls im Institut gearbeitet. »Vielleicht solltest du ihn mal anrufen, falls er noch nicht unterwegs ist. Womöglich kann er dir einen guten Rat geben.«

Am gleichen Abend rief ich John an, der zu meiner Überraschung noch zu Hause war.

»Hallo, John!« sagte ich. »Ich habe gehört, Sie wollen in Kürze nach Westen aufbrechen.«

»Ja, das stimmt«, erwiderte er. »In den nächsten Tagen geht es los, und zwar Richtung Badlands in Süd-Dakota.«

Während wir uns unterhielten, stellten wir fest, daß wir beide zumindest bis nach Minnesota den gleichen Weg hatten.

»Hören Sie«, meinte John, »ich bin praktisch auf dem Sprung zu fahren. Eigentlich haben Sie großes Glück, daß Sie mich noch erwischt haben. Wenn Sie Ihr Zeug innerhalb von, sagen wir mal zwei Tagen, gepackt kriegen, könnten wir gemeinsam bis Minnesota fahren. Das würde Ihnen vielleicht einen Teil Ihrer Nervosität nehmen. Und mir würde es auch Spaß machen, Gesellschaft zu haben.« Das war ein Angebot, dem ich unmöglich widerstehen konnte.

»Vielen Dank, das würde ich wirklich gern tun«, sagte ich. Ein großer Stein war mir vom Herzen gefallen. Wir sprachen noch über die Einzelheiten und kamen überein, uns gegenseitig auf dem laufenden zu halten.

Der nächste Tag war für mich eine einzige Hetze. Ich hatte tausend Dinge zu erledigen und natürlich meine Sachen zu packen. Es fiel mir schwer zu entscheiden, was ich mitnehmen sollte, weil auf dem Motorrad nur wenig Platz war. Trotzdem packte ich das *Allgemeine Gebetbuch*, das Bob mir gegeben hatte, ein und auch ein Kettchen mit einem kleinen goldenen Kreuz – ein Abschiedsgeschenk von einer lieben Freundin.

Zwei Tage später machten John Lewis und ich uns in aller Frühe auf die Reifen. Wir ließen unsere Freunde und alles, was uns lieb und vertraut war, zurück und starteten unsere Reise ins Unbekannte.

Ich hätte für diesen neuen Abschnitt meines Lebens keinen besseren Begleiter finden können als John. Er war ein umgänglicher Mensch und achtete peinlich darauf, daß ich nicht überfordert wurde. Seine zahllosen Ratschläge in bezug auf Campen, Motorradpflege und -handhabung usw. waren für mich von unschätzbarem Wert. Wir bummelten über die Lake-Superior-Route und legten wiederholt Pausen entlang der Küstenlinie ein, um Streifzüge ins Wattenmeer zu unternehmen, Muscheln und Amethyste zu sammeln oder uns einfach lang auszustrecken und dem Klang der Wellen zu lauschen, die über die verlassenen Strände spülten. Ich zeichnete und fotografierte. Wir genossen unser Zusammensein und zögerten unsere Ankunft in Minnesota so lange wie möglich hinaus.

Eines Morgens, nachdem wir etwa eine Woche unterwegs waren, erreichten wir Duluth. Zum letzten Mal tranken wir zusammen Kaffee und verabschiedeten uns dann mit vielen guten Wünschen. Ich sah zu, wie er sein Motorrad bestieg und davonfuhr. Nachdem er meinen Blicken entschwunden und damit auch die letzte Verbindung mit meinem früheren Leben durchtrennt war, ergriff mich ein Gefühl tiefer Einsamkeit, und ich wurde von einer nie gekannten Traurigkeit überfallen.

Damit begann ein gänzlich neues Kapitel meines Lebens.

Kapitel 5

Ein neuer Lebensabschnitt

Langsam wich das Gefühl der Einsamkeit, und ich fand mich immer besser in der neuen Lebensweise zurecht. Wenn ich in den frühen Morgenstunden auf der wenig befahrenen Überlandstraße unterwegs war und die Sonne mir warm auf den Rücken schien, kam es mir vor, als gehöre mir die ganze Welt. Wieder und wieder kam mir der Text des Liedes von John Denver in den Sinn: »Der Sonnenschein auf meinen Schultern macht mich glücklich . . .« Aus voller Kehle schmetterte ich die Worte und wunderte mich selbst über meine Energie.

Manchmal fiel mir das Fahren direkt leicht. Als ich erst meine Angst vor Stürzen überwunden hatte, lernte ich es, mich in den Wind zu legen. Stundenlang fuhr ich so dahin und sah, wie der Wind, der ständig seine Richtung änderte, mit den Gräsern und Blättern am Straßenrand spielte, während das Motorrad gleichmäßig dahinflog und kaum Sprit verbrauchte. Es gab aber auch Zeiten, in denen das Fahren eher einem komplizierten Balanceakt glich. Dann war ich mir bewußt, wie schutzlos ich im Grunde war, wenn ich so auf meiner Maschine hockte, die mit ihren zwei Rädern auf jede Unebenheit in der Straße reagierte. Früher oder später würde ich garantiert Schwierigkeiten bekommen – und so war es dann auch.

Ich befand mich in Manitoba, auf dem Weg zum Baldy Mountain. In Wahrheit nicht mehr als ein kleiner Hügel, erhob sich der Baldy Mountain doch als höchste Erhebung in der ansonsten gänzlich flachen Landschaft. Die Oberfläche der Straße war vor kurzem frisch mit Schotter belegt worden, und mein Motorrad fing plötzlich an, völlig unkontrolliert im Zickzack zu fahren und gewaltige Schlenker zu machen. Ich verlor das Gleichgewicht, das Motorrad stürzte um, und ich landete auf meinem Ellbogen, während sich der Inhalt meiner Satteltaschen über die Straße ergoß. Wichtiger als alles andere war mir jedoch, was mit meinem Arm passiert war. Ich ließ alles stehen und liegen und machte mich auf den Weg zum nächsten Farmhaus, um Hilfe zu bekommen. Der Farmer brachte mich ins Krankenhaus, wo sofort Röntgenaufnahmen gemacht wurden, die ergaben, daß mein Arm zwar stark geprellt, aber nicht gebrochen war. Ich blieb die Nacht im Krankenhaus. Am folgenden Tag lieferte mir die Polizei das Motorrad und alle meine Habseligkeiten unversehrt nach. Eine Krankenschwester lud mich ein, für ein paar Tage bei ihr zu wohnen, bis ich mich wieder erholt hatte und das Motorrad repariert war. Ihre Freundlichkeit war für mich ein Beweis, daß ich nicht allein war, sondern weltweit zu einer großen Familie gehörte, die um mein Wohlergehen besorgt war. Von dem Augenblick an war jegliche Furcht verschwunden. Viele Male würde mich auf meinen Reisen die Wahrheit dessen, was ich soeben entdeckt hatte, aufs neue beeindrucken.

Inzwischen hatte ich Vancouver erreicht – mit einer tiefsitzenden Furcht vor Schotterstraßen im Herzen. Jedesmal, wenn ich mich einem ungeteerten Straßenstück näherte, verkrampfte sich mein Körper total. Ich wußte, daß ich, um meine Furcht zu überwinden, unbedingt mehr Erfahrung auf unebenen Straßen brauchte. Deshalb nahm ich, nachdem ich etwa einen Monat bei meiner Familie verbracht hatte, die Straßenkarte zur Hand und wählte als nächstes Ziel eine Stadt in Alaska aus, die nur über die längste Schotterstraße von ganz Nordamerika zu erreichen war.

Eine Reise nach Alaska erforderte sorgfältige Vorbereitungen. In einschlägigen Broschüren wurde immer wieder vor der rauhen Beschaffenheit und der Abgelegenheit dieses Landstrichs gewarnt. Die Tankstellen lagen oft mehr als sechzig Meilen auseinander – die weiteste Entfernung, die ich mit einer Tankfüllung schaffen konnte. Folglich mußte ich einen Reservekanister, einen Ersatzschlauch, einen Satz Zündkerzen und sogar Trinkwasser mitnehmen.

Kurz nachdem ich den ersten Abschnitt des Stuart-Cassiar-Highways im Norden von Britisch-Kolumbien erreicht hatte, wußte ich, daß die Warnungen keine Übertreibung waren. Überall waren Arbeitskolonnen damit beschäftigt, die Straße zum Asphaltieren vorzubereiten. Das schloß natürlich zahlreiche

Umleitungen, Signalgeber und Planierungsfahrzeuge mit ein. Bei den Umleitungen handelte es sich um provisorische Wege, aus riesigen Felsbrocken und losem Sand errichtet. Am ersten Tag vollbrachte meine Maschine das schier Unmögliche: Ich durchquerte Flüsse und arbeitete mich steile Abhänge aus weicher Erde hinauf. »Immer schön eins nach dem anderen«, sprach ich mir selbst Mut zu, wobei mir das Herz bis zum Halse schlug. Wiederholt hielt ich an, um zu überlegen, wie ich eine besonders schwierige Situation wohl am besten meistern konnte. Wenn das Motorrad stürzte, was häufig vorkam, halfen mir die Straßenarbeiter, es wieder aufzuheben. Fünf Tage lang ging es so im Schneckentempo weiter, bis ich den Alaska-Highway erreichte.

Zu meiner Erleichterung stellte ich fest, daß diese Straße, auch »Alcan« genannt, relativ wenig Schotter hatte. Die Oberfläche glich eher einer festgestampften Lehmschicht, die von den Anwohnern in gewissen Abständen gesprengt wurde, damit sie nicht so staubte. Das warf natürlich wieder ganz neue Probleme auf. Im trockenen Zustand war die Straße hart wie Asphalt und, bis auf gelegentliche größere Schlaglöcher, gut zu befahren, doch sobald sie naß wurde, war sie eine einzige Schlammwüste. Einmal brauste ein Lastwagen über den frisch gesprengten Highway und überzog mich samt meiner Maschine mit einer dicken Schlammschicht. Nach diesem Erlebnis vergewisserte ich mich zunächst immer, daß die Straße wirklich trocken war, ehe ich mich darauf wagte.

Die vielen wild lebenden Tiere, die ich zu sehen bekam, und eine atemberaubende Landschaft entschädigten mich jedoch für all meine Mühen. Ich lebte richtig auf. Eines Tages schlängelte sich die Straße in einer Reihe von Haarnadelkurven immer höher hinauf, bis sie die Baumgrenze erreicht hatte, und weiter bis hinein in die Welt des ewigen Schnees. Bei jeder Kurve wurde die Aussicht herrlicher. Kaskadenartig herabstürzende Wasserfälle, tiefe Schluchten und majestätische Bergketten breiteten sich vor meinen Augen aus. Ich hatte Mühe, mich aufs Fahren zu konzentrieren. Es war, als wenn ich einen Blick in die Größe und Allmacht Gottes tun durfte, denn wie konnte solche Schönheit entstanden sein, wenn Er sie nicht gemacht hatte? Augenblicke wie dieser führten mich zu den geistlichen Wurzeln meiner Reise zurück. Das Gefühl tiefer Ehrfurcht, das ich beim

Anblick dieser gottgeschaffenen Pracht verspürte, begleitete mich stets noch eine geraume Zeit.

Als ich die Grenze nach Alaska überschritt und zum ersten Mal seit Wochen wieder eine Teerstraße unter den Rädern hatte, merkte ich zu meinem Erstaunen, daß meine Angst vor Schotterstraßen gänzlich verschwunden war!

Auf einem Campingplatz in Alaska traf ich Katsumi, einen Motorradfahrer aus Japan. Er bot mir an, meine Maschine durchzuchecken und einige notwendige Wartungsarbeiten durchzuführen. Als wir am nächsten Morgen unser Frühstück auf seinem Campingkocher zubereiteten, stellten wir fest, daß wir ähnliche Reisepläne hatten und etwa gleich schnell fuhren. Es ergab sich von selbst, daß wir uns zusammenschlossen.

Gemeinsam brachen wir zu einer vierwöchigen Rundreise durch Alaska auf, die uns nach Fairbanks, zum Mount McKinley und nach Anchorage führte. Wir genossen die herrliche Bergwelt, fütterten Eichhörnchen und Streifenhörnchen und schossen zahllose Fotos.

Ich hatte noch nie einen Menschen wie Katsumi getroffen. Er war mir ein komplettes Rätsel. Man wußte im voraus nie, wie er reagieren würde. Unsere Ansichten lagen meilenweit auseinander. Als wir einmal ein Museum besuchten, war ich höchst erstaunt zu sehen, daß gerade das, was mir sehr unbedeutend erschien, ihn am allermeisten beeindruckte. Es kam mir vor, als betrachte er Alaska durch eine völlig andere Brille als ich. Daß er sehr schlecht Englisch sprach, trug mit zu unseren Verständigungsschwierigkeiten bei. Trotzdem erwies er sich als ausgesprochen loyaler und zuverlässiger Freund, den ich mehr und mehr schätzen lernte.

Abends saß ich am Lagerfeuer und lauschte den wehmütigen japanischen Klängen, die Katsumi seiner Mundharmonika entlockte. Er erzählte mir auch von dem Leben in seinem Fischerdorf. Während er sprach, sah ich im Geist die farbenfrohen Feste, die tanzenden Geishas dieses geschichtsträchtigen Landes mit seinen zahlreichen uralten Sitten und Gebräuchen vor mir.

Nachts lag ich dann in meinem Zelt, während romantische Bilder von einem weit entfernten Land vor mir aufstiegen und die ergreifenden Melodien mich nicht mehr loslassen wollten. Überhaupt war es die Musik mehr als alles andere, was mich gefangennahm. Die bittersüßen Weisen sprachen von unerwiderter Liebe, von Leben und Tod, Leid und Herrlichkeit. Die Musik gab meiner Sehnsucht nach tieferem Erleben neuen Auftrieb. Japan faszinierte mich immer mehr, so daß schon der Klang dieses Namens mein Herz höher schlagen ließ. Eines Tages, das nahm ich mir fest vor, würde ich selber dorthin fahren und mir alles anschauen.

Von Anchorage aus nahmen wir die Fähre nach Prince Rupert und fuhren anschließend weiter nach Vancouver. Inzwischen war aus der losen Freundschaft eine Romanze geworden. Wir ruhten uns ein paar Tage bei meiner Familie aus, bevor Katsumi nach San Francisco weiterreiste. Ich fing an, das auf jedes »Guten Tag« folgende »Auf Wiedersehen« als unvermeidliche Tatsache im Leben eines Weltenbummlers zu akzeptieren. Je öfter es Abschied zu nehmen galt, desto weniger schmerzte es, aber irgendwie hatte ich das Gefühl, ich würde mich nie richtig damit abfinden. Als Katsumi seine Maschine bestieg und losbrauste, war mir, als ginge ein Teil von mir mit ihm.

Bevor ich jedoch ernsthaft über ein so weit entferntes Ziel wie Japan nachdenken konnte, galt es zunächst einen ganzen Kontinent direkt vor meiner Nase zu erforschen. In den folgenden Monaten fing ich an, mich intensiv auf mein nächstes Reiseziel vorzubereiten: Südamerika. Es dauerte einige Zeit, bis ich die notwendigen Papiere und Impfungen beisammen hatte. Ich versuchte, möglichst viele Einreisevisa bereits in Vancouver zu bekommen, und tauschte auch schon etwas Geld um. Eigentlich hatte ich vorgehabt, mit dem Motorrad zu fahren, aber je mehr ich mit Leuten darüber sprach, um so mehr sah ich ein, wie gefährlich das werden konnte. Meine Freunde und Bekannten erzählten mir Horrorgeschichten über plündernde mexikanische Banden, oder sie malten mir aus, wie es wäre, wenn ich irgendwo mitten in der Wüste mit einer Panne liegenbliebe. Ich ließ mich von ihnen überzeugen und kaufte mir statt dessen eine Busfahrkarte von Vancouver nach Mexiko City.

Diesmal ließ ich das Gebetbuch von vornherein zu Hause. Ich hatte mehrmals versucht, darin zu lesen, aber die Psalmen – in denen es hauptsächlich um das Lob Gottes ging – bedeuteten für mich nichts als leere Worte. Ich konnte einfach nichts damit anfangen. Damals hatte ich das Buch mitgenommen, weil es symbolisch für die Verheißung eines geistlichen Erwachens war. Diese Verheißung hatte sich, von einigen wenigen Ausnahmen abgesehen, jedoch bis jetzt nicht erfüllt.

Es war Ende November, als ich mich am Busbahnhof von Vancouver von meiner Mutter verabschiedete. Ihr schwaches Lächeln konnte kaum ihre wahren Gefühle verbergen. Ich wußte, daß sie sich meinetwegen Sorgen machen würde, bis ich wieder zu Hause war. Es fiel ihr sichtlich schwer, mich ziehen zu lassen.

Ich schlief im Bus, unterbrach meine Reise nur kurz in San Francisco und Los Angeles und erreichte schließlich Mexiko City, wo ich die Weihnachtstage verbrachte. Den ganzen Winter über übte ich mich im Spanischsprechen, während ich weiter nach Süden zog, mal mit dem Bus, mal mit der Bahn, gelegentlich auch mit dem Auto, wenn ein freundlicher Fahrer sich erbot, mich mitzunehmen. Ich durchquerte den Urwald Guatemalas, fuhr durch das damals friedliche El Salvador, durch Honduras, Nicaragua und Costa Rica, bis ich schließlich auf San Andres ankam, einer karibischen Insel, die zu Kolumbien gehört, dem Tor Südamerikas.

Als ich dort am Hafen stand, entdeckte ich einen kleinen Passagierdampfer, der nach Kolumbien fuhr. Ich fragte einen der Matrosen, ob ich ein Ticket bekommen könne.

Der Matrose lächelte entschuldigend. »Der Kapitän nimmt diesmal leider keine Passagiere mit«, erklärte er mir. Wir unterhielten uns noch eine Weile in Spanisch. Ich freute mich über die Fortschritte, die ich gemacht hatte, denn ich verstand das meiste von dem, was er sagte. Schließlich rückte er mit einem Kompromißvorschlag heraus.

»Sie können an Bord kommen«, sagte er, »aber wenn der Kapitän es erfährt, bringt er mich um – verstehen Sie?«

»Ja«, erwiderte ich, »ich verstehe.« Der Gedanke, als blinder Passagier zu reisen, faszinierte mich. Unwillkürlich stiegen Bilder von Spionagegeschichten, die ich früher irgendwo gelesen hatte, vor mir auf.

Zur vereinbarten Zeit stand ich wieder am Dock, das jetzt verlassen dalag. Wie der Matrose versprochen hatte, hielt er bereits Ausschau nach mir. Sobald er mich sah, kam er an Deck. Mit einem kurzen Seitenblick über die Schulter hievte er mich samt meinem Gepäck über die Bordwand, brachte mich in eine Kabine und schloß die Tür zu. Das tat er wegen des Kapitäns; er sollte bei einem zufälligen Gang über sein Schiff nicht unerwartet auf mich stoßen. Ich war mir des Risikos, das ich da einging, gar nicht so recht bewußt – bis ich herausfand, daß der Kapitän Rauschgift schmuggelte.

Kurz nachdem das Schiff seine Reise über das Karibische Meer angetreten hatte, wurde die See rauh und stürmisch. Da unser Boot verhältnismäßig klein war, wurde es erbarmungslos von Wind und Wellen hin und her geworfen. Ich war die ganze Zeit über schrecklich seekrank. Zwar gab sich mein Komplice alle Mühe, die köstlichsten Speisen in meine Kabine zu schmuggeln, mit Kokosnuß verfeinert und immer mit einer wohlschmeckenden gebackenen Banane als Beilage, aber ich hatte überhaupt keinen Appetit.

Die Schiffsmannschaft merkte sehr bald, daß ich an Bord war. Um meinen Aufenthaltsort vor dem Kapitän zu verbergen, steckten sie mich von einer Kabine in die andere. Einmal, als der Kapitän gerade schlief, holten sie mich an Deck, um ein paar Zwergfalken zu beobachten. Aber den größten Teil der dreitägigen Überfahrt brachte ich in einer verschlossenen Kabine zu, mit mir selbst und meinen Gedanken allein. Nur die Tatsache, daß das Schiff so klein war und die Matrosen auf engstem Raum zusammenleben mußten, nahm mir die Sorge wegen einer möglichen Vergewaltigung.

Stundenlang konnte ich aus dem einzigen Bullauge meiner Kabine hinausschauen und die endlos heranrollenden Wogen beobachten, deren Einzigartigkeit mich stets aufs neue faszinierte. Manche waren durchsichtig grün, andere schwarz und schäumend. Die See kam mir vor wie ein lebendiges Wesen, das gurgelte und atmete und aus sich selbst eine gewaltige Kraft auszuströmen schien.

Während die Wellen unablässig gegen mein kleines Bullauge schlugen, fing ich an, über meine Zukunft nachzudenken. Japan reizte mich nach wie vor ungemein. In Gedanken sah ich mich bereits dort. Bald jedoch wurde mir klar, daß ein kurzer Besuch mir lediglich einen flüchtigen Einblick in dieses faszinierende Land geben würde. Um Land und Leute wirklich kennenzulernen, mußte ich schon für eine gewisse Zeit dort leben. Ich mußte sozusagen selbst Japanerin werden, indem ich die Sprache lernte, zur Arbeit ging und Urlaub machte wie jeder andere Japaner auch. Der Gedanke, mir dort eine Arbeitsstelle zu suchen, gefiel mir. Das Geld, das ich dabei verdienen würde, konnte ich anschließend wieder zum Reisen benutzen. Langsam nahm die Zukunft in meinen Gedanken festere Formen an.

Am dritten Tag tauchte die Küstenlinie am Horizont auf. In Cartagena, einer bizarren, mit Mauern umgebenen Stadt an der Nordspitze Kolumbiens, ging ich an Land. Wie dankbar war ich, wieder festen Boden unter den Füßen zu haben! Nachdem ich nun auch ungefähr wußte, wie meine Zukunft aussehen würde, konnte ich beruhigt meine Reise südwärts an der Küste entlang nach Peru fortsetzen. Irgendwo verlor ich unterwegs meine Goldkette mit dem Kreuz. Damit verschwand auch das letzte Bindeglied zu der ursprünglich geistlichen Bedeutung meiner Reise. All das Neue, das ich tagtäglich sah und erlebte, füllte meine Zeit und meine Gedanken vollkommen aus.

In Peru lernte ich einen Weltenbummler aus Japan kennen. Er hieß Makoto und war mit dem Motorrad den weiten Weg von Los Angeles bis nach Südamerika gefahren. Ich bewunderte seinen Mut. Er schien ähnliche Pläne zu haben wie ich selber: Er wollte reisen und die Welt sehen, dann für einige Zeit nach Japan zurückkehren, um Geld zu verdienen, und anschließend wieder auf Reisen gehen. Wir hatten das Gefühl, uns nicht zufällig begegnet zu sein. Aus der anfänglichen Freundschaft entwickelte sich bald eine engere Beziehung.

Nachdem wir unser Gepäck auf das absolut Notwendige reduziert hatten, blieb für mich gerade genug Platz auf dem Soziussitz seiner Maschine. Einen Monat lang erkundeten wir das Innere des Landes und entdeckten manche Orte, die der gewöhnliche Tourist kaum zu sehen bekommt. Wir durchstreiften die Anden und kamen über die ursprüngliche Inka-Straße nach Machu Picchu, der untergegangenen Inka-Stadt. Unsere Freundschaft basierte auf unseren gemeinsamen Plänen und Zielen, aber wir hatten nicht vor zu heiraten.

Nach vier Wochen trennten wir uns wie geplant. Makoto fuhr weiter nach Argentinien, während ich nach Vancouver zurückkehrte, wo ich bald Arbeit als Forschungsassistentin an der Universität fand. Makoto und ich blieben jedoch brieflich in

Kontakt. Im Oktober kam er nach Vancouver, um den Winter bei uns zu verbringen, und kehrte im Frühjahr nach Japan, in die Nähe von Tokio, zurück.

Inzwischen hatte ich mich erkundigt und festgestellt, daß es zwei Möglichkeiten gab, um in Japan Geld zu verdienen. Entweder mußte ich als Hosteß in einem Nachtklub arbeiten und dort die Geschäftsleute animieren, mehr Alkohol zu konsumieren, oder ich konnte versuchen, eine Stelle als Englischlehrerin zu bekommen. Irgendwie konnte ich mich selbst nicht in der Rolle einer besseren Geisha sehen. Deshalb konzentrierte ich mich auf die zweite Möglichkeit und fing an, mich in Abendkursen als Lehrerin ausbilden zu lassen. Meine Arbeitssuche beschränkte ich auf die nähere Umgebung von Makotos Wohnort und schrieb sämtliche englischsprachigen Schulen an, die in den »Gelben Seiten« von Tokio aufgelistet waren. Von den drei Antworten, die ich erhielt, kam im Grunde nur eine einzige – eine im Herzen der Stadt gelegene Privatschule – in Betracht. Nach ziemlich viel Korrespondenz hin und her unterzeichnete ich einen Arbeitsvertrag für ein Jahr.

Als der Zeitpunkt meiner Abreise immer näherrückte, bereitete ich mich innerlich auf einen Schritt vor, der gewaltige Folgen haben konnte. Zwar hatte ich mich gut in meiner neuen Heimat Kanada eingelebt, aber der ursprüngliche Plan, von England auszuwandern, war nicht mein eigener, sondern der meiner Eltern gewesen. Nun war ich soweit, meine eigenen Entscheidungen zu treffen. Es konnte gut sein, daß ich für immer in Japan bleiben würde. Ganz von vorne in einer total neuen Umgebung anfangen zu müssen, würde mir bestimmt helfen, meine eigene Identität im weltweiten Rahmen zu finden.

Am 22. Juli 1979 wurden all meine Hoffnungen und Träume, auf die ich so viele Monate hingearbeitet hatte, wahr. An jenem Tag betrat ich auf dem Flughafen Narita erstmals japanischen Boden – mit einer Arbeitsgenehmigung in der Tasche, einem festen Arbeitsverhältnis und mit Makoto, der mich erwartete.

Kapitel 6

Asien

Am Flughafen Narita bestiegen Makoto und ich den Zug. Ich war überglücklich, ihn wiederzusehen. Einmal mußten wir unterwegs umsteigen. Wir schleppten meine schweren Kisten und Koffer durch eine Unterführung zu einem Nebengleis und setzten unsere Reise fort. Ich bemerkte, daß von jetzt ab hier und da Felder zwischen den bebauten Flächen lagen. Makoto erklärte mir, daß dort Bauern Reis, Möhren, Erdnüsse und Kartoffeln anpflanzten.

Die Haltestellen verschwammen ineinander, ohne daß ich die geringste Ahnung hatte, wo wir uns befanden. Rissige Plakate zierten die Wände – ein wirres Durcheinander von fremden, japanischen Schriftzeichen. Hier und da befand sich ein englisches Wort dazwischen, oft falsch geschrieben. Ich hätte irgendwo sein können! Die fehlenden Orientierungspunkte machten mich unsicher, und ich war froh, Makoto bei mir zu haben.

»Wir sind da«, verkündete er, als wir an einem Bahnhof hielten, der so aussah wie alle anderen. Wir beluden uns von neuem mit meinem schweren Gepäck und kämpften uns mühsam durch ein Labyrinth von Straßen und Gassen, bis wir schließlich vor dem Haus seiner Eltern standen. Sie begrüßten mich mit einer tiefen Verbeugung und führten uns in die Küche, wo Makotos Mutter, eine kleine Frau in einem braunen Kimono, sich sofort anschickte, den traditionellen grünen Tee zuzubereiten. Sie goß das Getränk in winzige Tassen, die sie uns reichte. Während wir den dampfenden Tee schlürften, kramte ich in meinem Gedächtnis nach ein paar geeigneten japanischen Sätzen aus der Fülle derer, die ich zu Hause per Kassette gelernt hatte. Doch die Unterhaltung war ausgesprochen mühsam. Die meiste Zeit verständigten wir uns durch Zeichen. Auch mein Wörterbuch war keine große Hilfe.

Alles in meiner neuen Umgebung war mir fremd. Makoto zeigte mir, wie ich mich hinhocken mußte, wenn ich die Toilette benutzen wollte, die lediglich aus einem Loch im Fußboden bestand, und wie ich mich abzuschrubben hatte, bevor ich mein heißes Bad genießen konnte. Am Abend rollten wir unsere Futonmatratzen auf dem »Tatami« aus, dem Grasmattenbelag, der die meisten japanischen Fußböden bedeckt. Der Duft des Grases erfüllte den ganzen Raum. Ich lag noch lange wach und dachte darüber nach, welche Umstellungen dieses neue Leben wohl noch mit sich bringen würde.

Irgendwann spät in der Nacht schlief ich schließlich ein.

Ein leises Klingeln riß mich aus meinen Träumen. Neugierig, woher das Geräusch kommen mochte, schob ich den »Shaji«, die Zwischenwand aus Reispapier, die das Schlafzimmer unterteilte, zur Seite und spähte vorsichtig hinaus. In dem schwachen Dämmerlicht sah ich Makotos Mutter vor ihrem Buddha-Altar sitzen, tief im Gebet versunken. Ein Räucherstab brannte und hüllte den Altar in Rauchschwaden ein. Während sie ihre vorgefertigten Gebete ablas, läutete sie hin und wieder mit einer kleinen Glocke. Daher also das mysteriöse Geräusch!

Später erfuhr ich, daß sie zur buddhistischen Nitschirensekte gehörte, deren Anhänger glauben, daß sie garantiert erlöst werden, wenn sie jeden Tag bestimmte Gebete wiederholen. Makoto war sehr verbittert über ein Erlebnis aus seiner Kinderzeit. Seine Mutter hatte ihn allein gelassen, um an einer Gebetszusammenkunft teilzunehmen. Während ihrer Abwesenheit brach im Haus Feuer aus. Obwohl Makoto nur geringfügige Verbrennungen erlitt, grollte er seiner Mutter noch immer, weil sie ihn derart vernachlässigt hatte.

Die ersten vier Wochen war ich unsagbar glücklich, in Japan zu sein. Makoto ging bereits wieder arbeiten. Wir zogen in ein »Danchi«, eine von der Regierung subventionierte Wohnung, die geräumig und doch nicht teuer war und Makotos Schwester gehörte. Sie hatte das Privileg, dort wohnen zu dürfen, bei einem Lotteriespiel gewonnen. Um die Miete zu sparen, überließ sie uns das komplette »Danchi« und zog wieder zu ihren Eltern. Unsere Wohnung war mit allem Notwendigen wie neuen Möbeln im japanischen Stil, Bettzeug und Geschirr ausgestattet, ja, wir fanden sogar etwas Eßbares im Kühlschrank vor. Es kam gewiß selten genug vor, daß ein Ausländer so viel Glück auf einmal hatte.

Der einzige Haken an der ansonsten idealen Situation war, wie sich herausstellen sollte, meine Arbeit. Sie nahm mehr Zeit in Anspruch und brachte weniger Vorteile mit sich, als ich gedacht hatte. Oft mußten wir Lehrer acht Unterrichtsstunden pro Tag geben, lediglich unterbrochen von zehnminütigen Pausen, um uns auf die nächste Lektion vorzubereiten. Alle 14 Tage hatten wir auch samstags Unterricht.

Meine freie Zeit benutzte ich dazu, die Stadt kennenzulernen. Es bereitete mir großes Vergnügen, die Märkte zu durchstreifen und mich mit in das pulsierende Großstadtleben hineinnehmen zu lassen. Ich besuchte zahllose Tempel und Schreine. Ihre bloße Anzahl sprach Bände. Man wurde unwillkürlich an vergangene Zeiten erinnert, als Japan der geistlichen Entwicklung oberste Priorität eingeräumt hatte. Die uralten Zeremonien waren abwechslungsreich und total verschieden von dem, was ich bis jetzt kennengelernt hatte. Ich war hellauf begeistert. Obwohl die meisten Japaner nicht mehr an Gott glaubten, betrachteten sie die religiösen Zeremonien als Teil ihres reichen traditionellen Erbes.

Seit dem Zweiten Weltkrieg hat Japan praktisch seine gesamte Energie und Kraft in die wirtschaftliche Entwicklung des Landes gesteckt und betreibt diese mit dem gleichen Eifer wie früher die Sache der Religion. Meine Schüler berichteten mir wiederholt von den Ambitionen ihrer Regierung, den Vereinigten Staaten auf wirtschaftlichem Gebiet den Rang abzulaufen. Dieser Ehrgeiz war es, der viele Japaner veranlaßte, bis in die Nacht hinein zu arbeiten und praktisch auf jegliches Familienleben zu verzichten. Er war verantwortlich für die pausenlose Betriebsamkeit und erklärte auch, warum die Menschen permanent gejagt erschienen.

Mit der Zeit ließ ich mich ebenfalls von der Hektik der Stadt anstecken. Mein Tagespensum war für mich überaus belastend. Jeden Morgen stieg ich um 6.37 Uhr in den Zug, um auf keinen Fall die S-Bahn nach Tokio zu verpassen. Sobald der erste Zug die Haltestelle erreichte, strömten die Geschäftsleute, nach japanischer Manier im dreiteiligen Anzug und mit einer Aktentasche in der Hand, den Ausgängen zu und rannten buchstäblich die Straße hinunter zum S-Bahnhof, der etwa fünf Minuten entfernt lag. Wer zuerst da war, hatte das Vorrecht, jeweils zu dritt nebeneinander auf die Bahn nach Tokio zu warten und möglichst einen Sitzplatz zu ergattern. Die übrigen mußten stehen, während der Zug, je mehr er sich der Stadt näherte, um so voller wurde. Ich gewöhnte es mir an, schneller sein zu wollen als der Schnellste aus der Aktentaschen-Brigade, um nur ja einen Sitzplatz zu bekommen.

Am Bahnhof Tokio angekommen, frühstückte ich in aller Eile. Um 8 Uhr begann der Unterricht und dauerte den ganzen Vormittag. Schnell schlang ich das Mittagessen hinunter und ging dann für ein paar Minuten einkaufen. Nachdem ich wieder den ganzen Nachmittag unterrichtet hatte, raste ich nach Hause. Der übervolle Stundenplan machte mich mit der Zeit ganz fertig.

Ich befand mich in einer echten Zwickmühle. Entweder konnte ich mich entscheiden, eine recht mittelmäßige Englischlehrerin zu sein und dafür ein bißchen Zeit und Kraft übrigbehalten, um Tokio zu genießen, oder ich konnte mich mit aller Kraft in den Unterricht stürzen, mußte dann aber auf jegliches soziale Leben verzichten. Da ich keine erfahrene Lehrerin war, mußte ich mich sehr sorgfältig auf meine Lektionen vorbereiten. Ich wollte es vermeiden, daß meine Schüler irgendwie benachteiligt wurden. Obwohl ich nicht in erster Linie nach Japan gekommen war, um zu lehren, plagte mich mein Gewissen ganz gewaltig. Nachdem ich vergeblich versucht hatte, meinen Arbeitsvertrag vorzeitig zu beenden, siegte schließlich mein Gewissen, und ich gab mein gesellschaftliches Leben fast völlig auf.

Langsam wuchs meine Ernüchterung in bezug auf Japan. Ich war in dieses Land gekommen, um seine Kultur kennenzulernen und mich voll in die Gesellschaft zu integrieren. Darauf hatte ich mich, so gut es ging, in der Heimat vorbereitet. Ich hatte alles über Land und Leute gelesen, was ich in die Finger bekam, und hatte viele Stunden damit verbracht, die Sprache zu studieren. Ich war felsenfest davon überzeugt gewesen, daß ich mich schnell einleben würde.

Doch nun mußte ich feststellen, daß meine Pläne sich nicht im entferntesten erfüllt hatten. Obwohl ich die meiste Zeit in der Schule unter Japanern verbrachte, waren wir verpflichtet, auf dem Schulgelände Englisch zu sprechen. So hatte ich kaum Gelegenheit, mein Japanisch zu praktizieren. Zudem war offensichtlich, daß die Japaner auf einer Insel lebten, denn sie betrachteten alle Ausländer mit größter Vorsicht. Die wenigen Male, die ich mit Makoto außerhalb Tokios unterwegs war, starrten mich die Leute ungeniert an und erinnerten mich permanent daran, daß ich eine Fremde war, eine Frau aus dem Westen. Ich fiel direkt auf unter all diesen Ostasiaten, und mir wurde langsam aber sicher klar, daß Japan nie mein Zuhause werden konnte. Ich wurde immer unsicherer und gehemmter und hatte Angst, noch weitere Ablehnung zu erfahren.

Es war ein häßlicher Kreislauf, in dem ich mich befand. Die Umstände hier waren schlimmer als daheim in Kanada. Das Lehren, aufgrund dessen ich überhaupt nur ins Land gekommen war, nahm meine gesamte Zeit und Kraft in Anspruch. Das »Leben« dagegen, das zu finden ich den weiten Weg gekommen war, entging mir völlig. Ich existierte ja kaum. War das alles, was ich erwarten konnte? Tokio war für mich eine düstere Stadt, und ich kam mir düster und leer darin vor. Der Gipfel all meiner Hoffnungen und Träume entpuppte sich wieder einmal als bloße Illusion.

»Los, Barbara«, drängte mich Makoto im Frühjahr, »versuch doch, deinen Vertrag vorzeitig zu beenden. Weshalb willst du noch bis zum August warten?« Er brannte darauf, mit mir durch Japan zu reisen, zumal ihm nicht verborgen blieb, daß ich immer deprimierter wurde. Ich persönlich wollte ebenfalls nur zu gern mit meiner Arbeit aufhören. Was kümmerte mich das Geld! Schließlich hatte ich genug gespart!

Mein japanischer Chef, der für mich gebürgt hatte, wollte jedoch nichts von diesem Gedanken wissen.

»Ich werde die Einwanderungsbehörde über Ihr Vorhaben unterrichten und persönlich dafür sorgen, daß Sie mit der nächsten Maschine nach Hause fliegen«, drohte er mir an. Als das nichts nützte, schlug er einen anderen Ton an. »Denken Sie doch an die Prämie, die Sie bekommen, wenn Sie Ihren Vertrag zu Ende führen«, versuchte er mir gut zuzureden. Nach schier endlosen Diskussionen gelang es mir schließlich, sechs Wochen vor der Zeit aufzuhören – in voller Übereinstimmung mit allen Beteiligten.

Es war herrlich, endlich wieder frei zu sein. Umgehend gaben Makoto und ich unser »Danchi« auf, verließen Tokio und bereisten etwa vier Monate lang die Inseln Hokkaido, Kyushu und Shikoku, wobei wir unsere Informationen aus dem japanischen Reiseführer bezogen. Unsere Maschine war eine 1000-ccm-Honda »Goldwing«, die Makoto in den USA gekauft hatte. Wegen der überfüllten Straßen durften in Japan nur Motorräder bis einschließlich 750 ccm verkauft werden. Größere Maschinen wurden lediglich für den Export hergestellt. So erregten wir echtes Aufsehen. Sobald wir irgendwo anhielten, sammelte sich sofort eine Menge Schaulustiger um uns, die das Motorrad anfassen oder ein Foto von der Maschine und uns machen wollten.

Die meiste Zeit fuhr Makoto, aber hin und wieder überließ er mir den Lenker. Wir mußten immer lachen, wenn die Blicke der Leute unwillkürlich in unsere Richtung wanderten. Der Ausdruck der Bewunderung beim Anblick einer solch tollen Maschine verwandelte sich jedesmal in offene Entrüstung, wenn der Betreffende erkannte, daß eine Frau sie lenkte. Die Rolle der japanischen Frau war zu der Zeit nicht gerade fortschrittlich!

Wieder in Tokio angekommen, wohnten wir bei Makotos Eltern. Ich fühlte mich dort sehr einsam. Wenn Makoto nicht da war, um mir Gesellschaft zu leisten, hatte ich nur die englische Zeitung und den Hund. Die übrigen Familienmitglieder gingen mir nach Möglichkeit aus dem Weg. Bei den gemeinsamen Mahlzeiten beobachteten sie mich schweigend, aber gründlich. Jede falsche Bewegung vermerkten sie durch japanische Augen. Makotos Eltern betrachteten mich als völlig ungeeignet für ihren Sohn. Ich spürte ihr Mißfallen und kam mir vor wie im Gefängnis. Unsere Verständigung fand immer noch weitgehend durch Zeichensprache statt. Makotos Eltern sprachen Dialekt und benutzten zudem viele mundartliche Ausdrücke, die ich nicht verstand. Sie wiederholten grundsätzlich nichts. Oft weinte ich mich am Abend in den Schlaf.

Sehr erleichtert war ich deshalb über Makotos Plan, schon bald zur nächsten Etappe unserer Reise aufzubrechen. Wir beschlossen, auf dem langen Weg nach Kanada zurückzukehren, nämlich durch Asien, Indien, Afrika und Europa. Wir waren ja bereits im Osten, und wer konnte wissen, wann sich uns nochmals eine solche Gelegenheit bieten würde?

So machten wir uns im November 1980 auf den Weg und setzten zunächst mit der Fähre nach Okinawa über, dem Ausgangspunkt unserer Reise durch Asien. Mit dem Schiff fuhren wir weiter nach Taiwan und anschließend nach Hongkong, wo wir kurz vor Weihnachten eintrafen.

Zum ersten Mal seit eineinhalb Jahren hatte ich wieder Kontakt mit der westlichen Kultur. Wie glücklich war ich, mich für billiges Geld an Milchprodukten gütlich tun oder beim Klang von Weihnachtsliedern in den Warenhäusern einkaufen zu können. Ebenso erfreulich war es, einen Film anzusehen, dessen Text ich verstand, oder Anzeigen und Nachrichten auf Englisch zu lesen. Auch viele Einwohner Hongkongs sprachen Englisch. Langsam fiel eine Kette nach der anderen, die mich in Japan eingeengt hatten, von mir ab.

In unserer Jugendherberge trafen wir ein junges Paar, das direkt aus seiner Heimatstadt Glasgow nach Hongkong gekommen war. Wie unterschiedlich wir doch die Dinge sahen! Für sie schien Hongkong fremd und orientalisch zu sein, für uns ausgesprochen westlich und für mich fast wie zu Hause.

Auf meinen Reisen um die Welt hatte ich gehofft, einen guten Überblick über jedes Land zu bekommen. Was ich indessen erlebte, war ein winziges Bruchstück des jeweiligen Landes, zu einem einmaligen Zeitpunkt und unter Umständen, die sich nicht wiederholen ließen. Wenn ich meine Aufzeichnungen mit anderen Weltenbummlern verglich, kamen wir meistens auf keinen gemeinsamen Nenner.

»In Hongkong war es lausig kalt«, sagte ich beispielsweise.

»Nein, es war drückend heiß«, wurde ich von den anderen belehrt. Ihr Eindruck hing davon ab, wo sie vorher gewesen waren und in welcher Jahreszeit sie die Stadt besucht hatten. Das typische Hongkong, so mußte ich feststellen, gab es eigentlich gar nicht. Ähnlich erging es mir mit den anderen Ländern. Jedes von ihnen hatte unzählige verschiedene Gesichter, die ich unmöglich alle kennenlernen konnte. Wie sollte ich da jemals einen wirklichen Einblick bekommen? Der bloße Gedanke hatte etwas Bedrückendes. Was hatte das Ganze überhaupt für einen Sinn?

Trotz unserer verschiedenen Ansichten schlossen sich die beiden Schotten uns an, und wir hatten als Quartett viel Spaß miteinander. Wir zelteten draußen in dem neuen Gebiet von Hongkong, das nahe der chinesischen Grenze lag und längst nicht so überlaufen war. Dort fanden wir Schwimmwesten, Mao-Jacken und andere Dinge, die davon zeugten, daß an dieser Stelle chinesische Flüchtlinge an Land gegangen waren, nachdem sie drei Stunden lang vom Festland in die »Freiheit« geschwommen waren. Polizeitrupps kreisten mit Hubschraubern über unserem Campingplatz und suchten mit starken Scheinwerfern das Wasser längs der Küste ab. Hongkongs Regierung hatte erst kürzlich diese Maßnahmen eingeführt, um, wenn möglich, die illegale Einwanderung in die ohnehin überfüllte Stadt zu unterbinden. Wir versuchten, uns in die Lage der Flüchtlinge hineinzuversetzen. Mußte es nicht schrecklich sein, seine Familie zurückzulassen und dann ständig in der Angst leben zu müssen, daß man eingesperrt und schließlich zurückgeschickt würde?

Es gab nur wenig Bäume in der Nähe des Campingplatzes, aber dafür grasten viele Kühe in der Gegend. Deshalb benutzten wir statt Holz getrockneten Kuhmist als Brennstoff. Am Abend zündeten wir ein loderndes Feuer an, um uns gegen den kalten Wind zu schützen, der von den Dünen herabpfiff. Tagsüber unternahmen wir ausgedehnte Strandwanderungen, während der Streß und die Hektik des Großstadtlebens langsam von uns abfielen. Wir waren alle vier traurig, als wir wieder nach Kowloon, dem überfüllten Zentrum von Hongkong, zurückmußten.

Makoto und ich verabschiedeten uns von unseren Freunden und fuhren per Schiff weiter nach Singapur. Als wir vier Tage später, am Neujahrstag, dort ankamen, erhielten wir einen Vorgeschmack des Tropenklimas. Etwa eine Woche lang hatten wir praktisch keinen Appetit. Unser Körper mußte sich erst an die feuchte Hitze gewöhnen. Dafür hatten wir ständig Durst.

Nachdem wir uns akklimatisiert hatten, reisten wir weiter nach Indonesien, Malaysia und Thailand. Um Geld zu sparen, kauften wir jeweils Whisky und andere Dinge in einem Land ein und verkauften sie zu einem höheren Preis im nächsten. Dieser Handel mit Waren war jedoch mehr eine Liebhaberei. Wir folgten damit dem jahrtausendealten Beispiel reisender Leute.

Birma war für uns das exotischste aller asiatischen Länder. Die Frauen in den Basarbuden färbten ihre Wangen mit leuchtendgelbem Sandelholzpulver. Die Birmanen sahen aus wie Inder, und ich nahm an, daß das Land vom Hinduismus geprägt wäre, so wie Indien. Überraschenderweise war es jedoch durchdrungen von buddhistischer Tradition und unterschied sich diesbezüglich in nichts von den übrigen Ländern Südostasiens. Es kam mir vor wie ein Schnittpunkt zwischen Ostasien und Indien.

Die Buddhisten genossen sowohl in Birma als auch in Thailand besonderes Ansehen. Sie brauchten meistens nicht Schlange zu stehen oder andere Unbequemlichkeiten hinzunehmen, mit denen der gewöhnliche Sterbliche konfrontiert war. Es war normal, Gruppen von buddhistischen Mönchen, in grellorange Gewänder gehüllt, über die Straße laufen zu sehen, ihre Bettelschalen in den Händen. Sie sahen absolut nicht verhungert aus.

In Rangun, der Hauptstadt Birmas, sahen wir reich verzierte Tempel, wie es sie sonst nirgendwo auf der Welt gibt. Die kuppelförmigen »Stupas«, buddhistische Schreine, waren von oben bis unten mit Gold überzogen und mit kostbaren Edelsteinen verziert. Auf dem Gelände eines dieser Tempel begegneten wir einer Gruppe von Teenagern, die sich in der Ausbildung zum Mönch befanden. Sie erklärten uns, daß sie Waisen seien. Offenbar wurden Waisenjungen in Birma automatisch Mönche. Die zukünftigen Geistlichen schienen indessen mehr an uns und am normalen Teenagerdasein interessiert zu sein als an ihrer Ausbildung. Mir kam das sonderbar vor, denn ich hatte Mönche immer als Inbegriff von Frömmigkeit betrachtet.

Noch ein anderes Erlebnis prägte zu dieser Zeit meine Einstellung zum Buddhismus. Wir besuchten einen buddhistischen Einsiedler, der in einer Höhle lebte. Er sprach Englisch und freute sich über unseren Besuch, aber die ganze Zeit beklagte er sich bitter über einen deutschen Mönch, der kürzlich bei ihm gewesen war. Er lud uns zum Mittagessen ein, und als es Zeit wurde zu gehen, gaben wir ihm auf sein Drängen hin eine großzügige Spende.

Von Rangun flogen wir weiter nach Kalkutta, wo wir im April 1981 landeten.

Wir beide, Makoto und ich, waren absolut nicht auf das gefaßt, was uns in Indien erwartete. Es war auch wirklich nicht einfach, sich in Kalkutta, einer Stadt mit 8 Millionen Einwohnern und zusätzlich 4 Millionen Obdachlosen, zurechtzufinden. Die Masse von Menschen, die sich in den Straßen drängten, sich stießen und schoben und verzweifelt versuchten, sich durch Schreien Gehör in dem Lärm zu verschaffen, war erdrückend. Rikschafahrer rannten mit ihrer Last durch die Straßen und kämpften mit den Ziegen, Schafen und heiligen Kühen ums Durchkommen. Dazwischen bahnte sich gelegentlich noch ein Taxi seinen Weg durch die Menge.

Die Armut war fast mit Händen zu greifen. Trotz der Bemühungen von seiten der Regierung, das Betteln zu unterbinden, das sie im Grunde als Schwindel betrachtete, sah man überall am Straßenrand verkrüppelte Menschen sitzen, die ihre Klingelbecher mit Münzen schüttelten und jeden Vorübergehenden an ihre Not erinnerten. »Harijans« (wörtlich übersetzt: »Kinder Gottes« – ein Ausdruck, den Gandhi für die Kaste der Unberührbaren geprägt hat) durchstöberten den auf der Straße aufgehäuften Abfall auf der Suche nach Altpapier, das wiederverkauft werden konnte. Andere sammelten eifrig Kuhmist. Dieser billige Brennstoff wurde zu flachen Kuchen geformt und zum Trocknen auf Wände und Mauern gesteckt. Alle Wände waren mit ordentlichen Reihen von Kuhfladen bedeckt – für mich ein erstaunlicher Anblick!

Nachdem wir unser Quartier in der »Red Shield«-Herberge, einer Einrichtung der Heilsarmee, bezogen hatten, brachen wir zu einem ersten Erkundungsgang auf. Überall war Lärm und Durcheinander. Immer wieder wurden wir von Indern gestoppt, die uns irgendwelche Dinge zuwarfen, von denen sie sich einen Profit erhofften. Kinder aus der Kaste der Unberührbaren rannten hinter uns her und riefen pausenlos »Bakschisch, Bakschisch!« Das war ihre Art, um Geld zu betteln. Mit ausgebreiteten Armen tanzten sie so lange um uns herum, bis wir ihnen etwas gaben.

Privatsphäre gab es keine mehr. So etwas spielte hier anscheinend keine Rolle. Wir fühlten uns empfindungsmäßig total überstrapaziert und waren froh, uns in die Stille unserer Jugendherberge zurückziehen zu können. Zwei Wochen lang diente sie uns als Standquartier, bis wir gelernt hatten, uns einigermaßen in der Stadt zurechtzufinden. Wir hörten alle möglichen Geschichten von Abendländern, die bei ihrer Landung so überwältigt von Indien gewesen waren, daß sie mit der nächsten Maschine den Heimflug angetreten hatten. Ich konnte sie nur zu gut verstehen und mich blendend in ihre Lage hineinversetzen.

Ich ahnte ja noch nicht, daß Indien einmal einen unauslöschlichen Eindruck auf mich machen würde.

Kapitel 7

Erschütterungen

Endlich faßten Makoto und ich Mut, Kalkutta zu verlassen.
Makoto wollte unbedingt Buddh Gaya sehen, den wichtigsten
Wallfahrtsort der Buddhisten in Indien. Anhand der Karte arbei-
teten wir also eine Route aus, die uns nach Bombay, an der
Westküste Indiens gelegen, bringen sollte, mit Unterbrechungen
an verschiedenen heiligen Stätten am Weg.

In Buddh Gaya trafen wir viele Reisende aus Japan, die
gekommen waren, um ihre geistlichen Wurzeln zu entdecken.
Wir saßen unter dem Bodhi-Baum, der Überlieferung nach ein
direkter Abkömmling jenes Baumes, unter dem Prinz Siddartha
einst meditiert hatte und zum Buddha (d. h. »der Erleuchtete«)
geworden war. Während der Blütezeit waren täglich etwa 1500
Priester um den Baum herum beschäftigt. Dieses Erlebnis machte auf uns beide einen gewaltigen Eindruck, und wir versuchten
uns vorzustellen, wie es war, als Buddha noch lebte.

Einige Zeit verbrachten wir in Sarnath, wo Buddha, wie man
sagt, seine erste Predigt über die »Edlen Wahrheiten« gehalten
und darin den Weg aufgezeigt hat, der zur Überwindung des
Leidens führt und die Seele durch verschiedene aufeinanderfol-
gende Leben ins Nirwana bringt, zur Einheit mit Gott. Diese
Predigt war teilweise auf Steinen festgehalten. Hier hatte
Buddha auch seine ersten fünf Nachfolger unterwiesen, die
später als Missionare ins Ausland gingen. In dem nahe gelegenen Tempel studierten wir die Lebensgeschichte Buddhas anhand von verschiedenen Wandmalereien.

Unsere nächste Station war Varanasi (Benares), die heilige
Stadt der Hindus. Dieser 3000 Jahre alte Ort, wahrscheinlich die
älteste noch bewohnte Stadt der Welt, beherbergt nicht weniger
als 2000 Tempel und Schreine. Scharen von Pilgern baden sich
am Fuß der »Ghats« (breite Freitreppen, die ins Wasser hinab-
führen) in den heiligen Fluten des Ganges. Das Streben jedes

Hindus läuft darauf hinaus, wenigstens einmal im Leben diese Möglichkeit zu haben und seine Sünden im Wasser dieses Flusses, das gemäß ihrem Glauben erlösende Kräfte in sich birgt, abzuwaschen.

In den frühen Morgenstunden erleuchten Reihen von brennenden Scheiterhaufen die gesamte Uferfront. Kulis bringen auf Bambustragen die in weiße Seide oder Leinen gehüllten Leichname zum Verbrennungsort. An dieser heiligen Stätte eingeäschert zu werden, ist von größerem Wert als jede Pilgerfahrt. Um den Verstorbenen einen sicheren Übergang in die nächste Welt zu verschaffen, wird ihre Asche von den Angehörigen auf das schmutzig-trübe Wasser gestreut.

Ein Stück flußaufwärts sah man die zylindrischen »Türme des Schweigens« aufragen, wo die Parsen, eine andere religiöse Sekte, ihre Toten hinbringen. Aasgeier kreisten darüber, immer bereit, beim ersten Anzeichen eines neuen Leichnams herabzustoßen. Innerhalb von wenigen Stunden hatten sie das Fleisch von den Knochen gepickt, die dann in der Sonne trockneten. Überall sah man Fakire, heilige Männer der Hindus, nur mit einem Lendentuch bekleidet und mit gekreuzten Beinen auf Nagelbetten sitzen, tief in Trance. Die Luft war erfüllt vom Haschischrauch.

Da Makoto und ich von der Reise müde waren, folgten wir der Empfehlung eines Mitreisenden und mieteten uns für die Nacht in einem besseren Gästehaus ein, weit weg vom überfüllten Stadtzentrum. Ein Kuli zeigte uns den Weg zu den Schlafräumen. Sie waren modern und freundlich und verfügten sogar über hölzerne Spinde, in die man seine Sachen einschließen konnte. Endlich konnte ich mich einmal wie ein normaler Tourist fühlen und brauchte nicht ständig auf mein Gepäck aufzupassen!

Wir hatten etliche Kameras, Walkmen und andere wertvolle Dinge dabei, die wir in Singapur, dem asiatischen Mekka für High-tech, gekauft hatten. Wir hatten gehört, daß die Inder sich um solche technischen Gegenstände rissen, und hofften, sie zum doppelten Preis in Neu-Delhi oder Bombay verkaufen zu können. Dennoch machte es mich nervös, sie die ganze Zeit mit mir herumschleppen zu müssen. Ich wünschte mir nichts sehnlicher, als endlich von dieser Bürde befreit zu sein.

»Laß uns soviel wie möglich in diese Schränke einschließen«, schlug Makoto vor. Ich holte meine beiden Kameras, 24
Filme und den Walkman – ein brandneues Modell, das es in
Amerika noch gar nicht zu kaufen gab – heraus und stapelte
meine persönlichen Effekten obendrauf. Langsam füllte sich der
Spind, während mein Rucksack immer leerer wurde. Schließlich
verstaute ich noch meinen Spezialgürtel mit Reiseschecks und
japanischen Banknoten hinter den Kameras.

Wir brachten die Vorhängeschlösser an und verließen den
Raum, um uns auf dem Gelände umzusehen. Unten im Hofraum
erblickte Makoto sogleich die bequemen Liegestühle. Er ließ
sich auf einem von ihnen nieder und räkelte sich wohlig. In
dieser seiner Lieblingsstellung und bei dem eintönigen Brum-
men des Ventilators über ihm würde es nicht lange dauern, bis
Makoto fest eingeschlafen war.

Ich hatte indessen keine Ruhe, sondern ging nochmals nach
oben in unser Zimmer, um mein Tagebuch zu holen, das ich auf
dem Bett hatte liegenlassen. Ich wollte gerade danach greifen,
als mir ein kleiner Gegenstand auf dem Fußboden ins Auge fiel.
Er kam mir irgendwie bekannt vor. Ich bückte mich – und hielt
die Verschlußkappe meiner Kamera in der Hand. Komisch,
dachte ich. Ich wußte genau, daß ich die Kappe auf die Linse des
Apparats gesteckt hatte, bevor ich ihn im Schrank verstaute. Wie
kam das Ding auf den Fußboden?

Sollte etwa . . . ? Ich ging auf die Reihe von Spinden zu, die
sich an der entgegengesetzten Seite des Raumes befanden. Aus
der Entfernung sah ich die Vorhängeschlösser unverändert vor
den Türen hängen, so wie wir sie angebracht hatten. Erleichtert
atmete ich auf. Doch dann sah ich es, und das Herz wollte mir
beinahe stillstehen: Jemand hatte die Scharniere herausgerissen!

»O Schreck«, dachte ich, »mein ganzes Zeug!« Ich riß die
Tür von der Scharnierseite her auf, zu Tode erschrocken. Meine
schlimme Ahnung bestätigte sich – der Spind war leer!

Einen Augenblick stand ich wie gelähmt und starrte auf die
leeren Schrankwände. So schnell konnte ich die entsetzliche
Wahrheit gar nicht fassen.

Dann stieß ich einen hohen, spitzen Schrei aus und rief mit
aller Kraft nach dem Manager. Ich stürzte auf den Balkon, von

dem aus man den Hof und die dahinterliegende Straße sehen konnte.

»Hilfe!« schrie ich, »Diebe! Einbrecher! Man hat mir alle meine Sachen gestohlen!« Die Rikschafahrer vor dem Haus trugen mein Geschrei weiter, Makoto eilte herbei und sah noch ganz verschlafen aus.

»Was ist passiert?«

»Alles ist weg!« rief ich. »Guck dir den Spind an! Irgend jemand hat die Scharniere herausgerissen!« Ich zeigte mit dem Finger auf meinen Schrank, total außer Fassung. Mit rot angelaufenem Gesicht stürzte Makoto zu seinem Spind hinüber. Er war ebenfalls leer! Er riß den nächsten auf und den übernächsten – überall das gleiche Bild. Jemand mußte mit einem Brecheisen durch die Reihe gegangen sein und systematisch alles mitgenommen haben, was er finden konnte. Wir waren bestimmt nicht länger als eine Viertelstunde aus dem Zimmer fort gewesen.

Der Manager war inzwischen herbeigeeilt und fing sofort an, uns mit Fragen zu bombardieren: »Wann ist das passiert? Was war in den Schränken?« Er wollte mich um jeden Preis beruhigen. Es war ihm überaus wichtig, die anderen Touristen nicht zu verprellen.

»Ich rufe sofort die Polizei«, sagte er und verließ den Raum. Die Inder, die mit uns im Schlafsaal schliefen, kamen kurz darauf herein. Sie hatten bereits von dem Einbruch gehört. Im Gegensatz zu uns trugen sie ihre Wertgegenstände bei sich.

»Indien ist ein sehr gefährliches Land«, meinte einer aus der Gruppe bedauernd. »Viele Leute warten nur darauf, andere zu bestehlen. Man muß ständig auf seine Sachen aufpassen. Sehen Sie, wir haben unsere Wertsachen hier drin« – damit hielt er einen Lederbeutel in die Höhe, wie ich sie schon öfter bei Indern gesehen hatte. Makoto und ich setzten uns nebeneinander aufs Bett und überlegten, was als nächstes zu tun sei. Wenn wir unsere Barschaft zusammenzählten, reichte es nicht einmal für eine Nacht im Gästehaus. Und all unsere Papiere waren weg, das war das Schlimmste.

Plötzlich hörten wir draußen auf der Straße einen gewaltigen Tumult. Ich fragte einen Bediensteten, der an unserem Zimmer vorbeilief, was da los sei.

»Die Rikschaleute haben den Dieb gefaßt«, erklärte er mir.
»Er war schon fast am Bahnhof. Sie bringen ihn gerade her.«
Mein Herz schlug schneller. Ich rannte die Treppe hinunter in
den Hof, dem Angestellten dicht auf den Fersen.

Durch das gußeiserne Tor, das auf die Straße hinausführte,
sah ich eine große Schar Inder auf unser Gebäude zukommen.
Sie schoben den Dieb, der in jeder Hand einen Koffer trug, vor
sich her. Je näher die Leute kamen, desto zorniger wurde ich.
Haßerfüllt starrte ich den Mann an. Das war er also, der uns all
unsere Sachen gestohlen hatte! Was hatte ihn veranlaßt, etwas
so Abscheuliches zu tun? Wie hatte er es wagen können!

Das Tor flog auf, und ehe ich recht überlegte, hatte ich ihm
einen Faustschlag ins Gesicht versetzt. Überrascht und erschrocken zugleich, sah er mich an. Ich hatte jedoch nicht mit
der Wirkung gerechnet, die mein Tun auf die Leute haben würde.
Von einem Augenblick zum anderen schlug die Stimmung um.
Die Menge, die sich einfach nur gefreut hatte, etwas Aufregen-
des mitzuerleben – etwa wie die Zuschauer bei einem fröhlichen
Wettspiel –, verwandelte sich in Sekundenschnelle in einen
wütenden Mob, der auch vor Mord nicht zurückschreckte.

Den Übeltäter packte die Furcht. Seine Knie fingen an zu
zittern, er ließ die zwei Koffer fallen und hob die Arme hoch
über seinen Kopf, um Gnade bittend. Seine Augen flehten mich
an, ihm zu helfen. Ich kam mir völlig hilflos vor. Übelkeit ergriff
mich. Wenn er umgebracht wurde, war das meine Schuld, denn
ich hatte die Menge aufgewiegelt. Sie war nun nicht mehr zu
kontrollieren und glich eher einer Meute wilder Tiere als ver-
nünftigen Menschen – bereit, den Mann zu Brei zu schlagen.
Verzweifelt sah ich mich nach Hilfe um.

Gerade in diesem Augenblick erschien ein Polizist auf der
Bildfläche. Noch nie war ich über den Anblick eines Gesetzes-
hüters so erleichtert gewesen wie jetzt.

Der hochgewachsene Beamte in einer Khakiuniform stellte
sich der Menge mit einem schweren Bambusknüppel in den
Weg. Er rief irgend etwas auf Hindi, und der Mob wich zurück.
Langsam, ganz langsam beruhigten sich die Leute und zerstreu-
ten sich. Ich seufzte erleichtert auf. Der Polizist führte den
Übeltäter, der sich wieder einigermaßen in der Gewalt hatte, in

ein Zimmer des Gästehauses, um ihn dort zu verhören. Makoto und ich wurden ebenfalls gerufen, um gegen ihn auszusagen.

Der Beamte, offensichtlich ein Experte in solchen Dingen, führte die Befragung auf Englisch durch. Jedesmal, wenn der Dieb mit seiner Antwort zögerte, erhielt er einen Schlag mit dem Bambusknüppel. Bevorzugte Stellen schienen dabei seine Ellbogen, Knie oder Füße zu sein. Einmal, als der Knüppel auf seine Hüften niedersauste, kamen meine Reiseschecks aus seiner Hosentasche geflogen. Instinktiv bückte ich mich, um sie aufzuheben.

»Warten Sie bitte, bis ich mit der Untersuchung fertig bin«, befahl der Beamte und forderte mich durch eine Handbewegung auf, wieder Platz zu nehmen. Er öffnete die Koffer und verglich jedes Teil mit der Liste unserer verschwundenen Wertsachen, die wir ihm gegeben hatten. Zu guter Letzt hatten Makoto und ich alle unsere Sachen wieder – mit Ausnahme meines japanischen Geldes im Wert von ca. 1000 Dollar. Von diesem Geld wußte der Dieb trotz vieler Schläge angeblich nichts. Auch eine gründliche Durchsuchung verlief ergebnislos. Somit stand Aussage gegen Aussage. Als der Polizist nicht mehr weiter wußte, verließ er den Raum und nahm den Dieb mit. Bedrückt und mutlos saß ich auf meinem Stuhl.

»Mach dir keine Sorgen wegen des Geldes«, sagte Makoto und legte tröstend den Arm um meine Schultern. »Ich kann dir gerne etwas ausleihen. Wir wollen diese Sache gemeinsam tragen.« Seine einfachen Worte weckten in mir eine ganz neue Hochachtung für Makoto. Mit Tränen in den Augen sah ich ihn an und vergab ihm im stillen alles, was ich an Groll gegen ihn in meinem Herzen genährt hatte, weil er häufig meinen Erwartungen nicht entsprach.

Am nächsten Morgen kam der Polizist, um uns zu holen, damit wir einen offiziellen Bericht auf der Polizeistation abgeben konnten. Wir kletterten alle drei in eine wartende Rikscha, und der Fahrer trat sofort kräftig in die Pedale. Der Polizist trieb ihn durch Zurufe zu immer größerer Eile an. Mir fiel auf, wie die Wadenmuskeln des armen Burschen deutlich hervortraten – ein krasser Gegensatz zu seinen dünnen Beinen. Er legte sich scharf in die Kurve und hätte dabei fast einen Fußgänger umgerissen. Während dieser sich mühsam aufrappelte, beschimpfte der Polizist ihn lautstark. Ich verstand nicht, warum er unnötigerweise so grausam sein mußte.

Der heiße Wind wirbelte den Staub auf, der uns bald ganz einhüllte. Ich versuchte, mein Gesicht zu schützen, indem ich ein Tuch davorhielt, aber das half bei der drückenden Atmosphäre auch nicht viel. Bereits jetzt, am frühen Morgen, war es um die 40° C heiß, und das Thermometer würde in den nächsten Stunden auf 46° klettern.

Wir fuhren unter einer Brücke hindurch. Am Straßenrand lag ein verendetes Schwein auf dem Rücken, total aufgedunsen, die steifen Beine der heißen Sonne entgegengestreckt. Die Leichenstarre hatte bereits eingesetzt. Ich drängte mich enger an Makoto und war dankbar für seine Nähe.

Die Polizeistation lag in einiger Entfernung vom Stadtzentrum. Der Rasen vor dem Gebäude wirkte verschlafen und ruhig, aber drinnen wimmelte es wie in einem Bienenstock. In einer langen Reihe standen die Menschen vor einem außergewöhnlich dicken Beamten, um ihre Beschwerden vorzubringen.

»Hier hinein!« Unser Begleiter führte uns in ein Hinterzimmer und schloß die Tür hinter uns. Er setzte sich an den Schreibtisch und bedeutete uns, auf zwei Stühlen davor Platz zu nehmen.

»Wir haben den Mann, der Ihre Sachen gestohlen hat«, begann er, wobei er seine Worte sorgfältig abwog. »Wir vermuten, daß noch andere mit ihm unter einer Decke stecken und möglicherweise das Bargeld mitgenommen haben. Für den Dieb ist dies die erste strafbare Handlung. Er hat mich gebeten, mit Ihnen reden zu dürfen.« Mit diesen Worten verließ er den Raum, um kurz darauf mit dem Übeltäter zurückzukehren, der jetzt sehr gebeugt und unterwürfig wirkte. Nachdem sich die Tür hinter ihm geschlossen hatte, zog der Dieb ein Bündel zerknitterter Reiseschecks aus seiner Brusttasche und legte es auf den Schreibtisch.

»Hier sind 2000 Rupien (etwa 250 Dollar)«, sagte er und sah dabei sehr verlegen aus. »Sie gehören meinem Vater. Ich weiß nichts von dem Geld, das Sie vermissen, wirklich nicht! Bitte, nehmen Sie die Schecks und ziehen Sie Ihre Klage zurück. Mein Vater würde die Schande sonst nicht überleben. Bitte!« Ich zweifelte nicht an seiner Aufrichtigkeit. Was sollte ich tun? Am liebsten hätte ich die Hand ausgestreckt und die Schecks genommen. Bei der Korruption, die in Indien herrschte, war die Chance, mein Geld wiederzubekommen, ohnehin äußerst gering.

»Nimm sie nicht!« sagte Makoto warnend. »Man kann nicht Korruption mit Korruption bekämpfen!« Noch vor wenigen Tagen hätte ich seine Worte mit einer Handbewegung abgetan. Sie mochten vielleicht für Japan zutreffen, wo Moral noch etwas galt, aber nicht für Indien. Doch seit gestern hatte sich etwas zwischen Makoto und mir verändert. Meine Beziehung zu ihm war durch das gemeinsame Erlebnis enger geworden, und ich spürte zum erstenmal seit Jahren eine gewisse Richtung darin. Seine Einstellung zum Leben bedeutete für Makoto ungeheuer viel. Er hatte mir beigestanden, als ich in Not war. Nun war es an mir, mich zu ihm zu stellen.

»Nein«, sagte ich, zum Dieb gewandt, schnell, »es tut mir leid!«

Der Polizist atmete hörbar aus und fuhr mit seinen Händen durch die Luft, als wolle er sagen: »Verstehe einer die Ausländer!« Dann führte er den Dieb aus dem Zimmer. Während ich ihm nachsah, fühlte ich fast so etwas wie Bedauern in mir aufsteigen. Hatte ich richtig gehandelt? Mehr als mir soeben angeboten worden war, würde ich wohl nie von meinem Geld wiederbekommen!

Wie um meinen Verdacht zu bestätigen, sah ich kurze Zeit später, wie der Dieb das Geld dem dicken Polizeibeamten zuschob. Der stopfte das Bündel in seine Jackentasche. Ich konnte mich nicht beherrschen, sondern fing lauthals an zu protestieren.

»Kein Wunder, daß die Bürger Ihres Landes so leicht stehlen, wenn sogar die Beamten korrupt sind!« schrie ich und deutete anklagend auf den dicken Polizisten. »Wie können Sie erwarten, daß in einem solch verdorbenen Land Gerechtigkeit herrscht?« Nachdem ich meinen Gefühlen auf diese Weise Luft gemacht hatte, wurde ich langsam ruhiger. Ein Mann, der Zeuge meines Ausbruchs geworden war, gab die Geschichte an die lokale Zeitung weiter.

Mein Geld sah ich zwar nie wieder, aber trotzdem hatte der Vorfall auch durchaus positive Auswirkungen. Meine Sinne wurden auf eine ganz neue Weise geschärft und belebt. Durch diese Begebenheit und andere, die darauf folgten, begann die Mauer der Gleichgültigkeit, die ich unbewußt um mich herum aufgerichtet hatte, langsam zu bröckeln.

Kurz nachdem wir Varanasi verlassen hatten, wurde Makotos Reisepaß an einem Busbahnhof gestohlen. Als wir zwei Wochen später in Bombay am Arabischen Meer ankamen, waren wir beide total erschöpft. Die Diebstähle sowie die pausenlosen Belästigungen von seiten der indischen Bevölkerung hatten ihre Spuren hinterlassen, und ich freute mich unbändig darauf, endlich ein wenig Ruhe zu bekommen. Wir hatten ja einen triftigen Grund, in Bombay zu bleiben, bis die Behörden Makoto einen Ersatzpaß ausgestellt hatten.

In Bombay war es feuchtheiß, so daß der Schweiß mir in Strömen über den Nacken lief und sich Salzkristalle auf meinen Schultern bildeten, wenn ich durch die Straßen ging. Wie schon in Kalkutta, wohnten wir auch in Bombay in der »Red Shield«-Jugendherberge. Rauschgifthändler standen dutzendweise vor den Eingängen herum und versuchten, ihre Ware an den Mann zu bringen.

»Pst! Wollen Sie Drogen kaufen? Haschisch, Heroin – alles spottbillig!«

In der ersten Nacht unseres Dortseins starb ein Reisender aus New York in unserer Herberge an einer Überdosis Heroin. Seine Zimmergenossen machten sich mit all seinen Habseligkeiten, einschließlich dem Reisepaß, aus dem Staub, so daß die Polizei große Schwierigkeiten hatte, den Toten zu identifizieren.

Wir waren kaum einen Tag dort, da entdeckten wir verdächtige rote Flecken an der Innenseite unserer Oberschenkel. Sie juckten so stark, daß wir kaum bei den Mahlzeiten am Tisch stillsitzen konnten. Nach einem weiteren Tag hatten wir die Quelle des Übels herausgefunden: In den Rohrstühlen des Speisesaales wimmelte es von Wanzen! Jedesmal, wenn wir uns zum Essen niedersetzten, kamen sie hervorgekrochen, um sich ihrerseits an unserem Fleisch gütlich zu tun! Die Herbergsmutter, eine imposante Frau aus Neufundland in Kanada, zeigte sich völlig uneinsichtig über unsere Beschwerde.

»Die Stühle werden regelmäßig mit Insektenspray behandelt«, erklärte sie uns. »Was Sie da sagen, ist ganz ausgeschlossen.«

Schließlich war Makoto am Ende seiner Geduld. Wir hatten uns zunächst zu helfen versucht, indem wir Zeitungspapier auf den Stühlen ausbreiteten, aber auch das half nur vorübergehend. Mit einem Räucherstab brannte Makoto bei einem der Stühle eine Ecke heraus, und die Wanzen marschierten zu Hunderten heraus, groß und klein, und füllten das bereitgehaltene Marmeladenglas. Als der Räucherstab abgebrannt war, schloß Makoto den Deckel, den er zuvor mit Löchern versehen hatte, und präsentierte der Herbergsmutter das Beweismaterial. Am Nachmittag konnten wir dann zu unserem Vergnügen beobachten, wie die Angestellten sämtliche Stühle im Speisesaal gründlich mit einem Insektenvertilgungsmittel einsprühten. Sie lächelten uns vielsagend zu, wenn die Hausmutter gerade einmal nicht hinsah.

Es war während dieser »Wanzenepisode«, daß ich K-san kennenlernte, einen Weltenbummler aus Japan. Ich schmierte ihm die Beine, die mit juckenden Pusteln übersät waren, mit kühlender Salbe ein. K-san befand sich auf dem Rückweg in seine Heimat, nachdem er vier Jahre in Frankreich gelebt hatte. Eigentlich hieß er Kazunori, aber kein Mensch nannte ihn so. Obwohl er nicht gerade hübsch zu nennen war, traf mich der Blick seiner dunklen Augen bis ins Innerste, und ich spürte, wie mein Herz schmolz. Er schien mich total zu verstehen. Ich verliebte mich Hals über Kopf in ihn. Er kam mir äußerst flexibel und anpassungsfähig vor und schien die Umstände lieber selber in die Hand zu nehmen, als lediglich auf alles zu reagieren.

Ich wußte nicht, wie ich mich verhalten sollte. Mein Herz schrie nach K-san, aber ich war mit Makoto liiert. Je länger es dauerte, bevor der neue Paß ausgestellt war, um so schwieriger wurde die Situation. K-san hatte nicht die Freiheit, sich zwischen Makoto und mich zu drängen. Ich war lange genug in Japan gewesen, um zu wissen, daß das Ehrgefühl der Japaner so etwas nicht zuließ. Um der Ehre willen waren sie bereit, so ziemlich alles zu opfern – selbst ihr eigenes Glück.

Unsere bittersüße Romanze dauerte nicht einmal zwei Wochen. Dann brach K-san nach Nepal und Kalkutta auf, wo er irgendwann im September einzutreffen hoffte. Am Busbahnhof küßte er mich zum Abschied leicht auf die Wange.

In unsere Jugendherberge zurückgekehrt, setzte ich mich auf die Fensterbank in unserem Schlafraum im zweiten Stock, ein

Gefühl tiefer Traurigkeit im Herzen. Ich sah auf die Straße hinunter, ohne richtig zu begreifen, was dort vor sich ging, weil ich viel zu sehr mit der schmerzlichen Leere in meinem Innern beschäftigt war. Ein Mann in der wogenden Menge erregte schließlich meine Aufmerksamkeit. Er war, wie man zu sagen pflegt, nur Haut und Knochen. Selbst von meinem erhöhten Sitzplatz aus konnte ich mit Leichtigkeit jede einzelne Rippe bei ihm zählen. Mit einer Bettelschale in der Hand wanderte er ziellos hin und her und sah verwirrt und desorientiert aus. Bei aller Armut, die ich in Indien gesehen hatte, war ich doch noch nie einem so dürren Menschen begegnet. Ein tiefes Mitleid ergriff mich.

Ohne lange zu überlegen, rannte ich die Treppe hinunter und kaufte drei dicke, dampfend heiße Tschapattis (indische Fladenbrote) in einem nahegelegenen Restaurant. Ich ließ sie mir in Papier einwickeln und begab mich auf die Suche nach dem besagten Mann. Irgendwie war das Gefühl, ihm helfen zu müssen, mit meiner eigenen Traurigkeit verknüpft. Wenn ich ihm etwas Gutes tun würde, so spürte ich, würde mir selbst geholfen werden. Endlich hatte ich ihn in der Menge erblickt und drückte ihm die Tschapattis in die Hand. Er nahm sie, aber seine Augen waren rot unterlaufen und hohl und sein Blick glasig und verständnislos. Er schien bereits zu weit »hinüber« zu sein, um zu wissen, was er mit dem Essen anfangen sollte. Mit einem komischen Gefühl ging ich ins Haus zurück und wußte nicht recht, ob das, was ich getan hatte, nun eine Hilfe gewesen war oder nicht. Trotzdem war meine Traurigkeit durch diese simple Geste ein wenig gemildert worden.

Ich dachte oft an K-san. Ob ich ihn jemals wiedersehen würde? Unsere Gefühle füreinander waren echt gewesen und hatten auf Gegenseitigkeit beruht. Freundlich und mit einer positiven Lebenseinstellung begabt, ohne jemals andere zu kritisieren, war er in vielem das genaue Gegenstück zu dem, was ich in mir selber feststellte. Doch seine guten Eigenschaften reizten mich, ebenfalls gut sein zu wollen. Ich wünschte mir, zu sein wie er. Selbst wenn ich ihn nie wiedersehen würde, war das von nun an mein Ziel.

Vier Wochen nachdem wir in Bombay angekommen waren, konnte Makoto endlich seinen neuen Paß abholen, versehen mit einem indischen Visum, so daß wir die Stadt nunmehr verlassen konnten. Wir brachen in Richtung Nepal auf, weil wir gerne eine Zeitlang im Himalaja wandern wollten.

In Neu-Delhi wurde Makoto jedoch plötzlich krank. Er konnte kein Essen bei sich behalten, übergab sich ständig und hatte heftigen Durchfall. Er nahm auch an Gewicht ab. Durch die Krankheit fühlte er sich sehr geschwächt, und als wir in Katmandu, der Hauptstadt von Nepal, ankamen, war ihm absolut nicht nach Bergsteigen zumute.

Ich wollte mir diese einmalige Gelegenheit indessen nicht entgehen lassen und ließ in einer der Jugendherbergen eine Notiz aufhängen, daß ich einen Wandergefährten suchte. Ein junger Japaner meldete sich, und gemeinsam brachen wir zu einer Fünftagestour in die Berge auf.

Mir bereitete dieser Ausflug große Freude. Es war gerade die Zeit der Monsunregen, und viele Flüsse waren stark angeschwollen. Wir wanderten hoch oben in den Bergen, wo es keine Straßen gab. Die einzelnen Dörfer waren nur durch kleine Trampelpfade miteinander verbunden. Die Dorfbewohner waren sehr freundlich zu uns. Wir saßen mit ihnen im Kreis und rauchten die Haschischpfeifen, die sie herumreichten. Einmal kamen wir vom Weg ab und verliefen uns. Nach langem Wandern im Kreis erreichten wir die gleiche Hütte, die wir am Nachmittag verlassen hatten. Die Dunkelheit brach bereits herein. Wir wurden von den Hausbewohnern sehr freundlich zum Übernachten eingeladen und mit einem guten Abendessen bewirtet. Am nächsten Morgen sorgten sie dafür, daß wir auf den richtigen Weg kamen.

Schon bald merkten wir, weshalb nur so wenig Menschen während der Monsunregen unterwegs waren: die ganze Gegend war voll von Blutegeln! Sie hingen an den nassen Zweigen und warteten nur darauf, daß ein passendes Opfer vorbeikam. Sobald ein Mensch oder Tier sie streifte, bohrten sie ihre Tentakel in sein Fleisch und fraßen sich mit seinem Blut voll. Da sie eine Kombination von betäubenden und die Blutgerinnung hemmenden Stoffen in den Körper spritzten, spürte man gewöhnlich nichts von ihnen. Trotzdem lernte ich es, äußerst vorsichtig zu sein. Sobald ich eines dieser Biester an mir entdeckte, streute ich Salz darauf, dann fiel es ab.

Während unserer Wanderungen hatte ich viel Zeit, über meine Beziehung zu Makoto nachzudenken. Wir waren Reisegefährten, deren Interessen immer weiter auseinanderzudriften begannen und die viel zu eigenständig und mit sich selbst beschäftigt waren, um sich wirklich für den anderen zu interessieren. Ich hatte das Gefühl, mich innerlich mehr und mehr von Makoto zu entfernen, weil ich merkte, wie wenig unsere Beziehung im Grunde dem entsprach, was mir inzwischen als Ideal vorschwebte. All das, was mir an ihm am meisten mißfiel – sein mangelndes Interesse an anderen Menschen, seine Einstellung zu Drogen und seine allgemeine Lethargie –, trat von neuem ganz klar in den Vordergrund. Hinzu kam noch meine ungestillte Sehnsucht nach K-san.

Aus den Bergen zurückgekehrt, fand ich Makoto bei besserer Gesundheit vor, und so begaben wir uns auf die Reise nach Kalkutta, um dort unsere Tickets nach Europa zu lösen. Die Fahrpreise waren in Kalkutta billiger als in Neu-Delhi, aber im stillen hoffte ich auch, K-san wiederzusehen. Ich hatte das bestimmte Gefühl, daß meine Zeit in Indien noch nicht zu Ende war. Es gab noch so viel zu sehen und zu erleben, auch war in den letzten Wochen so viel geschehen, daß ich unbedingt Zeit brauchte, um es innerlich zu verarbeiten.

In Kalkutta angekommen, vertraute ich mich einer Mitbewohnerin in der Jugendherberge an und erzählte ihr von meiner Beziehung zu Makoto. Mir war inzwischen klar geworden, daß wir nur deswegen noch zusammen waren, weil ich Angst vor dem Alleinsein hatte. Die Frau gab mir schließlich den entscheidenden Hinweis.

»Wenn das der einzige Grund ist, warum ihr zusammen seid, kann ich dir nur raten: Mach Schluß! Auf die Dauer reicht das nämlich nicht«, gab sie mir zu bedenken. Ihre Worte leuchteten mir ein. Das war's, was ich tun mußte! Eigentlich war dieser Schritt sogar bereits überfällig. Als Makoto in die Jugendherberge zurückkehrte, sprach ich mit ihm über die Sache.

»Makoto«, begann ich, »ich habe lange darüber nachgedacht und bin zu dem Schluß gekommen, daß ich in Indien bleiben werde. Du kannst ruhig dein Ticket kaufen und nach Europa fliegen, aber ich komme nicht mit.« Er war sehr bestürzt und wollte mir zunächst nicht glauben, bis ich mit ihm zum Flughafen fuhr und ihm Lebewohl sagte.

Das war das Ende unserer Beziehung. Einerseits war ich traurig darüber, andererseits wußte ich aber, daß ich richtig gehandelt hatte. K-san hatte ganz neue Fähigkeiten in mir wachgerufen, doch solange ich mit Makoto liiert war, würde ich innerlich nicht wachsen können. Dreieinhalb Jahre hatte unsere Beziehung gedauert, jetzt war sie zu Ende. Mutterseelenallein verließ ich den Flughafen.

Kapitel 8

Geistliche Anfänge

Es war gerade drei Wochen her, seit ich mich von Makoto getrennt hatte, und schon kam ich mir vor wie in einer anderen Welt. Es war, als habe für mich ein neues Leben begonnen und Makoto gehöre zu einem vergangenen Leben.

Hier war ich also ganz allein in Darjeeling. Wer hätte so etwas vor zwei Wochen für möglich gehalten? Außerdem waren wirklich aufregende Dinge passiert: zuerst die Bahnfahrt, dann meine erste Erfahrung mit Opium und nun der Hellseher, der angeblich ein heilendes Kreuz über meinem Kopf gesehen hatte!

Seine Worte hatten mich tief getroffen. Ich mußte das Restaurant verlassen und erst einmal einen Spaziergang machen, um sie zu verdauen.

Während ich die steile Straße im Abendnebel emporstieg, sah ich mein Leben zum ersten Mal als eine geistliche Wanderung an. Solange ich Kind gewesen war, hatte ich einen lebendigen, bedingungslosen Glauben besessen. Doch irgendwo unterwegs hatte ich diese kindliche Einfalt verloren und mich von Gott abgewandt. Obwohl Er mich wiederholt mit leiser, freundlicher Stimme gerufen hatte, war da jedesmal etwas scheinbar Wichtigeres gewesen, das mich abgehalten hatte, zu Ihm zu kommen. Das Gebetbuch und die goldene Kette mit dem Kreuz fielen mir wieder ein. Beide waren Symbole eines neuen, und zwar geistlichen Erwachens gewesen. Aber die geringste Ausrede hatte genügt, um mich von meiner geistlichen Suche, die so vielversprechend begonnen hatte, abzubringen. Wie so viele andere Dinge in meinem Leben, lag auch dieser Gedanke inzwischen tief in meinem Unterbewußtsein begraben, weit entfernt von meiner alltäglichen Beschäftigung, die darin bestand, zu reisen und die Welt zu sehen.

Doch nun, da Makoto aus meinem Leben verschwunden war, war es an der Zeit, diesen Gedanken neu hervorzuholen und sorgfältig zu untersuchen. Es war der ideale Zeitpunkt, gewiß von Gott selbst bestimmt, um mich auf die Suche nach Ihm zu begeben. Aber wo sollte ich suchen? Ich hatte keine Ahnung. Vielleicht konnte der Hellseher mir weiterhelfen.

Die feuchte Nachtluft, für die Regenzeit ganz normal, ließ mich frösteln und brachte mich schlagartig in die Gegenwart zurück.

Ich erwachte aus meinen Grübeleien, machte auf dem Absatz kehrt und lenkte meine Schritte eilig der Jugendherberge zu. Als ich den Schlafsaal betrat, waren meine Zimmergenossinnen bereits im Bett.

»Hast du deine Fahrkarte nach Kalkutta gelöst?« wollten sie wissen.

»Noch nicht«, erwiderte ich. »Ich werde noch einen Tag länger hier bleiben.« Morgen würde ich den Hellseher aufsuchen und mit ihm reden, nahm ich mir fest vor.

Nach dem Frühstück begab ich mich zu seinem Schlafsaal. Wie enttäuscht war ich, zu hören, daß er zu einer Tagestour mit einem Amerikaner aufgebrochen war. Es blieb mir nichts anderes übrig, als seine Rückkehr abzuwarten. Um mir die Zeit zu vertreiben, besuchte ich das Bergsteigermuseum. Lustlos betrachtete ich die verstaubten Bilder und Denkwürdigkeiten der verschiedenen Expeditionen zum Mount Everest und Kangchendzönga, den beiden höchsten Erhebungen der Erde. Am Nachmittag stattete ich nochmals den kleinen Kaffeehäusern und Andenkenläden einen Besuch ab und schlenderte zum Basar hinunter, um die Händler in ihren farbenprächtigen Kleidern beim Verkauf ihrer Strickwaren zu beobachten. Als ich dann abends erneut an seine Tür klopfte, waren meine Fingerknöchel weiß vor Aufregung.

»Ah, Sie sind's! Bitte, kommen Sie herein«, begrüßte er mich. Zum Glück war er allein im Schlafsaal. Eine Zeitlang unterhielt er sich freundlich mit mir, so daß meine Nervosität langsam nachließ. Nun galt es nur, den richtigen Augenblick abzupassen.

»Das, was Sie mir vorgestern gesagt haben, hat mich nicht mehr losgelassen«, fing ich schließlich an. »Sie sprachen von einer ›geistlichen Seite‹, die ich entwickeln solle. Was haben Sie damit gemeint? Wie soll ich anfangen?«

»Sie müssen einfach offen sein für irgendwelche Gelegenheiten, die sich ergeben«, lautete seine sachliche Antwort.

»Übrigens«, fügte er hinzu, als er die Enttäuschung auf meinem Gesicht bemerkte, »Sie tendieren dazu, alle Mächte als gut anzusehen. Aber es gibt auch böse Mächte. Seien Sie auf der Hut!« Wir unterhielten uns noch eine ganze Weile. Wie schon bei unserer ersten Begegnung, so machte er auch jetzt wieder einige Andeutungen über Probleme, mit denen er zu kämpfen habe, ohne indes nähere Erklärungen abzugeben. Er war nur für wenige Tage in Indien und wollte in Kürze nach Europa weiterreisen.

»Ich hoffe, daß sich für Sie die Dinge bald regeln«, warf ich ein, denn ich spürte, wie bedrückt er war. »Ganz bestimmt«, erwiderte er. Obwohl seine Worte positiv klangen, schwang doch eine gewisse Hoffnungslosigkeit im Ton mit.

Als ich am nächsten Tag den Bus nach Kalkutta bestieg, war ich immer noch total innerlich aufgewühlt. Zu viel war in der letzten Zeit geschehen. Die Ankunft in der »Red Shield«-Herberge glich einem Nachhausekommen – besonders aufgrund der Tatsache, daß ich das gleiche Bett wieder belegen konnte, in dem ich beim letzten Mal geschlafen hatte. Die vier anderen Mädchen, die den Schlafsaal mit mir teilten, arbeiteten für ein Jahr als freiwillige Helfer im Werk von Mutter Teresa mit. Sie begrüßten mich wie einen lange verschollenen Freund. Während ich meine Sachen auspackte, tauschten wir die letzten Neuigkeiten aus. Dann rückte Connie, ein Mädchen aus Dänemark, mit einem Vorschlag heraus.

»Hättest du Lust, morgen mit uns zur Arbeit zu gehen?«

»Mit dem größten Vergnügen«, entgegnete ich. Der Gedanke, das Werk kennenzulernen, von dem ich schon so viel gehört hatte, faszinierte mich. Die Einladung schien die neue Richtung in meinem Leben zu bestätigen. Ich sah darin eine der Gelegenheiten, die der Hellseher angesprochen hatte.

Am nächsten Morgen, als es noch dämmerig war, erreichten wir fünf Nirmal Rhuday (den »Ort des unbefleckten Herzens«), Mutter Teresas Heim für die sterbenden Obdachlosen im Herzen von Kalkutta. An jeder Wand des schmalen Krankensaales befand sich eine Reihe von Feldbetten, auf denen zerbrechliche Gestalten lagen. Über einem Kruzifix an der Wand standen die einfachen Worte geschrieben: »Mich dürstet.« Junge Leute aus aller Welt waren gekommen, um an diesem berühmten Platz mitzuarbeiten, so daß es eher zuviel als zuwenig freiwillige Helfer gab.

Ich stand zunächst eine Zeitlang untätig herum und kam mir, genau wie andere Neuankömmlinge auch, ziemlich überflüssig vor. Nur zwei oder drei ausgebildete Krankenschwestern waren bei der Arbeit, und keine von ihnen hatte Zeit, uns einzuweisen und zu überwachen. Somit blieb es jedem selbst überlassen, die Initiative zu ergreifen. Ich krempelte also die Ärmel auf und machte mich an die Arbeit. Ich verteilte Essen und Medikamente, badete Patienten und zog sie um. Verantwortlich für die Krankenbetreuung waren die »Missionsschwestern der Liebe«, die schlichte weiße Saris mit einer blauen Borte trugen. Manche der Patienten schienen in guter Verfassung zu sein, andere waren offensichtlich dem Tode nahe. Ich war völlig in meine Arbeit vertieft. Viel zu schnell verflogen die Stunden, und es war Zeit, wieder nach Hause zu fahren.

Ironischerweise befand sich Mutter Teresas Heim im Herzen des Hinduismus, nämlich auf dem Tempelgelände der Göttin Kali. Diesem wollten wir einen Besuch abstatten, bevor wir unseren Bus bestiegen. Kali ist die Göttin des Todes und der Fruchtbarkeit, nach der Kalkutta (Kalikata) benannt ist. Sie ist die Gemahlin Schiwas (des Zerstörers) und für ihre zerstörerische Macht bekannt. Das Götterbild, das uns empfing, war schwarz. Aus dem weitgeöffneten Mund hing eine rote Zunge heraus. Sie hatte ein gezücktes Schwert in der Hand, zum Zeichen ihrer Blutgier. Eine menschliche Gestalt lag zusammengekauert zu ihren Füßen. Der Hof und die Tempelgänge waren mit Blut gesprenkelt und zeugten von unzähligen Tieropfern. Jeder Fleck erinnerte auf grausame Weise daran, daß hier ein Lebewesen sterben mußte, um Kalis Gunst zu erringen. Ein Ziegenkopf lag, achtlos weggeworfen, auf der Treppe. Der Anblick ekelte mich an. Man erzählte mir, daß jedes Jahr Hunderte von Kalis Anhängern an einem Totentanz zu Ehren der Göttin teilnahmen. Ein Vater hatte dabei in Trance sein Kind geopfert, indem er ihm die Kehle durchschnitt.

Während ich noch versuchte, mit der bedrückenden Atmosphäre fertig zu werden, merkte ich, wie mich jemand am

Rock zog. Als ich mich umwandte, sah ich eine Bettlerin vor mir stehen.

»Maa, Maa«, rief sie in klagendem Ton, der so berechnet zu sein schien, daß er genau das richtige Maß an Mitleid erweckte. Ihre professionelle Art erinnerte mich unwillkürlich an eine alte, weise Krähe, und ich spürte, wie mein Herz hart wurde.

»Maa, Maa«, klang es um so eindringlicher. Sie verfolgte jede meiner Bewegungen mit Argusaugen, bis ich ihr eine Münze zuwarf. Dann schlich sie mit ihrer Beute davon, doch schon bald konnte ich ihr klagendes Geschrei von neuem hören: Sie hatte den nächsten Touristen erspäht!

»Weißt du was«, sagte ich zu Jane, einer freiwilligen Helferin aus Kanada, die zu unserer Gruppe gehörte, »mir reicht's. Laß uns gehen! Dieser Ort ist schrecklich.«

Auf dem Weg nach draußen blieben wir an einem Verkaufsstand stehen, und ich kaufte eine Hindu-Halskette. Zusammen mit dem Sikh-Armband, das mir jemand geschenkt hatte und das ich Tag und Nacht trug, war damit der Anfang einer Sammlung von religiösen Schmuckstücken gemacht.

Dieser erste Einsatz mit den freiwilligen Helfern führte noch zu weiteren. Eines Tages arbeiteten wir im Shishu Bhavan (»Kinderhaus«), Mutter Teresas Waisenheim. Im Gegensatz zu den Kindern in anderen Einrichtungen, die ich besucht hatte, schienen die Waisenkinder hier glücklich zu sein und sich zu Hause zu fühlen. Sie rannten auf uns zu, aber nicht, um sich aus einem Drang nach Zärtlichkeit heraus an uns zu hängen, sondern einfach, weil sie sich über unseren Besuch freuten. In der Nachmittagspause verteilten wir die mitgebrachten Süßigkeiten. Ich war beeindruckt von der Bereitwilligkeit der Kleinen, mit anderen zu teilen. Sie hatten auch wirklich allen Grund, dankbar zu sein. Ohne die liebevolle Fürsorge der Schwestern würden sie vielleicht auch zu der Schar von namenlosen Bettelkindern gehören, die vor den Toren des Waisenhauses kauerten und von der Gutherzigkeit der Vorübergehenden abhängig waren, um zu überleben.

Zusammen mit den anderen Mädchen unternahm ich einen weiteren Tagesausflug, diesmal zu einem Lepra-Krankenhaus, das von den »Missionsbrüdern der Liebe«, dem männlichen Gegenstück zu Mutter Teresas Orden, geleitet wurde. Der Ordensbruder, der uns das Haus zeigte, schien seine Arbeit gern zu tun, und seine erklärenden Worte zerstreuten meine Angst vor der schrecklichen Krankheit mehr und mehr. Mit überkreuzten Beinen saßen die Patienten auf dem Boden, spannen Baumwolle oder webten Stoff, wobei man oft nicht einmal bemerkte, daß ihnen ein Finger oder Zeh fehlte. Andere arbeiten draußen auf den Feldern, denn es handelte sich um eine Einrichtung, die sich selbst versorgte. Das Lächeln der Bewohner und ihr offensichtlicher Fleiß zeigten, daß sie hoffnungsvoll in die Zukunft blickten. Irgendwie war diese Hoffnung ansteckend, und als wir später in unsere Jugendherberge zurückgekehrt waren, stellte ich fest, daß meine Einstellung zum Aussatz sich grundlegend geändert hatte.

Eines Tages verbreitete sich unter den Mädchen die Nachricht, Mutter Teresa befinde sich in der Stadt. Sie war nach Kalkutta zurückgekehrt, um sich eine kurze Ruhepause zu gönnen, nachdem sie wochenlang um die Welt gereist war und Unterstützung für ihre Missionsarbeit gesammelt hatte. Bei ihren seltenen Aufenthalten in Indien hatte sie es sich zur Gewohnheit gemacht, ihre Besucher nach der Frühmesse in der Kapelle des Mutterhauses zu empfangen.

Die Gelegenheit, sie persönlich kennenzulernen, faszinierte mich. Um 6 Uhr am folgenden Morgen betrat ich zusammen mit etwa dreißig anderen Besuchern aus dem Westen die Kapelle durch den Hintereingang. Von unserem Platz aus konnte ich während des Gottesdienstes deutlich Mutter Teresas andächtig geneigten Kopf sehen. Sie schien ihrer Umgebung gänzlich entrückt zu sein, nur auf das eine Ziel ausgerichtet, mit Gott Gemeinschaft zu haben. Nach der Messe verließen die Ordensschwestern die Kapelle, während sie sitzen blieb, um mit uns zu sprechen. Ich war gespannt, wie sie sich verhalten würde.

Ihre ersten Worte verblüfften mich.

»Vielen Dank, daß Sie gekommen sind, um Gott zu besuchen«, sagte sie. War ihr denn nicht der Gedanke gekommen, daß sie selber der Grund unseres Besuches sein könnte?

Eine Gruppe junger Leute aus Polen war extra zu dem Zweck angereist, sie zu sehen. Der Führer stellte sich vor, indem er seinen Namen nannte. Sein rechtes Auge war infolge einer Infektion fast völlig zugeschwollen.

»Sie sollten sich unbedingt um Ihr Auge kümmern«, sagte Mutter Teresa mit offensichtlicher Sorge auf dem Gesicht. Im Verlauf des Gesprächs erzählte sie von den verschiedenen Einrichtungen, die sie gegründet hatte, von der Not der Armen usw. – aber nichts über sich persönlich. Nachdem sie unsere Fragen beantwortet hatte, entschuldigte sie sich höflich und wünschte uns noch einen schönen Tag.

Anschließend luden die polnischen jungen Leute uns fünf zum Frühstück ins Pfarrhaus ein. Die Brötchen, der Wurstaufschnitt und der Kaffee waren ein ganz besonderer Genuß. Unsere Unterhaltung über Mutter Teresa, in der wir über die unterschiedlichen Arten von Lebensführung sprachen, war für mich sehr erhebend. Diese Frau hatte wirklich einen unauslöschlichen Eindruck auf mich gemacht. Sie war so liebevoll und mitteilend, so demütig, offen und selbstlos. Eine glühende Liebe zu Gott schien ihr Handeln und Sein vollkommen zu bestimmen. Die Begegnung mit ihr war ohne Zweifel der Höhepunkt meines Aufenthalts in Kalkutta.

Im Lauf der folgenden Woche las ich etliches über Mutter Teresa und ihre Arbeit. Es lagen auch verschiedene andere religiöse Bücher in der Jugendherberge herum, mit denen ich mich beschäftigte. In Übereinstimmung mit meiner neuerlichen Offenheit gegenüber geistlichen Dingen besuchte ich die Ramakrishna-Mission. Das Gebäude war insofern außergewöhnlich, als es aussah wie ein Hindutempel, eine Moschee oder eine Kirche – je nachdem, von welchem Standpunkt aus man es betrachtete. Die Missionspublikation, von ihrem 1886 verstorbenen Gründer Ramakrishna Paramahansa verfaßt, schien mir logisch zu sein. Darin war von der Einheit aller Religionen die Rede und davon, daß es bei allen um die Forderung ginge, einander zu lieben. Der schnellste Weg, um zu Gott zu kommen – so las ich –, sei durch die Liebe.

In der Jugendherberge lernte ich auch Rob kennen, einen Australier aus Melbourne, der nach Indien gekommen war, um den Hinduismus zu studieren. Er trug einen Dhoti, das Allzweckkleidungsstück der indischen Männer, den er lose von der Taille herabhängen ließ. Sein Freund, ein weiß gekleideter indischer Sadhu (heiliger Mann) mit verfilzten Haaren, war soeben aus Konarak zurückgekehrt, wo er drei Tage lang im berühmten

Sonnentempel gesessen und die Sonne angebetet hatte. Während er sprach, spiegelte sich auf seinem Gesicht eine strahlende Lebenskraft wider.

Wir verbrachten viele Stunden zu dritt im Gespräch über alle Aspekte der Religion, besonders aber des Hinduismus. Rob wußte von meinen Plänen, durch Indien zu reisen.

»Warum besuchst du nicht unterwegs ein paar Ashrams (hinduistische Gemeinschaften)?« schlug er vor. »Sri Aurobindos Ashram befindet sich in Pondicherry. Auf dem Weg nach Sri Lanka kommst du daran vorbei.« Sein Freund, der bereits dortgewesen war, erzählte mir weitere Einzelheiten. Wie es hieß, war Sri Aurobindo im Jahre 1950 in einer Atmosphäre des »Sachidananda« (reinen Geistes) gestorben, während seine Partnerin, eine Frau, die ursprünglich aus Frankreich stammte und liebevoll »die Mutter« genannt wurde, im Jahre 1973 das Zeitliche gesegnet hatte.

Der Gedanke fesselte mich. Es schien mir der nächste logische Schritt auf meiner geistlichen Reise zu sein. Ich hatte nach einer Möglichkeit gesucht, den geistlichen Aspekt bei meinen Reisen mehr in den Mittelpunkt zu rücken, und der Besuch verschiedener Ashrams schien mir die perfekte Lösung zu sein. Jetzt, da ich ein neues Ziel und eine neue Richtung gefunden hatte, war ich endlich soweit, Kalkutta zu verlassen und weiter nach Süden zu ziehen.

Allerdings verzögerte sich die Sache noch um ein paar Tage, weil ich eine geschäftliche Chance wahrnahm, die sich mir zufällig bot. Ich kaufte für zwanzig Dollar modische indische Kleidung, um sie später in Europa oder Kanada weiterzuverkaufen. Ein Mädchen aus Frankreich, das sich auf dem Heimweg befand, erklärte sich bereit, die Kleider mitzunehmen. Auf der Rückreise nach Kanada konnte ich sie bei ihr abholen, versicherte sie mir.

Noch etwas anderes war dringend zu erledigen. Ich schrieb einen Brief an K-san, in dem ich ihm über meine Trennung von Makoto und über meine Pläne, weiter nach Süden zu reisen, berichtete. Für den Fall, daß er mich zu treffen wünschte, legte ich einen ungefähren Reiseplan bei. Den Brief gab ich Jane, einer freiwilligen Helferin aus Kanada, die meine Freundin geworden war, zur Aufbewahrung. Sie hatte vor, den Winter über in der Jugendherberge zu bleiben, und falls K-san nach Kalkutta kam, mußte er ihr mit ziemlicher Sicherheit über den Weg laufen, denn für Weltenbummler ist die Welt relativ klein.

Ein paar Tage später verließ ich gegen Abend die Jugendherberge. Die Mädchen, die in Mutter Teresas Werk mitarbeiteten, standen in Reih und Glied vor dem Tor und verabschiedeten sich jede persönlich von mir. Auf dem Weg zum Bahnhof dachte ich über ihre Herzlichkeit und Wärme nach. Irgend etwas war an ihnen, was sehr anziehend wirkte, auch wenn ich es nicht genau definieren konnte. Sie waren irgendwie anders und schienen die Richtung für ihr Leben gefunden zu haben. Wie war es möglich, daß ich, die ich zehn Jahre älter war als sie, immer noch auf der Suche war?

Mein erstes Ziel war Puri, eine Tagereise weit von Kalkutta entfernt. Diese Stadt am Golf von Bengalen war wegen ihrer schönen Strände berühmt. Die salzige Seeluft war frisch und einladend, und sobald ich mich in der Jugendherberge, die mir von anderen Reisenden empfohlen worden war, eingerichtet hatte, machte ich meinen ersten kleinen Erkundungsgang. Während ich so dastand und aufs Meer hinaussah, kam ein Mann – offensichtlich ebenfalls ein Reisender – auf mich zu und sprach mich an. Er war mir auf Anhieb sympathisch.

»Woher kommen Sie?« fragte ich, erstaunt über seinen Akzent.

»Aus Polen«, erwiderte er. Da meine Eltern, wie erwähnt, Polen waren, wuchs mein Interesse zusehends. Der Mann hieß Jerzy und war zu Besuch in Puri bei seinem Freund, einem polnischen Missionar. Leider war seine Zeit in Puri zu Ende, und er wollte bereits am folgenden Tag von Kalkutta aus den Heimflug antreten. Wir verbrachten den Rest des Tages zusammen.

Am Nachmittag besuchten wir seinen Freund. Der Missionar führte mich durch die bescheidene, im Stil der Eingeborenen errichtete Missionsstation und lud uns zum Tee ein. Wir unterhielten uns auf Polnisch. Durch die überlegene Art des Geistlichen fühlte ich mich jedoch verunsichert und war froh, daß der Besuch nur kurz war.

Nach dem Abendessen, für das wir die Zutaten auf dem Markt erstanden und das wir auf dem herbergseigenen Herd zubereitet hatten, unterhielten Jerzy und ich uns noch längere

Zeit. Er war Christ und seinem Glauben zutiefst verpflichtet. Ich vertraute ihm einiges von dem an, was mir kürzlich widerfahren war.

»Ich bin zwar auch katholisch erzogen worden«, erklärte ich, »aber ich muß sagen, die Kirche bedeutet mir nicht sehr viel.« In den darauffolgenden Stunden sprachen wir über die verschiedenen Religionen und stellten Vergleiche an. Schließlich stand Jerzy auf, um zu gehen.

»Ich muß morgen früh um 5 Uhr los«, sagte er. »Deshalb möchte ich mich schon jetzt von Ihnen verabschieden.«

»Vielen Dank für den schönen Tag heute«, erwiderte ich. »Er hat mir sehr viel gegeben.«

Jerzy schärfte mir noch ein, ich solle unbedingt am Sonntag eine Messe für die Inder besuchen. »Es ist eine sehr farbenfrohe, interessante Feier«, meinte er, »die sich schon aus diesem Grund zu sehen lohnt.«

»Okay«, versprach ich lachend, »ich werde hingehen.«

Allerdings war der Gottesdienst längst nicht so interessant, wie ich gedacht hatte, und der Gesang war total schief. Während der Predigt, die der Missionar im Orissa-Dialekt hielt, hatte ich Zeit, meine Einstellung zum Christentum neu zu überdenken. Weshalb war sie bloß so negativ? Vielleicht lag es an der großen Zersplitterung innerhalb der Kirche. Es gab so viele verschiedene Denominationen, und jede glaubte von sich, die Wahrheit gepachtet zu haben. Außerdem waren die Moralvorstellungen von Priesterschaft und Laien schlichtweg veraltet. Manche Kirchgänger kamen mir ausgesprochen engstirnig und oft richtig lieblos vor.

Ein unerfreuliches Erlebnis fiel mir in diesem Zusammenhang wieder ein, das ich in Kanada gehabt hatte. Ich war zu einer Tanzveranstaltung im polnischen Institut gegangen, zu der ich mich auf gut Glück mit einem fremden jungen Polen verabredet hatte. Wir fühlten uns beide jedoch nicht recht wohl in unserer Haut, zumal ich damals nur sehr ungern Polnisch sprach. Das einzige, was uns zu tun übrigblieb, war trinken. Wir leerten eine ganze Flasche Whisky. Anschließend kramte mein Tanzpartner eine zweite Flasche aus seiner Manteltasche hervor. Ich erinnerte mich später nur schwach daran, gerade eine Polka getanzt zu haben, als ich ohnmächtig wurde. In der Damentoilette kam ich wieder zu mir, lang auf dem Boden ausgestreckt, umgeben von einem Kreis würdevoller polnischer Damen, die mißbilligend auf mich herunterstarrten. Am folgenden Tag besuchte ich die Messe in der polnischen Kirche. Alle meine Freunde gingen mir aus dem Weg. Hinter meinem Rücken konnte ich sie tuscheln hören. Ich fühlte mich gedemütigt und war voller Zorn. Wenn diese Leute sich als Christen ausgaben, konnte das Christentum mir wirklich gestohlen bleiben!

Wenn ich somit auch nicht viel für die katholische Kirche übrig hatte, befand ich mich dennoch auf der Suche nach Gott. Nach der Messe lungerte ich herum und wartete auf eine Gelegenheit, mit dem Pater sprechen zu können. Als die anderen Gottesdienstbesucher fort waren, lud er mich zum Frühstück ins Pfarrhaus ein. In letzter Minute wurde er dann jedoch weggerufen, so daß ich mit einem indischen Priester zusammen aß. Ich war darüber gar nicht traurig, denn mit diesem Mann ließ sich gut reden. Nach und nach kamen wir bei unserer Unterhaltung auf das Wesentliche zu sprechen.

»Wie kann ich Glauben bekommen?« fragte ich ihn.

»Der Glaube ist ein Geschenk Gottes«, gab der Priester zur Antwort. »So leid es mir tut – weder ich noch sonst jemand kann ihn Ihnen vermitteln. Wir müssen einfach Gott um diese Gabe bitten.«

Ich sagte ihm, daß ich den Eindruck hätte, von irgendeiner geheimnisvollen Macht getrieben zu werden und von einer Situation in die andere zu fallen, ohne mich dagegen wehren zu können. Mir sei nicht klar, wohin ich eigentlich ginge – ich wüßte nur, daß ich andere Menschen lieben müsse. Das schien ihm gut zu gefallen.

»Machen Sie sich keine Sorgen«, ermutigte er mich, »Sie sind schon auf dem rechten Weg. Am Ende dieses Weges wartet Gott auf Sie. Wenn Sie möchten, will ich gern für Sie beten.«

»Vielen Dank«, entgegnete ich, »darüber würde ich mich wirklich freuen.«

Am nächsten Tag wollte ich von Puri weiter südwärts nach Madras reisen. Aber irgendwie war ich vom Pech verfolgt. Ich stieg in den falschen Zug ein und stellte bald zu meinem Schrecken fest, daß ich mich wieder auf dem Weg nach Kalkutta befand. Als ich an der nächsten Haltestelle ausgestiegen war, mußte ich einen ganzen Tag warten, bis der nächste Zug kam, und erreichte zwei Tage später als geplant in den frühen Abendstunden Madras. Auf dem Bahnsteig wurde ich beinahe von einem jungen Mann, der ein schweres Tragegestell auf dem Rücken trug, umgerannt. Er murmelte eine Entschuldigung, woraufhin ich ihn mir genauer ansah.

»Rob!« rief ich überrascht aus. »Was in aller Welt machst du denn hier?« Es war mein australischer Freund, den ich in Kalkutta kennengelernt hatte.

»Barbara!« Er war nicht weniger überrascht als ich.

»Ich bin gerade für zwei Wochen in Puttaparthi bei Sai Baba gewesen«, erklärte er mir. »Morgen fahre ich mit dem Zug zurück nach Kalkutta.«

»Wer ist Sai Baba?« wollte ich wissen.

»Er ist ein Guru, der besondere Kräfte besitzt. Menschen aus aller Welt kommen zu ihm und werden geheilt!«

Robs Begeisterung war direkt ansteckend. Im Wartesaal des Bahnhofs breiteten wir unsere Schlafsäcke auf dem Boden aus, setzten uns darauf und redeten weiter.

»Du mußt unbedingt seinen Ashram besuchen«, meinte Rob. »Ich bin als veränderter Mann von dort weggegangen. In Zukunft werde ich weder Marihuana noch Zigaretten rauchen und ein anständiges Leben führen.«

Wir unterhielten uns bis spät in die Nacht und spürten keinerlei Müdigkeit. Schließlich warf ich einen Blick auf die Uhr an der Wand und rief überrascht: »Sieh mal, Rob! Es ist schon fast Morgen!« Wir redeten noch ein wenig länger, aber schließlich fielen uns doch vor Müdigkeit die Augen zu.

Während wir am nächsten Morgen unser Frühstück mit Rühreiern und Kaffee im Bahnhofsrestaurant einnahmen, erklärte Rob mir den Weg zu Sai Babas Ashram. Ich nahm mir fest vor, ihn bei nächster Gelegenheit zu besuchen, ebenso den Ashram in Pondicherry. Robs Zug sollte in Kürze abfahren, und ich begleitete ihn auf den Bahnsteig.

»Schreib mir mal und laß mich wissen, wie du klargekommen bist«, sagte er, während er in den Zug kletterte. Ich versprach es ihm.

Unsere Begegnung hatte mich in strahlende Laune versetzt. Als ich meinen Zug bestiegen hatte, unterhielt ich mich angeregt mit den Indern, die im gleichen Abteil saßen, bis ich einige Stunden später in Pondicherry ankam.

Pondicherry, lange Zeit unter französischer Verwaltung, besaß noch immer die Atmosphäre eines verschlafenen Provinzstädtchens in Frankreich. In der ganzen Stadt verstreut befanden sich die verschiedenen Gebäude, die zu Sri Aurobindos Ashram gehörten. Mit einiger Mühe gelang es mir, das Hauptgelände ausfindig zu machen.

»Könnten Sie mir bitte sagen, wo hier die Schlafräume sind?« fragte ich einen Inder, der in der Nähe saß. Er schien mich nicht verstanden zu haben. Bei genauerem Hinsehen stellte ich fest, daß er am Meditieren war, denn sein Blick war glasig und verschwommen. Ich wollte gerade weitergehen, als er plötzlich Antwort gab.

»Das nächste Gebäude rechts ist es.« Der Ton seiner Stimme verriet, daß er ärgerlich war.

»Vielen Dank«, sagte ich. Ich hätte gern noch ein paar entschuldigende Worte hinzugefügt, aber sein Gesichtsausdruck ließ mich erkennen, daß er bereits wieder weit weg war.

In meine Begeisterung mischte sich leise Furcht, weil ich nicht wußte, was mich in diesem Ashram erwartete. Sri Aurobindo hatte ihn im Jahre 1910 mit der Absicht gegründet, hier geistliche »Supermenschen« heranzubilden.

Trotz dieser ehrgeizigen Pläne war das, was ich sah, eher enttäuschend. In den ersten paar Tagen lief ich herum »wie Falschgeld« und bekam zu keinem der Bewohner Kontakt. Sie schienen alle ihr eigenes geistliches Programm zu verfolgen, über das nicht gesprochen wurde. Niemand schien bereit zu sein bzw. sich die Zeit zu nehmen, mir zu erklären, wie alles lief. Zudem war das Übernachten ziemlich teuer, so daß man als Außenstehender schnell zu dem Schluß kommen mußte, Geldverdienen sei hier das Wesentliche und habe die ursprünglichen Ziele längst in den Hintergrund gedrängt.

Ich verbrachte einen Tag in Auroville, einer Gemeinschaft von Selbstversorgern, die zum Ashram gehörte, mit dem Fahrrad eine Stunde von Pondicherry entfernt. Dort gab es gutes, bekömmliches Essen. Die Bewohner, zum größten Teil aus dem Westen, führten mir voller Begeisterung ihre verschiedenen handwerklichen Fähigkeiten vor. Sie schienen alle glücklich und zufrieden zu sein. Doch aus einem anschließenden Gespräch mit einem früheren Bewohner konnte ich entnehmen, daß es viel bitteren Zank und Streit unter den verschiedenen Gruppen gab, seit die »Mutter« vor beinahe acht Jahren gestorben war.

Im Ashram traf ich einen Kanadier aus Montreal, Jean mit Namen, der ein Anhänger von Sri Aurobindo war. Aus unerfindlichen Gründen wollte er mich nicht in sein Zimmer, das er als »Tempel« bezeichnete, hineinlassen, deshalb unterhielten wir uns draußen. Trotzdem zeigte er sich mir, seiner Landsmännin gegenüber sehr großzügig.

»Hier, das schenke ich dir«, sagte er und überreichte mir ein Medaillon, das an einer Schnur hing. Darin befand sich eine getrocknete Blume. »Diese Blume ist die Bewahrung der ›Mutter‹«, fuhr Jean fort, »deshalb mußt du das Medaillon ununterbrochen tragen.« Ich bedankte mich und hängte die Schnur um meinen Hals.

»Zeig mir mal den Ring, den du da trägst«, meinte Jean anschließend. Ich zog ihn vom Finger, und er betrachtete ihn eingehend.

»Die Schwingungen sind abgelaufen«, stellte er fest und gab mir den Ring zurück.

»Du betrittst jetzt einen ganz neuen Weg, da solltest du auch einen neuen Ring haben.« Er verschwand in seinem Zimmer und kam kurz darauf mit einem silbernen Ring zurück, der mit kleinen Korallensplittern eingelegt war. Er gefiel mir wegen der feinen Arbeit, außerdem paßte er wie angegossen.

»Wirf den alten Ring ins Meer, von wo alle Dinge kommen«, riet er mir. Seine Pupillen, zwei tiefen Höhlen gleich, schienen sich vor meinen Augen zu verwandeln, und ich spürte die Gegenwart einer finsteren Macht. Nie zuvor hatte ich etwas Derartiges erlebt. Es war so, als ob der Mann, der da vor mir stand, nicht mehr Jean sei, sondern jemand oder etwas völlig anderes. Da ich absolut nicht darauf vorbereitet war, wandte ich instinktiv meine Augen ab. Als ich wieder hinschaute, sah ich jedoch Jean. Die böse Macht war verschwunden. Es war nur ein momentanes Aufflackern gewesen. Tatsächlich begann ich zu glauben, ich hätte mir alles nur eingebildet.

Doch als ich meinen Ring ins Meer schleuderte, war der böse Blick plötzlich wieder da, um mir Angst einzuflößen.

Das sollte sich in Zukunft noch öfter wiederholen.

Es gab noch eine weitere denkwürdige Begegnung im Ashram. Ich nahm an einer Lektion teil, die ein langjähriger Ashramit hielt. Seine Worte schienen mir ganz persönlich zu gelten.

»Das Reich Gottes ist in dir. Um Gott zu finden, mußt du in dich hineinschauen. Wie kannst du ihn finden? Indem du positiv handelst, aus der Liebe heraus. Du mußt alles Negative von dir weisen und ihm für all das Gute danken, das dir begegnet.« Ich faßte den festen Entschluß, in Zukunft nach diesem Rezept zu verfahren.

Kapitel 9

Sai Baba

Es sah so aus, als ob ich lange genug in Pondicherry gewesen wäre. Ich fieberte danach, weiterzukommen, und unternahm entsprechende Schritte. Madeleine, ein sensibles Mädchen aus Deutschland, mit dem mich eine gegenseitige Sympathie verband, bestätigte meine Pläne.

»Ich würde auch gern Sai Babas Ashram besuchen«, sagte sie, »vielleicht können wir ja zusammen fahren.« Der Gedanke gefiel mir. Bestimmt war es lustiger, zu zweit zu reisen, als allein. Da uns nichts mehr in Pondicherry hielt, packten wir gleich am nächsten Morgen unsere Sachen und fuhren los.

Wir hatten damit gerechnet, zwei Tage für die Strecke zu brauchen, aber es klappte mit den Verbindungen so gut, daß wir noch am gleichen Abend in Puttaparthi, einem kleinen Dorf in Andhra Pradesh – Sai Babas Geburtsort –, ankamen. In einem Land wie Indien war das ein direktes Wunder.

Dieser Ashram war wesentlich größer und konnte bis zu 3000 Menschen beherbergen. Vor der hohen Umfassungsmauer trieben sich die Bettler in Scharen herum. Sobald wir in die Nähe kamen, wurden sie lebendig. »Maa, Maa«, riefen sie mit klagender Stimme, die Hände bittend nach uns ausgestreckt. Ich gab ihnen nach meiner Gewohnheit ein paar Geldmünzen.

Nachdem wir das Tor zur Prashanthi Nilayam (»Wohnstätte des großen Friedens«) durchschritten hatten, erblickten wir die in freundlichen Pastellfarben gehaltenen Gebäude des Ashrams. Die Wände waren mit Abbildungen von Ganesh, dem Elefantengott der Hindus, der den Wohlstand verkörpert, und anderen Göttern geschmückt. Hier und da gab es Aufschriften mit einzeiligen Auszügen aus Sai Babas Lehren. »Liebe ist wie ein süßer Duft«, war einer, der mich besonders beeindruckte.

Mein Blick fiel auf eine fünfeckige Säule in der Mitte des großen Innenhofes. Auf jeder Seite war das Symbol einer der wichtigsten Religionen zu sehen: Hinduismus, Christentum, Buddhismus, Islam und Parsismus. Ein Kreuz symbolisierte den christlichen Glauben. Darunter stand die Aufforderung, das eigene Ich in den Tod zu geben. Die Säule selber stellte einen Hinweis auf die Einheit aller Religionen dar.

Madeleine und ich mieteten ein Zimmer auf dem Gelände für uns beide. Es bestand lediglich aus vier Zementwänden und einem Glasfenster. Da es keinerlei Schränke oder sonstige Einrichtungsgegenstände gab, breiteten wir unsere Habseligkeiten einfach auf dem Betonfußboden aus.

Jeder Tag war unterteilt in »Darshans«, bei denen Sai Baba unter uns wandelte, und »Bhajans«, in denen wir ihm Loblieder sangen. Madeleine und ich nahmen an allen Veranstaltungen teil und warteten praktisch immer darauf, daß etwas Außergewöhnliches passierte.

Während der Darshans saßen die Bewohner des Ashrams auf dem Fußboden. Die Männer befanden sich auf der einen Seite und die Frauen, bekleidet mit langen Röcken und langärmeligen Blusen, auf der anderen. Alle warteten gespannt darauf, daß Sai Baba aus seinen Privatgemächern herauskommen und unter uns wandeln würde. Manchmal mußten wir sehr lange warten, manchmal kam er auch überhaupt nicht. Er trug ein leuchtendes orangefarbenes Gewand und hatte seine Haare im Afro-Look frisiert, so daß sie wie ein Heiligenschein um seinen Kopf standen. Er ging langsam und schleppend. Wenn er in unsere Nähe kam, warfen ihm die wartenden Ashramiten Briefe und Geschenke zu. Gelegentlich wandte er seine Aufmerksamkeit einem seiner Anhänger persönlich zu, indem er ihm zunickte oder ihm seinen Segen spendete. Auf diese Weise machte er unter uns die Runde, wobei er oft mehr Zeit bei einer Gruppe verbrachte als bei der anderen, bevor er langsam denselben Weg zurückging, auf dem er gekommen war.

Die Bhajans fanden im »Mandir« (Tempelgebäude) statt, im Schatten einer riesigen Statue, die Krishna hoch zu Roß zeigte. Der Mandir war in der Mitte geteilt; die linke Seite war den Frauen vorbehalten, die rechte den Männern. Wir saßen auf dem Boden und sangen Loblieder zu Ehren von Sai Baba, entweder in Telegu, dem örtlichen Dialekt, oder in Sanskrit, der alten arischen Sprache der Weden, begleitet von Tamburinen, Kastagnetten und anderen Schlaginstrumenten. Nach einer gewissen Zeit pflegte Sai Baba hereinzukommen und auf seinem Thron vor uns Platz zu nehmen. Der Gesang ging weiter, bis er den Raum wieder verlassen hatte. Dann wurde er langsam schwächer und hörte schließlich ganz auf.

Zusätzlich zu den Darshans und Bhajans organisierten Sai Babas Anhänger jeden Morgen um 4.30 Uhr eine Prozession, die an der Statue des Elefantengottes Ganesh endete, sowie verschiedene informelle Gottesdienste über den Tag verteilt. Es stand uns frei, an beliebig vielen Aktivitäten teilzunehmen.

Als Außenstehende war mein erster Eindruck von Sai Baba alles andere als vorteilhaft. Viele Dörfler betrachteten, auch wenn sie direkt nichts mit dem Guru zu tun hatten, die Nähe seines Ashrams als gute Chance, Profit zu machen. Überall im Dorf konnte man deshalb Bilder von Sai Baba, Schmuckstücke mit seinem Abbild, »Vibuthi« (göttliche Asche!), die, wie es hieß, aus seinen Händen hervorgegangen war, und anderen religiösen Kitsch kaufen. Die Leute beteten sogar sein Bild an. Weit davon entfernt, derartige Praktiken zu unterbinden, schien Sai Baba sie zu genießen, wenn nicht gar zu fordern. Wie ganz anders war dagegen die demütige Haltung von Mutter Teresa gewesen, überlegte ich. Als ich mich jedoch erdreistete, meine Meinung diesbezüglich zu äußern, bekam ich es mit Sai Babas Anhängern zu tun, die ihren Meister vehement verteidigten.

»Sai Baba ist Gott, deshalb hat er ein Recht darauf, angebetet zu werden«, belehrten sie mich. »Deine Einstellung ihm gegenüber ist das eigentliche Problem.«

Ich verstand auch nicht, wie man im Ashram mit den Bettlern umging. Außer zu gewissen Scheinanlässen, wenn die Bettler zu einer Mahlzeit eingeladen wurden (wobei sie in Reih und Glied auf der Erde Platz nehmen mußten), durften diese den Ashram nicht betreten. Man wurde auch nicht ermuntert, ihnen Almosen zu geben. Eine Bewohnerin erklärte mir einmal, wie es sich aus ihrer Sicht damit verhielt.

»Die Bettler leben ja nur ihr Karma (Schicksal) aus«, wollte sie mir klarmachen. »Deshalb ist es nicht richtig, sich in irgendeiner Weise einzumischen. Damit wird keinem geholfen.«

Ich erfuhr, daß Sai Baba die mächtigste spirituelle Persönlichkeit in Indien sei. Seine Anhängerschaft betrug über fünf

Millionen Inder, die vielen aus dem Westen stammenden Nachfolger nicht eingerechnet. Sein Ruhm hatte nach einem Zwischenfall im Jahre 1940 begonnen. Er war noch ein Kind, als er plötzlich mit einem schrillen Schrei in die Luft sprang und seinen rechten großen Zeh festhielt. Am nächsten Abend verlor er das Bewußtsein. Als er wieder zu sich kam, war er irgendwie verändert. Bald darauf fing er an, übernatürliche Kräfte (»Siddhis«) zu manifestieren.

Er behauptete, den Geist Sai Babas von Shirdi empfangen zu haben, der im Jahre 1918 gestorben war. Später behauptete er, ein »Avatar« (fleischgewordener Gott) in Gestalt von Shakti-Schiwa zu sein, dem männlich-weiblichen Prinzip, das für die Zerstörung der Welt verantwortlich ist. Seit Beginn der Menschheitsgeschichte hat es angeblich zehn bis zwölf solcher Avatars auf dieser Erde gegeben. Einer von ihnen war Krishna, ein anderer Jesus. Sai Baba war gekommen, um Indien zu seiner einstigen spirituellen Herrlichkeit zurückzuführen und später die ganze Welt wiederherzustellen.

Es gab Gerüchte, er habe eine spezielle Mission zu erfüllen, die er der Welt mitteilen werde, wenn die Zeit reif dafür sei. In der bevorstehenden Endzeit werde er eine entscheidende Rolle spielen. Zu Beginn der Endzeit werde es eine Reihe von furchtbaren Katastrophen geben: Kalifornien werde 1982 aufgrund eines Erdbebens im Meer versinken. Auch Neuseeland werde eine schreckliche Heimsuchung erleben, bei der bis auf einige wenige sämtliche Einwohner ums Leben kommen würden.

In den folgenden paar Tagen hörte ich viele Geschichten über Sai Babas »Siddhis« (Wunder). Dazu gehörte u.a., daß er Kranke gesund machen, die Gedanken seiner Anhänger, auch wenn sie weit von ihm entfernt seien, lesen sowie die unterschiedlichsten Gegenstände einschließlich der besagten »Vibhuti« (göttlichen Asche) mit seinen Händen schaffen könne. Die heilige Asche sollte angeblich heilende Kräfte besitzen. Es gab Anhänger, die bei der Anbetung vor seinem Bild gesehen haben wollten, wie ringsumher Vibhuti wie Regen auf die Erde fiel. Tagsüber gab er häufig Interviews, die stets damit endeten, daß jeder Teilnehmer einen Gegenstand erhielt, der aus seinen Händen hervorgegangen war. Dabei handelte es sich gewöhnlich um etwas, was die betreffende Person sich insgeheim gewünscht hatte, etwa einen Ring mit Sai Babas Bildnis oder auch ein Kreuz.

Es gab eine Geschichte von einem Besucher aus der Schweiz, der eine teure Rolex-Armbanduhr von Sai Baba geschenkt bekam. Es war eine ganz besondere Uhr, und als der Schweizer nach Hause zurückgekehrt war, gelang es ihm, das Geschäft ausfindig zu machen, in der sie gekauft worden war. Der Inhaber konnte sich noch gut an den Verkauf erinnern. Ein Inder mit Afro-Look und einem orangefarbenen Gewand war ins Geschäft gekommen, um die Uhr zu erstehen. Das war genau zu dem Zeitpunkt gewesen, als Sai Baba in Indien mit dem Schweizer sprach.

Bei einer anderen Geschichte ging es um eine Frau, die vorhatte, den Ashram an einem bestimmten Tag zu verlassen. Es galt jedoch als gute Sitte, in einem solchen Fall vorher die Erlaubnis des Gurus einzuholen. Als die Frau Sai Baba um Genehmigung bat, sagte er ihr, sie solle noch warten. Zuerst war sie sehr bestürzt, denn sie hatte ihren Flug bereits bestätigen lassen, aber dann entschloß sie sich doch zu gehorchen. Wie froh war sie später darüber! Am folgenden Tag berichteten nämlich die Zeitungen, daß das Flugzeug abgestürzt sei. Beim nächsten Darshan hielt sie den Zeitungsartikel Sai Baba vor die Nase, wobei ihr vor Rührung die Tränen in den Augen standen.

»Oh«, meinte Sai Baba trocken, »Air India. Was wollen Sie erwarten!«

Diese Geschichten wurden unter den Anhängern genüßlich weitergegeben. Die allermeisten erfuhr ich von John, einem ehemaligen Seemann aus Kalifornien. John war eines Tages durch ein Antiquariat in seiner Heimatstadt geschlendert und dabei zufällig auf eine Kiste mit Büchern von Sai Baba gestoßen. Er befand sich schon seit längerer Zeit auf der Suche nach Gott, und das Buch, das er flüchtig durchblätterte, schien einige interessante Antworten zu enthalten. Er nahm die ganze Kiste mit nach Hause und verschlang ihren Inhalt gierig. Anschließend fuhr er nach Indien und wollte jetzt nicht mehr von hier fort.

»Ich habe Gott gefunden. Mein einziger Wunsch ist, ganz nahe bei ihm zu bleiben«, sagte er.

John schien ängstlich zu werden, wenn es darum ging, während der Darshans mit mir zu reden. Kein Wunder bei der strengen Trennung, die zwischen den Geschlechtern herrschte. Nicht nur war jede sexuelle Betätigung verboten, man sollte nach Möglichkeit überhaupt nichts mit dem anderen Geschlecht zu tun haben. Ich mußte wahrhaftig noch viel lernen!

Trotz all der wunderbaren Geschichten, die ich gehört hatte, war ich persönlich noch nicht mit Sai Babas übernatürlichen Kräften in Berührung gekommen. Ein Mexikaner, mit dem ich darüber sprach, gab als Grund an, daß ich innerlich einfach »zu« sei.

»Versuch doch mal, wie ein Kind zu sein«, ermunterte er mich, »dann wirst du sehen, was passiert! Kinder haben keine Zweifel. Sie nehmen alles, wie es kommt. Sie sind einfach offen.«

Beim nächsten Darshan ließ ich alle Skepsis fahren und öffnete mich innerlich für das, was geschehen würde. Während Sai Baba langsam auf uns zukam, war ich mir zum ersten Mal der Energie bewußt, die von ihm ausging und auf mich zufloß. Es war ein wunderbares Gefühl, so als ob ein sanfter Strom flüssiger Liebe in mich hineindringen und mich von Kopf bis Fuß liebkosen würde. Dieser Strom kam in immer neuen Liebeswellen, die um so stärker wurden, je näher er kam. Sie flossen durch meinen ganzen Körper, bis ich mich vollständig von ihnen eingehüllt und durchdrungen fühlte. Ein großer Frieden erfüllte mich, wie ich ihn seit langem nicht mehr verspürt hatte. Selbst als Sai Baba weitergegangen war, hielt dieses Gefühl von Frieden immer noch an.

Ich war von Schrecken und Ehrfurcht zugleich ergriffen. Wenn Sai Baba in der Lage war, mein Innerstes derart zu berühren, und zwar da, wo die Not am größten war, dann mußten auch die anderen wunderbaren Dinge, die man sich über ihn erzählte, wahr sein. Wer war dieser Mann, und woher kam seine Kraft?

In dem Bestreben, mehr über Sai Baba zu erfahren, kaufte ich Bücher über ihn und über Religion im allgemeinen, die ich begierig verschlang. Als ich die Bhagawadgita (den »Gesang der Glückseligen«) las, den 5000 Jahre alten heiligen Text der Weden, fing ich an, die Welt mit Hinduaugen zu betrachten.

Der Glaube der Hindus beruht auf dem Grundsatz, daß alles Gott ist, der Mensch eingeschlossen. Das Problem des Menschen liegt darin, daß er seine Göttlichkeit nicht erkennt. Erlösung bedeutet somit nichts anderes als Selbsterkenntnis. »Erleuchtung«, »Samadhi«, »Nirwana«, »Moksha« und »kosmisches Bewußtsein« sind alles Namen für den Zustand des Einsseins mit Gott, den die Seele, die sich ihrer selbst bewußt wird, erlebt. Egal, wie er sich nannte, ich wollte nur noch das eine: in diesen Zustand hineingelangen. Mit allen Fasern meines Seins sehnte ich mich danach, Gott nahezusein, ihn von Angesicht zu Angesicht zu sehen.

Wie geplant, blieb ich nur fünf Tage in Puttaparthi. Doch als ich weiterfuhr, hatte ich eine Tasche voller Bücher, eine Botschaft für einige von Sai Babas Anhängern in Bangalore und einen Stapel Wolldecken zusätzlich zu tragen. Letztere waren für einen Ashram in Matale/Sri Lanka bestimmt, der gleichzeitig ein Waisenheim war und von Swami Premananda, Sai Babas Freund, geleitet wurde.

Meine erste Station war Bangalore, wo ich die besagte Botschaft abgeben sollte. Ich suchte die angegebene Adresse auf und klopfte an. Eine Frau in den Sechzigern öffnete die Tür einen Spaltbreit und spähte vorsichtig hinaus. Als sie mich sah, musterte sie mich zunächst prüfend und forderte mich dann sehr freundlich auf, einzutreten. Ich überreichte ihr die Botschaft. Sie führte mich in die Küche, wo eine andere Frau am Tisch saß.

»Ich heiße Margaret, und dies hier ist Mabel«, erklärte sie. Margaret, die allem Anschein nach das Sagen hatte, war in der Lage, die Aura (Ausstrahlung) eines Menschen zu sehen.

»Mabel wird Ihnen bestätigen, daß ich gewöhnlich keinen Fremden ins Haus lasse«, sagte sie, »aber ich weiß, Sie haben ein gutes Herz, denn Ihre Aura ist so spirituell und Ihr Hauptzentrum weit geöffnet.« Später fand ich heraus, daß sie von einem der sechs Seelenzentren (Chakras) im menschlichen Körper sprach, die zu religiösen Erfahrungen fähig machen.

»Wie sieht denn eine spirituelle Aura aus?« wollte ich wissen.

»Nun, sie ist sehr hell und leuchtend – mit allen möglichen Farben. Ich kann es nicht besser beschreiben.« In leichtem Plauderton fuhr sie fort, von sich und ihrer Freundin zu erzählen.

»Mabel und ich sind Geistheiler aus Australien. Wir sind nach Indien gekommen, um von Sai Baba zu lernen. Dies ist bereits unser zweiter Besuch. Stellen Sie sich vor, beide Male waren wir in der ersten Woche unseres Aufenthalts im Ashram furchtbar krank.«

»Wie erklären Sie sich das?« fragte ich.

»Ich glaube, Sai Baba wollte uns zuerst reinigen, um uns anschließend gebrauchen zu können«, erwiderte sie.

Wir unterhielten uns längere Zeit über Sai Baba. Margaret erzählte, sie habe einmal gebetet und Sai Baba gebeten, ihr seine Göttlichkeit zu offenbaren.

»Seine Aura war von tiefstem Purpurrot und so strahlend, wie ich noch nie etwas in meinem Leben gesehen hatte. Ich fiel auf mein Angesicht, von Ehrfurcht erfüllt. Es war ein unbeschreibliches Erlebnis.«

Daheim in Australien gehörten die beiden Frauen einer christlichen Kirche an. »Wir haben Jesus lieb«, sagte Margaret. »Natürlich haben wir den leitenden Männern unserer Gemeinde nichts von unserer Verbindung zu Sai Baba erzählt. Sie würden sowieso kein Verständnis dafür aufbringen.«

Auf dem Kaffeetisch stand eine wunderschöne hölzerne Skulptur von Jesus mit der Dornenkrone. Ich staunte darüber, wie die Maserung des Holzes sich den Konturen Seines Gesichts anpaßte. Nachmittags gegen 17 Uhr warf die Sonne lange Schatten im Zimmer; dann sah es immer so aus, als ob Jesus weinte. Sai Baba war überzeugt, Jesus liege in Indien begraben. Margaret glaubte das ebenfalls und machte mir Mut, diesen Ort, der irgendwo im Norden des Landes lag, zu besuchen.

Ehe ich ging, gab Margaret mir noch ihre Adresse in Australien. Außerdem nannte sie mir eine geheime Meditationsformel, um meine anderen Seelenzentren damit zu öffnen. Diese Formel sollte ich jedoch keinem Menschen verraten. Sie ging die einzelnen Schritte kurz mit mir durch.

»Meditieren Sie jeden Tag!« riet sie mir. »Sie werden staunen, was dann passiert.« Ich verspürte die Wärme, die von ihr ausging, als sie mich zum Abschied umarmte. *Was für ein Glück, daß ich diese beiden Frauen kennengelernt habe*, dachte ich.

Als ich später allein in meinem Hotelzimmer saß, konnte ich endlich das Buch *Sai Baba: Man of Miracles* (»Sai Baba: ein Mann der Wunder«) zu Ende lesen. Es war eine Biographie, von Howard Murphet, einem seiner australischen Anhänger, geschrieben. Darin wurden handfeste Beweise für Sai Babas Wundertätigkeit angeführt. Es gab Bestätigungen und schriftliche Zeugnisse von vielen verschiedenen Personen. Ich war inzwischen selber davon überzeugt, daß er übernatürliche Kräfte besaß. Dieser Punkt war für mich kein Thema mehr. Was mich allerdings brennend interessierte, war die Frage, woher er seine Kräfte hatte.

Wie, wenn Sai Baba wirklich der Avatar (fleischgewordene Gott) war, der er zu sein behauptete? John und viele andere waren ja felsenfest davon überzeugt. Je mehr ich über diese Sache nachdachte, desto logischer erschien sie mir, denn sie bildete die beste Erklärung für seine gewaltige Kraft.

Auf einmal fiel es mir wie Schuppen von den Augen: Sai Baba war Gott! Was ich bisher lediglich als eine Möglichkeit in Betracht gezogen hatte, war mir jetzt zur absoluten Gewißheit geworden. Ehrfürchtig sann ich über die gewaltige Bedeutung meiner Entdeckung nach: Gott war in Gestalt von Sai Baba noch einmal auf diese Erde herabgekommen, so wie bereits früher in Buddha und Christus, und ich hatte das große Vorrecht, Zeuge dieser Tatsache zu sein. Gott befand sich buchstäblich auf meiner Türschwelle! John, der Seemann, hatte die Wahrheit erkannt – kein Wunder, daß er nicht mehr fortwollte. Eines Tages würde die ganze Welt zu der Erkenntnis kommen, die bis jetzt nur einigen wenigen Auserwählten vorbehalten war. Und ausgerechnet ich durfte dazugehören!

Ein Gefühl nie gekannter Ehrfurcht kam über mich. Dort auf meinem Hotelbett, wo ich saß, neigte ich anbetend den Kopf.

»Oh, Sai Baba«, betete ich inbrünstig, »ich verehre dich als Gott!« Umgehend war mir klar, daß ich nach Puttaparthi zurückkehren würde. Es war die Chance meines Lebens, und ich wollte sie um keinen Preis verpassen.

Doch zunächst galt es, in aller Eile, meinen Auftrag in Sri Lanka zu erledigen. Die letzte Fähre von der Insel zurück nach Indien ging in zwei Wochen. Danach fing die Zeit der Monsunregen an, und es würde für vier Monate keine Fährverbindung mehr geben. Etwa eine Woche lang machte ich es wie alle Touristen, indem ich die Sehenswürdigkeiten dieses schönen buddhistischen Landes besuchte und in dem reichen Angebot an billigen Tropenfrüchten schwelgte. Aber irgendwie machte mich diese Art zu leben unzufrieden. Ich sehnte mich danach, endlich Swami Premanandas Ashram in Matale aufsuchen zu können.

Eines Tages war es soweit. Der Swami (religiöser Lehrer der Hindus) begrüßte mich persönlich an der Tür. Sein Gesicht strahlte eine große Liebe aus, und ich fühlte mich sofort zu Hause. Der Ashram war gleichzeitig ein Waisenheim, deshalb sah man viele kleine Kinder auf dem Gelände herumrennen. Der Swami freute sich sehr über die mitgebrachten Decken.

»Sie dürfen gerne im inneren Bezirk (»Compound«) wohnen«, ließ er mir durch einen Übersetzer sagen. Später fand ich heraus, daß nur ganz wenige dieses Privileg erhielten.

Dort im Compound lernte ich Monika kennen, ein Mädchen aus Deutschland, das bereits ein Jahr in Puttaparthi und ein weiteres hier in Matale verbracht hatte. Sie klärte mich über die bevorstehenden Ereignisse auf. Ich hatte einen günstigen Zeitpunkt erwischt, indem ich ausgerechnet an einem Samstag, dem ganz speziellen »Puja«-Tag (Tag der Verehrung der Götter) eingetroffen war. Zwei Tage später würde die Vollmondfeier stattfinden.

Am Abend kamen etwa siebzig von uns im »Mandir« (Tempel) zur rituellen Feier zusammen. In der Mitte des Raumes brannte ein Feuer. Darum herum lagen verschiedene Opfergaben in Form von Nahrungsmitteln. Wer wollte, gab ein Geldgeschenk, wofür dann eine Kokosnuß mit seinem Namen zu den Opfergaben gelegt wurde. Ein Brahmane fing an, kurze Sätze nach einer bestimmten Formel zu singen. Während er sang, warf er hin und wieder eine der Opfergaben aufs Feuer. Das Singen dauerte so lange, bis alle Nahrungsmittel verbrannt waren. Anschließend wurden leckere »Prasadam« (süße Küchlein) durch die Reihen gereicht. Monika wartete lange, bis sie ihr Stück aß. Damit wollte sie ihr Verlangen nach Essen bezwingen.

Dieses Mädchen nahm es mit ihrem Streben nach geistlicher Disziplin wirklich ernst. Ihr Ziel war es, überhaupt kein Interesse mehr am Essen und an weltlichen Dingen zu haben und mehr und mehr von allem irdischen Verlangen frei zu werden. Ich sah, daß sie deswegen litt. Aufgrund von Vitaminmangel hatte sie bereits wunde Stellen an ihren Beinen, trotzdem weigerte sie sich standhaft, die Nahrung zu sich zu nehmen, die der Körper eigentlich brauchte. Ich machte mir ernsthaft Sorgen um sie und redete ihr gut zu, vernünftig zu essen – umsonst. Die geistliche Richtung, die sie eingeschlagen hatte, engte ihr Leben zunehmend ein, weil es immer weniger Dinge gab, die sie tun durfte. Es schien mir ein schweres, um nicht zu sagen freudloses Leben zu sein. Ich konnte ihre Standhaftigkeit nur bewundern.

Die Vollmondfeier war genauso farbenfroh wie das Ritual vor zwei Tagen. Diesmal stand eine Hindu-Götterfigur in der Mitte des Raumes. Als Mittel zur Läuterung rief der Brahmanenpriester in eintönigem Singsang einen Namen der Gottheit nach dem anderen an, von denen jeder eine andere göttliche Eigenschaft verkörperte. Beim Nennen jedes einzelnen Namens warf er eine Handvoll Blütenblätter auf das Götterbild.

Schließlich hörte das Singen auf. Die Statue wurde entfernt, und Swami Premananda betrat den Raum. Er nahm auf einem besonderen Sessel auf einem Podest in der Mitte des Mandirs Platz, wo ihm einige seiner Diener in einer feierlichen Zeremonie die Füße wuschen. Beinahe unbemerkt fingen seine Knie an zu zittern. Bald jedoch war das Zittern für jedermann deutlich zu sehen. Es war das Zeichen, auf das wir alle gewartet hatten. Der Swami befand sich jetzt in Trance und würde etwa eine Stunde lang jede beliebige Frage beantworten können. Während ich an ihm vorbeidefilierte, überlegte ich, was er mir wohl sagen würde. Seine Botschaft lautete kurz und knapp: »Dein Jagen um die ganze Welt ist sinnlos.«

Am folgenden Tag hatte der Swami versprochen, mir ein Interview zu gewähren. Der festgesetzte Zeitpunkt kam und ging, und ich saß immer noch wartend in seinem Vorzimmer. Es war eine echte Geduldsprobe für mich, und ich gab mir alle Mühe, nicht ungeduldig zu werden. Schließlich wurde ich vom Übersetzer hereingerufen. Er saß neben Premananda, bereit, diesem meine Fragen zu übersetzen.

»Würde meine Liebe zu K-san meine spirituellen Fortschritte gefährden?« erkundigte ich mich. Immer wieder hatte ich mich auf meinen Reisen mit dem Gedanken beschäftigt, K-san nach Japan zu folgen. Ich hatte mir vorgestellt, wie es sein würde, wenn ich mit ihm zusammen in seinem Häuschen im Nationalpark bei Tokio leben würde.

»Darüber brauchen Sie sich keine Sorgen zu machen«, erklärte der Swami. »Sie sind eine alte Seele, die kurz vor dem

Ende ihrer Reise steht. Wenn Sie ein Leben der Hingabe führen, könnten Sie noch in dieser Lebzeit zur Selbstverwirklichung gelangen. Was Sie jedoch brauchen, ist ein persönlicher Guru, der Ihnen den Weg zeigt.«

Wenn der Swami nichts gegen meine Liebe zu K-san einzuwenden hatte, war die Möglichkeit, nach Japan zu reisen, nunmehr in greifbare Nähe gerückt.

»Wann soll ich fahren?« fragte ich Premananda.

»So bald wie möglich«, lautete die Antwort. »Reisen Sie durch Indien wie geplant, und fahren Sie anschließend nach Japan.«

Nach dem Gespräch wurde ich von den Bewohnern des Ashrams umringt.

»Was hat er gesagt?« wollten sie wissen. Während ich versuchte, mir die Einzelheiten des Gesprächs in Erinnerung zu rufen, wurde über jedes einzelne Wort ausgiebig diskutiert. Als ich erwähnte, der Lehrer habe gesagt, ich könne schon sehr bald zur Selbstverwirklichung gelangen, behandelten die anderen mich plötzlich mit größter Hochachtung. »So etwas bekommt selten jemand gesagt«, meinten sie. Ihre offensichtliche Überraschung stärkte mein Selbstvertrauen ganz erheblich. Ja, ich war direkt stolz. Zum ersten Mal ahnte ich dunkel, daß ich vielleicht zu etwas Besonderem auserkoren sein könnte.

Jetzt, da ich den Weg klar vor mir sah, wollte ich sobald wie möglich abreisen. Zunächst würde ich weiter durch Südindien reisen und mich dabei besonders um spirituelle Begleitung kümmern, dann für eine gewisse Zeit zu Sai Baba zurückkehren. Anschließend konnte ich mich entscheiden, ob ich nach Japan fahren sollte – auf die Möglichkeit hin, dort K-san wiederzusehen –, oder ob es besser wäre, nach Europa weiterzureisen.

Im Augenblick war für mich jedoch das Entscheidende, daß ich geistlich weiterkam. Ich hoffte zuversichtlich, daß Sai Baba mich als Anhängerin annehmen würde. Es war mein größter Wunsch, ihn zum Guru zu haben.

Kapitel 10

Wieder bei Sai Baba

Von Sri Lanka kehrte ich nach Indien zurück und besuchte zunächst die größten Touristenattraktionen im Süden des Landes. Eine Woche lang zeltete ich im Periyor-Wildpark, einem der wenigen Orte in Indien, wo man noch Tigern in freier Wildbahn begegnet. Zwar sah ich keinen einzigen Tiger, dafür aber viele Elefanten, die in einiger Entfernung auf den Hügeln grasten, sowie eine Rotte von Wildschweinen, die jeden Tag ungefähr zur gleichen Zeit erschienen, um aus einem Wasserloch in der Nähe zu trinken.

Ich besuchte auch Ootacamund, die »Königin der Bergstationen«, wo sich die Engländer zur Zeit der Kolonialherrschaft in Scharen eingefunden hatten, um der sengenden Hitze Indiens zu entfliehen. Umgeben von ausgedehnten Wäldern und Teeplantagen ist dieser Ort im weiten Nilgiri-Hochland einer der schönsten, die ich im südlichen Indien gesehen habe.

Trotzdem war ich nicht in erster Linie an schönen Plätzen und Sehenswürdigkeiten interessiert, sondern an Gott. So wie Margaret, Sai Babas Anhängerin aus Australien, mich damals in Bangalore gelehrt hatte, meditierte ich jeden Tag. Gemäß den Lehren des großen Gurus stellte ich auch meine Ernährung um, und zwar auf vegetarische Kost. Einen Großteil meiner Zeit verbrachte ich im Gebet.

Manchmal wurden meine Gebete auf völlig unerwartete Weise erhört. Einmal, als ich um einen spirituellen Begleiter gebetet hatte, entdeckte ich plötzlich einen Wegweiser zu einem Ashram. *Das muß Gottes Antwort sein,* dachte ich. *Wie erhebend, einen ganzen Tag in einer hinduistischen Gemeinschaft zubringen zu können!* Ich ging ein Stück weiter, bis ich plötzlich merkte, daß ich irgendwie den Weg verpaßt hatte. Ein Inder, den ich fragte, gab mir neue Direktiven, aber obwohl ich wiederholt umkehrte und es von neuem versuchte, konnte ich den Ashram einfach nicht finden. Erschöpft und niedergeschlagen kam ich schließlich wieder in der Stadtmitte an.

Sozusagen im gleichen Augenblick sprach mich eine Europäerin auf der Straße an und drückte mir ein Johannesevangelium in die Hand.

»Lesen Sie das!« forderte sie mich mit einem unverkennbar schottischen Akzent auf. Im gleichen Atemzug lud sie mich zum Mittagessen in ihr Haus ein.

Auf dem Weg dorthin erzählte sie mir Näheres über sich selbst.

»Ich heiße Helen«, erklärte sie. »Vor beinahe zwölf Jahren bin ich als Missionarin mit meinem Mann nach Indien gekommen. Immer wenn ich auf der Straße einen Reisenden aus dem Westen treffe, lade ich ihn zu mir nach Hause ein. Auf diese Weise erfahre ich, was in der Welt passiert, und mein Besuch freut sich über das gute Essen. Sie sehen also, es ist für beide Seiten von Vorteil.«

Ein Mädchen namens Dorothy, das ebenfalls allein reiste, nahm mit uns an der Mahlzeit teil. Während wir uns gegenseitig unsere Erlebnisse berichteten, ließ Dorothy erkennen, daß sie sich einsam und traurig fühle. Es war mir bis dahin noch gar nicht richtig zum Bewußtsein gekommen, wie erfüllt und reich mein eigenes Leben geworden war, seit ich den spirituellen Pfad betreten hatte. Es drängte mich, meine Freude mit ihr zu teilen.

Auf diese Weise kam eine lange Diskussion über die Religion in Gang. Helen bestand darauf, der einzige Weg zu Gott sei Jesus. Ich war natürlich anderer Meinung. Für mich stand fest, daß alle Wege letztendlich zu Gott führten. Sie zitierte Verse aus der Bibel, in der ich mich nicht auskannte, so daß ich nicht viel dazu sagen konnte. Rein intuitiv spürte ich aber, daß ich recht hatte.

Obwohl wir zu keiner Einigung gelangten, war ich von Helens Haltung, aus der echte Liebe und Fürsorge sprachen, tief beeindruckt. So hatte sich bisher noch kein Christ mir gegenüber verhalten. Was mir ebenfalls sehr gut gefiel, war die Gebetszeit, die sie mit ihren Kindern hatte, als diese aus der Schule kamen. Dorothy verabschiedete sich am frühen Nachmittag, während ich noch bis zum Abend blieb. Als ich mich höchst zufrieden auf den Rückweg in mein Hotel begab, versicherte Helen mir zum

Abschied, sie würde dafür beten, daß ich »zur Erkenntnis der Wahrheit käme«.

Kurze Zeit später kam ich auf der Durchreise nach Madurai im Staat Tamil Nadu, wo ich Therese kennenlernte. Sie war ein hochgewachsenes Mädchen aus Österreich, und ihre Augen funkelten mit einer Intensität, wie ich sie selten gesehen hatte. Sie schien alles daranzusetzen, die volle Bedeutung meiner Worte zu erfassen. Wir hatten zu der Zeit beide einen Reisegefährten. Ich hatte vor ein paar Tagen einen Japaner kennengelernt, und Therese befand sich in Begleitung eines gutaussehenden Österreichers. Um Geld zu sparen, beschlossen wir, zu viert ein Hotelzimmer zu teilen. Es war ganz normal, daß die Zimmer in indischen Hotels mit drei, vier oder noch mehr Betten ausgestattet waren.

Nachdem wir unsere Sachen ausgepackt hatten, ging Therese nach nebenan ins Badezimmer, um sich zu duschen. In diesem Hotel bedeutete das einfach, daß man sich eimerweise Wasser über den Kopf schüttete. Da ich das Mädchen kaum kannte, überlegte ich, ob ich mich zu ihr gesellen sollte – selbst auf die Gefahr hin, daß ihr das peinlich war –, oder ob ich lieber warten sollte, bis sie fertig war. Im gleichen Augenblick steckte Therese ihren Kopf durch die Tür und bat mich einzutreten. Ich war sehr erleichtert darüber, daß sie mein Dilemma auch ohne Worte verstanden hatte.

Lachend halfen wir uns gegenseitig, den Schmutz von unseren Körpern abzuwaschen. Wir verstanden uns auf Anhieb. Sie schien jede meiner Gemütsregungen zu erfassen, und ich fühlte mich so stark mit ihr verbunden wie kaum je zuvor mit einem Menschen. Dabei sprach sie nur sehr gebrochen Englisch. Ich fragte mich erstaunt, wie so etwas möglich war.

Als wir am Nachmittag alle vier auf unseren Betten lagen und uns ausruhten, fragte Thereses Begleiter mich plötzlich, ob ich jemals Kerala-Gras geraucht hätte.

»Ich weiß nicht«, gab ich zur Antwort.

»Also nicht«, meinte er. »Diese Art von Marihuana ist außergewöhnlich stark. Es gibt vermutlich nichts Besseres auf der Welt. Wer es einmal geraucht hat, vergißt es nie mehr.« Er drehte einen Joint und reichte ihn mir. Ich nahm ein paar kräftige Züge. Das Zeug war wirklich stark, das mußte ich zugeben. Zum ersten

Mal sah ich unter seiner Einwirkung geometrische Formen durch den Raum schweben. Ich war ganz in meine Erfahrung vertieft und hatte das Gefühl, aus Wasser zu sein. Von Zeit zu Zeit merkte ich, wie Therese mich von ihrem Bett aus anstarrte. War irgend etwas an mir, was ich nicht wußte? *Ich wünschte, sie würde mich in Ruhe lassen,* dachte ich, ich fühlte mich richtig unbehaglich. Als wenn sie es verstanden hätte, fing Therese an, in einem Buch zu lesen, so daß ich mich wieder entspannte.

Später am Nachmittag gingen wir zu viert zum Postamt, um etliche Briefe aufzugeben. Unterwegs hielt ich an einem Verkaufsstand an, um mir ein paar Bananen zu kaufen. Ich ging ein Stück hinter Therese und überlegte im stillen, ob ich die letzte Banane mit ihr teilen oder sie selbst aufessen sollte. Nach kurzem inneren Kampf beschloß ich, sie mit ihr zu teilen. Noch hatte ich jedoch kein Wort darüber gesagt, als Therese sich plötzlich umdrehte.

»Vielen Dank«, sagte sie.

»Wofür?« wollte ich wissen.

»Na, für die Banane natürlich!«

Ich war sprachlos. Therese wußte, was ich dachte! Der Vorfall im Badezimmer und andere Dinge, die im Lauf des Nachmittags passiert waren, fielen mir wieder ein. Ihre unheimliche Fähigkeit, zu wissen, was ich wollte, noch ehe ich es ausgesprochen hatte, war mir plötzlich klar. Sie konnte Gedanken lesen! Sie wußte auch jetzt ganz genau, was ich dachte!

Ich kam mir auf einmal sehr verwundbar vor. Meine Gedanken gehörten nicht mehr mir selbst. Ich verlor total die Fassung. Mein Herz klopfte wie wild. Und sie wußte um meine Reaktion! Unwillkürlich vergrößerte ich den Abstand zwischen uns so weit wie möglich, um erst einmal mit dieser neuen Situation fertig zu werden. Zum Glück hatte ihr Gesicht einen völlig desinteressierten Ausdruck angenommen, so daß ich mich langsam wieder beruhigte. Trotzdem verspürte ich das dringende Bedürfnis, allein zu sein.

Sobald wir unsere Arbeit im Postamt erledigt hatten, setzte ich mich von der Gruppe ab. Die anderen gingen weiter zum American Express-Büro, während ich mich allein auf den Rückweg ins Hotel begab.

Auf dem überfüllten Marktplatz stoppte ich an einem Verkaufsstand, um mir eine indische Süßigkeit zu kaufen, die aus Milch hergestellt wurde und die ich mit Vorliebe aß. Während ich weiterging, ließ ich sie mir schmecken. Ich wußte, daß ich irgendwo an einer Ecke abbiegen mußte, um zum Hotel zu kommen, war mir aber nicht ganz sicher, wo. Die Straßen sahen alle gleich aus und die Hotels ebenfalls. Ich schalt mich selbst, weil ich auf dem Weg zum Postamt nicht besser aufgepaßt hatte, sondern einfach blindlings mit den anderen mitgetrottet war. In meinem Gedächtnis suchte ich nach irgendwelchen Orientierungspunkten, die auf unser Hotel hinwiesen. Ich versuchte es mit dieser und mit jener Straße – umsonst! Ich hatte mich verlaufen.

Wie dumm von mir! Irgendwo ganz in der Nähe gab es ein Hotel und in diesem Hotel ein Zimmer, wo mein Gepäck auf mich wartete. Aber wo? Was sollte ich bloß machen? Ich wußte nicht einmal den Namen unseres Hotels. Kein Mensch konnte mich aus dieser Zwickmühle befreien, auch die Polizei nicht.

Ich ging denselben Weg zurück, den ich gekommen war, und gelangte in eine Straße, die mir bekannter vorkam. Mehrere Hotels erinnerten mich an meines, aber keins von ihnen war das richtige. Panik wollte mich übermannen, die ich jedoch mit Entschiedenheit zu bekämpfen versuchte.

Dann fiel mir plötzlich Sai Baba ein.

»Sai Baba! Bitte, hilf mir!« betete ich im stillen. Irgend etwas trieb mich, es nochmals mit der gleichen Straße zu versuchen. Diesmal ging ich sie ganz bis zum Ende. Dort entdeckte ich plötzlich eine kleine Seitenstraße, die abzweigte. Warum hatte ich diese Straße nicht vorher gesehen? Als ich meinen Blick bis zum Ende schweifen ließ, wollte ich meinen Augen kaum trauen: Da hinten stand unser Hotel!

Eine gewaltige Erleichterung kam über mich, und ich flog förmlich die Treppe hinauf. Unterwegs bemerkte ich ein großes Bild von Sai Baba, das an der Wand hing. Nun war ich doppelt beruhigt.

»Danke, Sai Baba«, flüsterte ich ihm im Vorbeigehen zu.

Meine Zimmergenossen waren inzwischen längst zurück und hatten sich bereits Gedanken über mein Verbleiben gemacht. Die Freude, wieder daheim zu sein, ließ die Aussicht, daß jemand meine Gedanken lesen konnte, weniger bedrohlich erscheinen. Ich faßte mir ein Herz und sprach Therese darauf an.

»Ja«, gab sie zu, »ich kann deine Gedanken gut lesen. Du bist erst die zweite Person in meinem Leben, in die ich mich auf diese Weise ›einschalten‹ kann.« Ich vermutete, daß das tägliche Meditieren mich öffnete, so daß etwas Derartiges passieren konnte. Vielleicht hatte auch das Kerala-Gras mitgeholfen. Irgendwie wurde anscheinend durch das Meditieren der Schutzwall niedergerissen, der mich normalerweise umgab. Deshalb war Therese dann auch in der Lage, an meine Gedanken heranzukommen. Ich spürte, daß ich anderen Menschen gegenüber ebenfalls sensitiver wurde. Zwar konnte ich noch keine Gedanken lesen, aber bestimmt würde mir das in Kürze auch gelingen. Nichts auf der Welt schien unmöglich zu sein.

Therese wußte, daß mein Schwerpunkt auf dem Spirituellen lag, obgleich sie selbst Bedenken hatte, etwas in dieser Richtung zu unternehmen. Das mußte mit einem unliebsamen Erlebnis aus ihrer Vergangenheit zusammenhängen, über das sie mir jedoch nichts Näheres erzählen wollte.

Jetzt, da Therese und ich offen über die Dinge gesprochen hatten, fühlte ich mich in ihrer Nähe wieder wohl. Wir stellten sogar eine außergewöhnliche Harmonie zwischen uns fest. Wir konnten uns praktisch in halben Sätzen unterhalten. Ich fing an, und sie führte das, was ich hatte sagen wollen, zu Ende, ohne daß ich es auszusprechen brauchte. Wenn ich meine Ruhe haben wollte, sagte ich beispielsweise in Gedanken: »Mach, daß du fortkommst«, woraufhin sie sich lachend abwandte und sich mit anderen Dingen beschäftigte. Manchmal konnte sie meine Gedanken aber auch nicht lesen. Dann sah sie sie, mit ihren Worten ausgedrückt, nur ganz »verschwommen«.

Leider hatte Therese es eilig, nach Kerala zurückzukommen. Ihr Begleiter wollte dort neues Marihuana kaufen, um es mit nach Europa zu nehmen. Mein japanischer Reisegefährte fuhr bald darauf weiter nach Norden. Wir tauschten unsere Reisepläne aus, aber ich sah keinen von ihnen je wieder.

Die Ferien waren damit für mich endgültig vorbei. Ich wußte, daß es an der Zeit war, zu Sai Baba zurückzukehren. Allerdings wußte ich nicht, wo ich ihn finden konnte, in Puttaparthi oder Whitefield, seinem anderen Ashram, weil er gewöhnlich zwischen diesen beiden Orten hin und her pendelte. Auf jeden Fall mußte ich zunächst einmal nach Bangalore kommen. Ich bestieg also den Bus und betete im stillen, Sai Baba möge mir zeigen, wo er sich aufhielt.

Wir waren noch nicht lange unterwegs, als der Bus plötzlich knirschend zum Stehen kam. Ein Reifen war platt. Kein Mensch war weit und breit zu sehen. Ich stöhnte innerlich. Diese Verzögerung bedeutete, daß ich die Nacht in Bangalore zubringen mußte und erst am nächsten Tag weiterfahren konnte. Es schien einfach in Indien nicht möglich zu sein, irgend etwas planmäßig durchzuführen. Man konnte nichts anderes tun, als sich hinzusetzen und zu warten. Die Reisenden standen dichtgedrängt um den Fahrer herum und versuchten ihn moralisch zu unterstützen, während er sich an die Arbeit des Reifenwechselns machte.

In diesem Moment kam ein anderer Bus, ebenfalls mit Ziel Bangalore, die Straße entlang auf uns zu. Der Fahrer stoppte kurz, um zu sehen, was los war. Ein paar aus unserem Bus ergriffen die Gelegenheit beim Schopf und sprangen an Bord. Ich griff nach meinem Rucksack und folgte schleunigst ihrem Beispiel. Kaum war ich im Bus, da schlug der Fahrer energisch die Türen zu und raste los, wobei er meine gestrandeten Kollegen einfach ihrem Schicksal überließ. Ich fühlte mich unter Sai Babas Schutz wie unter einem Schirm geborgen.

Inzwischen hatte ich beschlossen, auf gut Glück nach Puttaparthi weiterzufahren. Hatte ich nicht Sai Babas Hilfe erlebt, indem ich rechtzeitig nach Bangalore gelangen würde, um dort den Anschluß nach Puttaparthi zu bekommen? Tatsächlich kam ich wenige Minuten bevor der Bus abfahren sollte in Bangalore an. Der nächste ging erst am Abend des folgenden Tages. In größter Eile machte ich mich auf den Weg zum Bahnsteig, als Maurice, ein Weltenbummler aus Frankreich, den ich bei einer anderen Gelegenheit kennengelernt hatte, mich aufhielt. Er wollte ganz offensichtlich unsere Bekanntschaft erneuern. Ich hingegen betrachtete seine Anwesenheit eher als störend und ärgerte mich über die ungewollte Unterbrechung.

»Entschuldige bitte«, sagte ich auf Französisch, »aber ich habe es wirklich sehr eilig.«

»Wohin willst du?« Er ließ sich nicht so leicht abschütteln.

»Nach Puttaparthi. Mein Bus muß jeden Moment abfahren.«
Ich drehte mich um und wollte weitergehen.

»Nie etwas davon gehört«, fuhr er unbekümmert fort. »Was
gibt es denn da Schönes zu sehen?«

»Einen Heiligen mit Namen Sai Baba.«

»Zu dem will ich auch! Aber er ist nicht in Puttaparthi,
sondern in Whitefield«, lautete die unerwartete Antwort. Ich
blieb wie festgenagelt stehen.

»Bist du sicher?« fragte ich.

»Ganz sicher.« Um seine Antwort zu unterstreichen, zog er
ein Blatt Papier aus seiner Tasche, auf dem die Adresse von
Whitefield angegeben war. Das überzeugte mich. Sai Baba hatte
mein Gebet erhört und mir Maurice geschickt, damit ich nicht
in den verkehrten Bus einsteigen sollte. Die Sache ging so aus,
daß wir gemeinsam zu Sai Babas Ashram fuhren.

Unterwegs stellte ich fest, daß Maurice gar nicht an Gott
glaubte.

»Wenn es einen Gott gibt, wie kann er so viel Elend in der
Welt zulassen? Das verstehe ich nicht. Ich möchte Sai Baba
allein aus Neugier kennenlernen.« Mein Begleiter ließ sich
durch nichts von seiner Meinung abbringen. Ich merkte, daß es
keinen Zweck hatte, weiter mit ihm zu argumentieren. *Welche
Ironie,* dachte ich, *daß die Mächte sich ausgerechnet dieses
Mannes bedient haben, um mich ans Ziel zu bringen.*

Whitefield war nicht einmal eine Stunde von Bangalore
entfernt. Als wir den Ashram erreichten, waren die Türen bereits
für die Nacht geschlossen, und wir mußten mit einem nahe
gelegenen Hotel vorliebnehmen. Maurice war anscheinend sehr
müde, denn er war im Handumdrehen eingeschlafen.

Ich dagegen lag noch lange wach. Unruhig wälzte ich mich
von einer Seite auf die andere. Mein Herz klopfte wie rasend,
was ich mir überhaupt nicht erklären konnte. Dann erinnerte ich
mich an ein Gespräch, das ich kürzlich mit anderen Reisenden
gehabt hatte. Es ging um ein Mädchen aus England, das in Indien
an Tollwut erkrankt war. Allerdings hatten sich die Symptome
erst nach ihrer Rückkehr gezeigt. Die Ärzte in England hatten
die Ursache nicht erkannt, sondern auf eine Psychose getippt
und das Mädchen entsprechend behandelt. Erst nachdem sie
gestorben war, hatte eine Autopsie die schreckliche Wahrheit

enthüllt. Vor einigen Wochen hatte ich ein kleines Kätzchen auf den Arm genommen. Das Tierchen hatte mich gekratzt, und nun wollte meine Phantasie mit mir durchgehen, so daß ich mir tatsächlich einbildete, das Herzrasen sei vielleicht das erste Anzeichen der Krankheit bei mir.

Ein lähmendes Entsetzen packte mich. Ich schlich mich aus dem Zimmer, um draußen ein wenig frische Luft zu schnappen.

»Sai Baba, hilf mir!« rief ich in meiner Verzweiflung laut. Augenblicklich spürte ich seine Nähe, die mich beruhigte.

»Du bist erst kürzlich auf vegetarische Kost umgestiegen«, erklärte er mir. »Davon kommt das Herzrasen. Du brauchst dir wirklich keine Sorgen zu machen. Du bekommst keine Tollwut! Ich habe große Pläne für dich.« Ich vernahm seine Worte ganz deutlich, so als ob er persönlich mit mir gesprochen hätte. Als ich wieder ins Hotel zurückgekehrt war und im Bett lag, kam ich mir vor wie ein kleines Kind. Ich fühlte mich geborgen in Sai Babas Gegenwart und schlief beruhigt ein.

Das war meine erste Begegnung mit ihm auf geistiger Ebene.

Kapitel 11

Begegnungen mit Christen

Am nächsten Morgen hatte ich ein Gespräch mit Maurice. Ich erklärte ihm, daß es für mich besser sei, allein zu bleiben, weil ich mich auf einem spirituellen Pfad befände. Er hatte nichts dagegen einzuwenden, und so nahm ich meine Sachen und begab mich zum Ashram nebenan. In den nächsten Tagen sah ich Maurice noch ein paarmal, dann reiste er wieder ab.

Ich nahm inzwischen an den Aktivitäten im Ashram teil. Beim ersten Darshan winkten die Bewohner mir zu, während wir darauf warteten, daß Sai Baba erschien.

»Es wundert mich gar nicht, dich wiederzusehen!« rief ein Mädchen aus Deutschland. »Er muß etwas Besonderes mit dir vorhaben, sonst wärest du nicht hier.« Auf solch zwanglose Art und Weise hießen mich die Ashramiten wieder in ihrer Mitte willkommen.

Gleich am ersten Tag lernte ich Sharon kennen, ein Mädchen aus New York, das aus einer jüdischen Familie stammte. Sharon war für übersinnliche Eindrücke empfänglich, und ihre medialen Fähigkeiten nahmen ständig zu. Es fiel ihr schwer, mit diesen Veränderungen klarzukommen.

»Vor nicht sehr langer Zeit«, erzählte sie mir, »sah ich einen toten Hund. Ich wurde selber zu diesem Hund. Während die Würmer sein Fleisch fraßen, hatte ich das Gefühl, sie fräßen an mir. Es war schrecklich! Ich bin fast verrückt geworden. Ich konnte überhaupt nichts dagegen machen. Solche Dinge passieren mir in letzter Zeit häufiger. Ich habe echt Angst, verrückt zu werden.« Ich konnte ein wenig mitempfinden, was sie durchzustehen hatte, aber es fiel mir nichts Passendes ein, um sie zu trösten.

Sharon hatte außerdem ein gynäkologisches Problem, das ihr zu schaffen machte. Sie hatte gehört, es gebe in Sai Babas Krankenhaus ein Heilkraut dagegen, aber aus unerfindlichen

Gründen wollte die Schwester es ihr nicht geben. Sharon hatte zu Sai Baba gebetet, er möge ihr helfen, aber bis jetzt ohne Erfolg. Dabei blieb wirklich nicht mehr viel Zeit. Sie mußte in Kürze zurück in die Vereinigten Staaten, wo es diese Arznei nicht gab. Ich verstand ihre Enttäuschung nur zu gut und ergriff energisch ihre Partei. *Weshalb heilt Sai Baba sie nicht?* fragte ich mich. Wenn sein offensichtliches Desinteresse dazu dienen sollte, Sharon zu testen, war das in meinen Augen eine grausame Methode.

In Puttaparthi hatten sich die Schlafräume auf dem Gelände des Ashrams befunden. In Whitefield dagegen wohnten die Anhänger Sai Babas außerhalb in Hotels, die den Dorfbewohnern gehörten.

Ich bezog ein Zimmer in dem Hotel, wo Sharon wohnte. Sharon und ich wurden in der Folge unzertrennlich. Sie war ernstlich auf der Suche nach Gott und sprach offen von ihrer Liebe zu Sai Baba.

»Ich habe Jesus auch lieb«, gab sie zu. »Weißt du was, ich stelle mir Jesus immer mit einer weißen Aura vor. Wenn ich dagegen an Sai Baba denke, dann ist seine Aura purpurrot.« *Merkwürdig*, dachte ich. *Hat nicht Margaret, seine Anhängerin in Bangalore, genau dasselbe gesagt?*

»Außerdem«, fuhr Sharon fort, »ist Sai Baba immer allein, während ich Jesus nie ohne den Teufel im Hintergrund sehe.«

Sai Baba pflegte Sharon in Visionen zu erscheinen. Sie hatte sogar begonnen, mittels solcher Visionen ein Buch zu schreiben, das davon handelte, wie man Kinder mit dem Mystizismus vertraut machen kann. In blindem Gehorsam schrieb sie nieder, was Sai Baba ihr zeigte, manchmal ohne zu wissen, was sie geschrieben hatte, bis sie es hinterher las. Dieses mußte sie dann in die richtige literarische Form bringen. Doch auch dabei verließ sie sich voll und ganz auf Sai Baba. Wenn es darum ging, das richtige Wort oder die korrekte Formulierung auszuwählen, zog sie Lose, überzeugt, daß Sai Baba das Ergebnis bestimmte. Ich mußte manchmal lächeln, wenn ich sie auf dem Fußboden sitzen sah, völlig in ihre Schreibarbeit vertieft, die nur unterbrochen wurde, wenn sie hin und wieder einen Behälter mit Zetteln schüttelte und dann wahllos einen herauszog, um des Rätsels Lösung für ein bestimmtes Problem zu finden.

Sharon war sehr zufrieden mit dem Inhalt ihres Buches, wenn sie auch noch keine Vorstellung über den Rahmen besaß. Da ich bereits Erfahrung im Schreiben gesammelt hatte, schien es nur natürlich, daß wir unser Wissen zusammentaten. Sharon würde für den Inhalt verantwortlich sein, während ich mich mehr mit der äußeren Form beschäftigen wollte. Sie war von diesem Gedanken begeistert, und ich fing noch am gleichen Abend an, mich als Editor zu betätigen.

In Wirklichkeit hatten wir jedoch nicht allzuviel Zeit, uns um das Buch zu kümmern, da es wichtigere Dinge zu tun gab. Eines Morgens kam Sharon aufgeregt in mein Zimmer.

»Ich hatte eine Vision«, berichtete sie mir. »Darin ging es um katholische Kirchen, und du kamst auch in der Sache vor. Ich weiß zwar nicht, was das bedeutet, aber eins ist mir klar: Wir sollen alle Kirchen hier in der Umgebung besuchen.« Ich interpretierte dies als eine Botschaft von Sai Baba, der wollte, daß ich mich näher mit dem christlichen Glauben befaßte. Schließlich führten ja alle Wege zu Gott. Wenn er das also von mir erwartete, wie konnte ich mich weigern?

Als erstes statteten wir dem Kloster im Ort einen Besuch ab, ohne zu wissen, was uns dort erwartete. Eine Nonne in den Sechzigern mit strengen Gesichtszügen empfing uns an der Tür. Als sie hörte, daß wir von Sai Babas Ashram kamen, wurde sie ausfallend.

»Sie haben weder Gott gefunden noch das wahre Licht«, schrie sie uns an. »Sie wissen überhaupt nicht, was Sie tun!« Die Gemüter erhitzten sich, und wir sahen zu, daß wir fortkamen. *Es ist immer das gleiche Problem mit den Katholiken,* dachte ich. *Warum müssen Nonnen bloß so engstirnig und intolerant sein?* Ich verstand nicht, was Sai Baba sich dabei gedacht hatte, uns dorthin zu schicken.

Wir wollten gerade in unser Hotel zurückkehren und den Tag als gescheitert betrachten, als ich ein Hinweisschild auf der anderen Straßenseite bemerkte. »Maria-Ashram« stand darauf. Eine wunderschöne Statue Unserer Lieben Frau schmückte die gepflegten Anlagen, die sich in vollkommener Symmetrie mit dem Gebäude befanden. Der Ort strahlte einen Frieden aus, der für mich unwiderstehlich war.

»Laß uns hier hineingehen«, schlug ich vor.

Eine Nonne öffnete uns die Tür, und man spürte sofort die Liebe, die von ihr ausging. Sie freute sich ganz offensichtlich über unser Kommen und führte uns in eine winzige Kapelle, wo wir auf Matten niederknieten. Weiße Vorhänge bauschten sich leicht im Morgenwind. Völliger Frieden und eine tiefe Ruhe überkamen mich.

»Danke, Herr, daß du diese lieben Menschen in dein Haus gebracht hast«, betete die Schwester. Ihre einfachen Worte verrieten eine tiefe Aufrichtigkeit. Wir mußten beide unsere Tränen zurückhalten.

Der Maria-Ashram war eine Ausbildungsstätte für Nonnen. Die Schwester lud uns ein, das Mittagessen mit den Novizinnen einzunehmen. Es war eine köstliche Mahlzeit. Sai Baba hatte oft betont, wie wichtig es sei, das Essen in einer Atmosphäre der Liebe zuzubereiten. In diesem Ashram schien die Liebe jeden Winkel zu erfüllen. Die jungen Mädchen schäumten über vor Liebe. Die Unterhaltung bei Tisch war fröhlich und unbeschwert. Alle Gesichter spiegelten echte Freude wider.

Die Mädchen waren sehr daran interessiert, zu erfahren, warum ich kein Fleisch aß. Mit leuchtenden Gesichtern hörten sie zu, als ich ihnen meine Geschichte erzählte. Für sie war wichtig, daß ich Gott gefunden hatte; auf die Form kam es dabei, wie sie meinten, nicht an. Natürlich hatten sie ihre eigene Meinung in bezug auf Christus, aber in ihrer Art mir gegenüber konnte ich nichts Verdammendes entdecken, nur Liebe. Ein solches Christentum fiel mir nicht schwer zu akzeptieren. Bevor wir uns verabschiedeten, sprach die Schwester noch eine Einladung aus.

»Morgen sind wir nicht in der Stadt«, informierte sie uns, »aber wenn Sie möchten, können Sie gern an der Frühmesse im Kloster drüben auf der anderen Straßenseite teilnehmen.« Trotz der schlechten Erfahrung, die wir mit der Nonne dort gemacht hatten, versprach ich zu kommen. Ich sehnte mich danach, den Frieden und die Ruhe wieder zu genießen, die in der kleinen Kapelle geherrscht hatten. Sharon hatte Angst, Sai Babas Darshan zu verpassen, und wollte lieber verzichten.

Früh am nächsten Morgen machte ich mich auf den Weg in die Messe. Ich setzte mich ziemlich weit nach vorne und spürte die Blicke der Nonnen in meinem Rücken. Obwohl ich mir denken konnte, daß sie über meine Anwesenheit nicht gerade erbaut waren, kümmerte mich das nicht weiter. Ich war ja nicht ihretwegen gekommen.

Allerdings erfüllte die Messe meine Erwartungen bei weitem nicht. Ich vermißte die Ruhe und den Frieden der Kapelle im Maria-Ashram auf schmerzliche Weise. Der Priester führte eine steife, stereotype Zeremonie durch, wie ich sie aus meiner Kindheit und Jugend als Katholikin kannte. Leer und innerlich unbefriedigt ging ich fort. Zum Glück kam ich noch rechtzeitig im Ashram an, um an Sai Babas Darshan teilnehmen zu können. Er schien mir an jenem Morgen besonders huldreich zugewandt, wodurch meine Enttäuschung wieder wettgemacht wurde.

Ich brachte noch einen weiteren Tag im Maria-Ashram zu. Ein Priester aus Bangalore war gekommen, um den Novizinnen eine Lektion zu geben. Mit seiner Anleitung sollte jede von uns das Wesen bestimmter Begriffe – wie z. B. Wahrheit und Schönheit – herausfinden. Worte genügten dabei nicht. Wir mußten sie intuitiv definieren. Es war ein sehr lebensnaher Unterricht. Ich hatte den Eindruck, daß die Mädchen einen lebendigen Glauben hatten, der sie auch im Alltag begleitete. Mir kam sogar der Verdacht, daß sie für mich beteten.

Ungefähr zu dieser Zeit hatte ich noch ein anderes denkwürdiges Erlebnis. Bei einem Darshan lernte ich Carol kennen, die gerade mehrere Monate in einer christlichen Kommunität zugebracht hatte. Sie war verwirrt über die Behauptung, Jesus sei der einzige Weg zu Gott, und hatte zu Sai Baba gebetet, er möge ihr helfen, die Wahrheit zu erkennen. Sai Baba war ihr daraufhin in einem lebhaften Traum erschienen, in dem er sie aufforderte, ihre Bibel zur Hand zu nehmen und 1. Korinther Kapitel 3 aufzuschlagen. Am nächsten Morgen berichtete sie Sharon und mir über ihren Traum. Sharon fand die angegebene Stelle, und wir brüteten gemeinsam über dem Text:

>*Wenn einer sagt: Ich folge Paulus, der andere aber: Ich Apollos – seid ihr nicht menschlich? Was ist denn Apollos? Und was ist Paulus? Diener, durch die ihr gläubig geworden seid, und zwar wie der Herr einem jeden gegeben hat. Ich habe ge-*

pflanzt, Apollos hat begossen, Gott aber hat das
Wachstum gegeben.«

(1. Korinther 3,4-6)

Damit war für uns die Sache klar: Alle Wege führten zu Gott! Er war die treibende Kraft hinter jedem Pfad, den wir uns aussuchten, um zu Ihm zu gelangen. Dabei spielte es für uns gar keine Rolle, daß es ein paar Verse weiter hieß: »Denn einen anderen Grund kann niemand legen, außer dem, der bereits gelegt ist, welcher ist Jesus Christus« (1. Korinther 3,11).

Wir maßen diesem scheinbaren Widerspruch keine weitere Bedeutung bei, denn Sai Baba hatte uns gelehrt, daß die Bibel bestimmte Irrtümer aufwies. Sharon und ich waren jedenfalls fasziniert von der Bibel. Wir beschäftigten uns noch länger mit dem besagten Kapitel und staunten über die vielen verschiedenen Stufen der Bedeutung, die sich beim Lesen vor uns auftaten. Die Bibel schien in der Tat ein heiliges Buch zu sein.

Kapitel 12

Das Leben in der Kommune

Sai Baba kommunizierte mit jedem Ashramiten verschieden. Mit mir unterhielt er sich auf geistiger Ebene. Carol erschien er in Träumen und Sharon in Visionen. Mit einer Australierin in den mittleren Jahren, die sich seit 17 Jahren auf einem spirituellen Pfad befand, kommunizierte er durch mechanisches Schreiben. Sie erzählte mir ihre Geschichte.

»Ich las gerade ein altes Exemplar von Sai Babas Buch«, berichtete sie. »Plötzlich merkte ich, wie ich gedankenlos etwas auf ein Stück Papier kritzelte. Meine Finger bewegten sich immer schneller, so daß ich sie nicht mehr kontrollieren konnte, und ich stellte fest, daß ich ein Männergesicht zeichnete. Als das Bild fertig war, betrachtete ich es verwirrt. Erst als ich das Buch weiter durchblätterte, merkte ich, was es darstellte. Ziemlich hinten fand ich eine Fotografie von Sai Babas Gesicht im Profil. Ich war überwältigt, denn ich hatte genau dasselbe Gesicht von vorne gezeichnet! Erfahrungen mit mechanischem Schreiben hatte ich zwar bereits vorher gemacht, aber jetzt war mir klar, daß Sai Baba mich rief, nach Indien zu kommen.«

Allerdings hatte nicht jeder gleich positive Erfahrungen aufzuweisen. Ich erfuhr beispielsweise, daß Michele, eine Medizinstudentin aus Frankreich, die bereits einen Monat im Ashram lebte, überhaupt keine Beziehung zu Sai Baba hatte. Sie war total sauer wegen der vergeudeten Zeit.

»Sai Baba hat gar keine übernatürlichen Kräfte«, spottete sie. »Die ganze Bewegung ist reiner Betrug!« Ich wollte ihr von dem erzählen, was ich erlebt hatte, aber sie ließ sich nicht überzeugen. »Ich kann nur sagen«, beharrte sie, »daß ich persönlich nichts erlebt habe. Es gibt eben nichts zu erleben!« Betrübt über meine Unfähigkeit, ihr die Sache begreiflich zu machen, ging ich schließlich fort. Ich hatte den starken Verdacht, daß sie nur deshalb so »zu« war, weil sie die Dinge mit ihrem Verstand ergründen wollte.

Solange ich allein gereist war, hatte ich mich in der besonderen Beziehung gesonnt, die Sai Baba zu mir unterhielt. Die Gebetserhörungen und kleinen Wunder, die ich erlebt hatte, hatten mich stolz und hochmütig gemacht. Hier im Ashram jedoch stellte ich im Gespräch mit anderen Anhängern von Sai Baba fest, daß solche kleinen Wunder – die Ashramiten nannten sie »Lilas« – überall in meiner Umgebung passierten. Ich hatte also kein Recht, mich zu überheben.

»O Sai Baba!« betete ich unter Tränen, »bitte, mach mich demütig!«

Beim nächsten Darshan schlug ich, innerlich überführt, an meine Brust und betete: »Herr, ich bin nicht würdig, dich zu empfangen. Aber sprich nur ein Wort, und meine Seele wird genesen.«

Während ich diese Worte aussprach, spürte ich, wie eine gewaltige Gegenwart mein Herz erfüllte. Die Kraft wurde immer stärker, bis ich es fast nicht mehr aushalten konnte. Ich hörte auf zu beten, denn ich hatte Angst, umzufallen oder gar ohnmächtig zu werden.

Eines Morgens kam ich zu spät zum Darshan. Sai Baba wollte gerade fortgehen. Als er weg war, begab ich mich auf die Plattform in die Nähe der Stelle, wo er gesessen hatte. Ich konnte seine Gegenwart noch 15 oder 20 Minuten lang ganz deutlich spüren. Während ich sein Bild betrachtete, schien er mit mir zu reden.

»Bleib«, lautete seine Botschaft an mich. Ich hatte eigentlich vorgehabt, zunächst für einige Zeit im Ashram zu bleiben und dann meine Reisen fortzusetzen. Wo immer ich war, das wußte ich, konnte Sai Baba mein spirituelles Wachstum dirigieren. Doch nun gab ich diese Pläne auf.

Ich blieb im Ashram und kam schnell in eine Routine hinein, die mir zusagte. Ich nahm an den Darshans und Bhajans teil, und die Tage flossen ineinander über.

Jeden Morgen nach dem Darshan studierten wir einen offiziellen Aushang, auf dem ein Auszug aus Sai Babas Lehren stand, über den wir im Lauf des Tages meditieren konnten.

»Menschen kommen aus den verschiedensten Gründen zu uns in den Ashram«, las ich eines Tages. »Manche sind auf der Suche nach materiellen Dingen. Andere wollen geheilt werden. Hin und wieder ist aber auch einer dabei, der den brennenden Wunsch hat, Gott nahe zu sein. Solch ein Mensch ist für mich ganz besonders kostbar.«

»O Sai Baba, laß meine Motive rein sein!« betete ich inbrünstig. »Nimm alles von mir, was mich abhalten will, Gott zu suchen!«

An einem anderen Tag verglich Sai Baba sich mit einem Chirurgen, der die Unreinheiten aus unseren Herzen zu entfernen bereit war, wenn wir es ihm gestatteten.

»O Sai Baba«, flüsterte ich, »setze dein Skalpell an meinem Herzen an, auch wenn es noch so weh tut!« Ich wußte, daß ich innerlich rein sein mußte, damit Gott in mir wohnen konnte, und das wünschte ich mir mehr als alles andere auf Erden. Allerdings hatte ich keine Vorstellung davon, wie buchstäblich Sai Baba mein Gebet erhören würde.

So sehr ich Sai Baba verehrte, so bezog sich das nicht auf seine körperliche Gestalt. Wahrscheinlich war mir die Warnung der Novizinnen haften geblieben, über die äußere Form hinwegzusehen. Jeden Abend zur gleichen Zeit konnten wir von einem bestimmten Platz unseres Hotelgeländes aus Sai Baba auf seinem Grundstück umhergehen sehen. Eine Gruppe von Anhängern, gewöhnlich von Sharon angeführt, pflegte sich an dieser Stelle zu versammeln, um ihn anzubeten. Hin und wieder gesellte ich mich zwar zu ihnen, aber das geschah nicht aus voller Überzeugung. Er kam mir dann immer vor wie ein normaler Mensch, und irgendwie schien es mir verkehrt, einen Menschen anzubeten.

Ich erinnere mich an einen Darshan, bei dem mir Sai Babas Menschlichkeit ganz besonders zum Bewußtsein kam. Während er auf mich zukam, sah ich nichts anderes als einen Mann in mittleren Jahren mit einem gewaltig vorstehenden Bauch. Ich versuchte zwar, mich auf seine Göttlichkeit zu konzentrieren, weil ich mich schuldig fühlte, ihn auf diese Weise zu sehen, aber ich konnte das Bild nicht mehr loswerden.

Wenn ich mir jedoch Gott als Geist vorstellte, hatte ich keine derartigen Probleme. Eines Tages dachte ich über die Allgegenwart Gottes nach. Plötzlich sah ich reihenweise kleine Sai Babas vor mir, die sich in mein Blickfeld drängten, egal, wohin ich schaute. *So also ist das, wenn man allgegenwärtig ist,* dachte ich erstaunt.

Die Bhajans, in denen wir Sai Baba Loblieder entweder auf Telegu oder Sanskrit sangen, bereiteten mir ebenfalls Schwierigkeiten. Für mich war es beinahe unmöglich, in eine echte Anbetungshaltung hineinzukommen, wenn ich den Text nicht verstand. Sharon und ich versuchten eines Tages, diesem Problem gemeinsam zu Leibe zu rücken. Wir machten einen längeren Spaziergang zusammen; Arm in Arm marschierten wir um das ganze Dorf. Sharon sang dabei Loblieder auf Englisch, die ich Zeile für Zeile auf Hindu-Art wiederholte. Nach einiger Zeit kam noch eine weitere Anhängerin von Sai Baba dazu, die jedoch nicht lange blieb. Der Lärm, den wir veranstalteten, war ihr peinlich, und ich merkte, daß sie negativ auf Sharon reagierte. Ich dagegen bewunderte meine Freundin, weil sie keine Hemmungen kannte und ihre Verehrung für Sai Baba so offen zeigte. Sharon war stolz auf ihre spirituelle Einstellung, in der sie völlig aufging. Ich mochte sie wirklich gern. Noch wichtiger war für mich allerdings, daß dieser Spaziergang mir half, den inneren Widerstand gegen die Bhajans zu überwinden.

Ein weiteres Hindernis war für mich die Tatsache, daß ich immer im Selbstbedienungsrestaurant des Ashrams essen mußte. Es gab dort nur rein vegetarische Kost, weder Eier, Fisch noch Fleisch, und auch nur wenig Milchprodukte. Die scharfen Saucen waren mit Unmengen von Cayennepfeffer gewürzt und besaßen wenig Nährwerte. Und obwohl Sai Baba solch großen Wert darauf legte, daß die Speisen in einer Atmosphäre der Liebe zubereitet wurden, glänzte gerade diese zuweilen in unserem Ashram-Restaurant durch Abwesenheit. Ich weiß noch, wie ich einmal zwei Köche beobachtete, die sich gegenseitig beschimpften und sogar mit Fäusten aufeinander losgingen. Kein Wunder, daß das Essen so abscheulich schmeckte!

Eines Abends, während ich allein an Sharons Buch arbeitete, spürte ich, wie ein kaltes Gefühl aus meiner Magengrube aufstieg und sich nach außen verbreitete. Ich bekam es mit der Angst zu tun und ging hinüber in Sharons Zimmer. Kaum war ich eingetreten, da fing sie an zu zittern.

116

»Mensch, ich kann deine Kälte spüren«, bemerkte sie.

Sie erklärte mir, daß es sich um einen Proteinmangel handelte, und gab mir ein paar Nüsse zu essen. Das kalte Gefühl verschwand kurz darauf, aber ich fragte mich ernsthaft, ob ich weiter das Restaurantessen zu mir nehmen sollte oder nicht.

Eine weitere Folge der scharf gewürzten Kost waren unangenehme Hitzewallungen, die bei mir auftraten. Sie kamen immer häufiger, bis ich schließlich permanent darunter zu leiden hatte. Außerdem brach ich beim geringsten Anlaß in Tränen aus. Manchmal war gar kein äußerer Anlaß nötig, sondern ich hatte einfach das Bedürfnis, mir innerlich Erleichterung zu verschaffen. Andere Leute in meiner Umgebung schienen dagegen so selbstbeherrscht und gelassen zu sein. Ich sehnte mich danach, so zu sein wie sie, und hätte zu gern ihr Geheimnis ergründet.

Zur gleichen Zeit, da meine Gefühle begannen, außer Kontrolle zu geraten, nahm meine Sensitivität gegenüber anderen Menschen zu. Ob das mit dem täglichen Meditieren oder der Ernährungsumstellung zusammenhing, wußte ich nicht. Vielleicht spielte auch beides zusammen. Auf jeden Fall verspürte ich die Veränderungen in mir selbst. Wenn Leute auf mich zukamen, empfand ich ihre Wärme bzw. Kälte direkt körperlich. Das Lächeln eines Ashramiten war für mich wie ein wärmender Sonnenstrahl, doch wenn jemand mir die kalte Schulter zeigte, fing ich an zu zittern. Einmal sah ich buchstäblich eine dunkelgraue Wolke der Bedrückung über dem Kopf eines Ashramiten hängen, der am Straßenrand saß, den Kopf in die Hände gestützt. Auch wußte ich immer häufiger bereits im voraus, was jemand sagen wollte. Obwohl diese Dinge für mich etwas Außergewöhnliches darstellten, merkte ich doch bald, daß sie keineswegs einmalig waren. Viele Anhänger, die längere Zeit im Ashram verbrachten, machten ähnliche Erfahrungen. Wenn ich mich weiter in diese Richtung entwickelte, würde ich über kurz oder lang in der Lage sein, die Gedanken anderer Leute zu lesen, so wie Therese es bei mir gemacht hatte. Diese Aussicht faszinierte mich, und ich betete zu Sai Baba, er möge mir diese Fähigkeit schenken.

Eines Tages war ich schrecklich besorgt um meine Mutter. Ich mußte unbedingt mit ihr reden, also verließ ich den Ashram und rannte förmlich zum Postamt, um ein Auslandsgespräch anzumelden. Je näher ich der Post kam, um so stärker wurde das Gefühl der Dringlichkeit. Auf dem Amt wurde mir jedoch von einem Angestellten mitgeteilt, daß ein vor kurzem niedergegangenes Gewitter alle Leitungen lahmgelegt habe. *Typisch Indien!* dachte ich erbost. Es blieb mir nichts anderes übrig, als zu Sai Baba zu beten, er möge sich meiner Mutter annehmen. Nach einer Weile war das Gefühl der Besorgnis verschwunden.

Später schrieb ich meiner Mutter einen Brief, in dem ich ihr von meiner Erfahrung berichtete und sie fragte, was zu jenem Zeitpunkt bei ihr los gewesen sei. In ihrem Antwortbrief schrieb sie, daß sie sich große Sorgen um mich gemacht habe. Sie hatte an jenem Abend im Bett gelegen und an mich gedacht. An Schlaf war nicht zu denken gewesen. Doch ganz plötzlich war ihre Angst gewichen, und sie konnte ruhig einschlafen. *Sai Baba hat ihr geholfen,* war mein erster Gedanke. Im nachhinein glaube ich jedoch, daß meine Mutter eine Vorahnung von dem hatte, was mit mir geschehen würde; das war der Grund für ihre Unruhe.

Wir waren zu mehreren aus dem Westen, die im gleichen Hotel wohnten. Unsere gemeinsame Herkunft und ein gemeinsames Ziel verbanden uns, und wir teilten unsere Freuden und Nöte wie eine Familie. Ich war besonders um ein australisches Ehepaar besorgt. Manchmal starrte der Mann gedankenverloren ins Weite und hielt sich bewußt von unserer Gruppe fern. Seine Frau sah dann immer wieder mit traurigem Blick zu ihm hinüber. Eines Tages rutschte ihm versehentlich ein Röhrchen Heroin aus der Tasche und zersprang auf dem Bürgersteig direkt vor mir. Nun war es heraus! Unter Tränen schüttete mir die Frau ihr Herz aus.

»Aus diesem Grund bin ich hierhergekommen«, schluchzte sie. »Ich hatte gehofft, daß Sai Baba uns helfen würde!«

Dieses Ereignis überzeugte uns, daß es höchste Zeit für ein Gespräch mit Sai Baba war. Wir hatten bereits gemerkt, daß er meistens mit Gruppen von Leuten der gleichen Nationalität sprach. Zum Beispiel hatte er vor kurzem viel Zeit mit einer Gruppe von Italienern zugebracht. Wir beschlossen, uns als Australier und Neuseeländer zusammenzutun, einschließlich mir als einziger Kanadierin. Schließlich gehörten wir alle zum Commonwealth, war unser Argument. Ich hatte schon so viel durch Sai Baba erlebt, daß man sich kaum vorstellen konnte, daß ich noch nie persönlich mit ihm gesprochen hatte. Voller Ungeduld wartete ich auf dieses große Ereignis.

Noch etwas anderes stand uns bevor. Jeden Tag konnte Sai Baba nun in seinen Ashram nach Puttaparthi umziehen. Uns würde man das erst einen Tag vor der geplanten Abfahrt mitteilen. Die Unterhaltung in unserer Gruppe drehte sich deshalb größtenteils um zwei Dinge: das Gespräch mit Sai Baba und den bevorstehenden Umzug nach Puttaparthi. Wir saßen wie auf glühenden Kohlen. Was würde die Zukunft uns bringen?

Kapitel 13

Der Umzug

Endlich war das Warten vorüber. Die Nachricht war zu uns durchgesickert, daß wir am folgenden Tag mit Sai Baba nach Puttaparthi umziehen würden. Das bedeutete für die Gruppe in unserem Hotel, daß das Gespräch mit dem Guru erst dort stattfinden würde. Es war Freitag, der 6. November 1981. Der Ashram war von geschäftigem Treiben erfüllt. Sai Babas Anhänger packten ihre Habseligkeiten zusammen und drängten sich um Fahrkarten für die gemieteten Busse. Der Preis von 40 Rupien (ca. 5 U.S.-Dollar) pro Person erschien vielen zu hoch, und manch einer machte seinem Unmut hörbar Luft.

Mein Tagesablauf würde sich im neuen Ashram in mancher Hinsicht ändern. Zum einen hatte ich vor, vegetarische Speisen im Dorf zu kaufen und mir mein Essen selber zu kochen. Natürlich würde ich mich an die strikten Speisevorschriften von Sai Baba halten, aber ich brauchte mehr Protein und weniger scharfe Gewürze, als sie das Restaurantessen enthielt. Im stillen hoffte ich, daß Sai Baba mir durch göttliches Eingreifen den benötigten Herd beschaffen würde.

Zweitens plante ich, eine Woche der Stille zu haben, um die Stimme Gottes besser hören zu können. Ein christliches Buch hatte mich auf den Gedanken einer solchen geistlichen Disziplin gebracht. Er hatte in mir Fuß gefaßt und mir keine Ruhe gelassen, bis ich mich zu diesem Schritt entschlossen hatte. Dann wußte ich plötzlich, daß Sai Baba das schon lange von mir erwartete.

In dieser Woche der Stille hatte ich vor, die vielen Bücher durchzulesen, die ich über Sai Baba gekauft hatte. Der Gedanke an die Weisheit, die ich daraus schöpfen würde, versöhnte mich ein wenig mit der Schwere meines Gepäcks. Ich hatte mich bereits entschieden, dem schmalen Weg des Guten zu folgen, egal, was es kostete. Die Bücher würden mich daneben gewiß noch viele andere lohnende Dinge lehren.

Als wir fertig gepackt hatten, standen Sharon und ich draußen vor dem Tor und warteten auf unseren Bus. Auf einmal sahen wir eine große schwarze amerikanische Limousine aus dem Ashram herauspreschen und an uns vorbeijagen. Sai Baba zog um! Sharon fing an zu laufen, in der Hoffnung, noch einen flüchtigen Blick von ihm zu erhaschen. Doch ich blieb stehen, wo ich stand.

Eine Stunde später sollte unser Bus abfahren. Trotz der Versprechungen der Betreiberfirma war es leider kein Luxusbus. Als wir einstiegen, waren nur noch einzelne Sitzplätze frei, so daß Sharon und ich getrennt sitzen mußten.

Je länger die Fahrt dauerte, um so mehr veränderte sich draußen das Bild. An die Stelle der Erdnußplantagen trat allmählich ödes Brachland. Große Felsbrocken lagen hier und da in der zerklüfteten Landschaft verstreut, die an Zahl zunahmen, bis sie schließlich die Szene beherrschten. Ihre bizarren Formen hatten etwas Unheimliches an sich, das mich schaudern ließ. War es ein böses Omen?

Ich fühlte, wie mir das Schluchzen im Hals steckte. Mein Herz war von Angst erfüllt, die mich zu ersticken drohte. Dabei kam mir das Ehepaar an meiner Seite so gelassen vor, daß ich mich fragte, wie das möglich war.

»O Sai Baba«, betete ich leise, »hilf mir, ruhig zu werden!« Irgendwie gelang es mir tatsächlich, mich für die Dauer der Fahrt zusammenzureißen.

Nach etlichen Stunden fuhren wir unter einem großen Schild hindurch, auf dem das Reich von Bhagwan Sri Satya (»Wahrheit«) Sai Baba angekündigt wurde. Einige Kilometer weiter hieß uns ein zweites Schild, mit dem ersten identisch, willkommen. Ein seltsames Plakat in der Nähe erregte meine Aufmerksamkeit. Darauf wurden jedem, der das an den Ashram angrenzende Land kaufen würde, die schrecklichsten Folgen angedroht. Kurz danach tauchten die vertrauten Umrisse von Puttaparthi vor uns auf. Ich wußte, wir waren am Ziel.

Der Bus fuhr durch das Eingangstor des Ashrams und kam vor dem Registraturgebäude zum Stehen. Wir stiegen aus und stellten uns in einer Reihe auf, um uns unsere Unterkunft zuweisen zu lassen. Anders als in Whitefield wohnten die Ashramiten in Puttaparthi auf dem Gelände des Ashrams. Die Zimmer gehörten langjährigen Anhängern von Sai Baba, die sie während ihrer Abwesenheit an andere vermieteten. Wir konnten sie für 5 Rupien pro Tag (nicht ganz einen U.S.-Dollar) mieten. Das war gerade genug, um die Kosten für Elektrizität und Wasser zu decken.

Da Sai Babas Geburtstag in Kürze bevorstand, war es die geschäftigste Zeit des Jahres für den Ashram. Bis zu 50000 Menschen wurden erwartet, die alle die besonderen Wunder miterleben wollten, die Sai Baba an diesem Tag tun würde.

Die Wunder waren immer gleich. Das erste bestand darin, daß Sai Baba seinen Arm in ein Tongefäß steckte, das sein Diener ihm mit der Öffnung nach unten hinhielt, und dann »Vibuthi« machte, göttliche Asche, die heilende Eigenschaften besaß und Sai Baba zu seiner Berühmtheit verholfen hatte. Solange er seinen Arm in diesem Gefäß stecken ließ, so lange wuchs der Ascheberg auf der Erde. Zog er jedoch den Arm zurück, dann hörte der Fluß auf. Sai Baba wiederholte diesen Vorgang so lange, bis Vibuthi in großen Haufen rings um ihn her lag. Später sammelten seine Anhänger die Asche auf und verteilten sie in kleinen Mengen an alle, die Heilung brauchten. Um ihre Heilkraft freizusetzen, aßen die Kranken die Asche oder schmierten sie sich an die Stirn.

Das zweite Wunder bestand darin, daß Sai Baba ein oder mehrere Lingams – das phallische Symbol von Schiwa, dem Zerstörer – aushustete. Diese Lingams waren aus edlem Metall oder Stein, wie Gold, Silber, Rubin, Lapislazuli, Smaragd, Topas, Mondstein oder Opal. Der Vorgang dauerte gewöhnlich mehrere Stunden. Die Versammelten sangen Lieder, in denen Sai Baba als Schiwa gepriesen wurde, während sie warteten. Offensichtlich bereitete es Sai Baba große körperliche Beschwerden, die hühnereigroßen Sphäroide auszustoßen. Seine Körpertemperatur stieg dramatisch an, und sein Gesicht verzog sich vor Schmerzen. Howard Murphet hat diese physischen Veränderungen in allen Einzelheiten in seinem Buch *Sai Baba: Man of Miracles* (»Sai Baba: Mann der Wunder«) beschrieben.

Ich hatte gehofft, meine Woche der Stille in der Zurückgezogenheit eines Einzelzimmers verbringen zu können. Doch wie gesagt, in gut 14 Tagen würde Sai Baba seinen Geburtstag feiern, und da waren die Chancen, allein ein Zimmer zu bewohnen, äußerst gering. Es bedurfte wirklich eines besonderen Eingreifens von seiten Sai Babas, um mir das zu ermöglichen.

Der für die Verteilung der Zimmer zuständige Mann hatte soeben Janet, die ähnliche Pläne verfolgte wie ich selber, gesagt, daß sie ihr Zimmer mit Sharon teilen müsse. Nun war ich an der Reihe.

»Zimmer Nr. 315«, ordnete der Mann an. »Sie wohnen allein dort.« Ich wollte meinen Ohren nicht trauen. Sai Baba mußte es so gewollt haben! *Er ist auf meiner Seite,* dachte ich erfreut, während ich den Mietpreis für die erste Woche bezahlte.

Das war aber noch nicht alles. Kaum hatte ich mich in meinem Zimmer häuslich eingerichtet, da kam Sharon mit Janets Herd hereinspaziert.

»Hier«, verkündete sie, »Janet braucht ihn nicht. Du kannst ihn so lange benutzen, wie du hier bleibst.« Sai Baba hatte wirklich auf wunderbare Weise für alles gesorgt! Wenn ich nur innerlich zur Ruhe gelangen könnte, dann wäre die Sache perfekt!

Kurz darauf marschierten wir in den »Mandir« (Tempel), um Sai Baba während der Bhajans Loblieder zu singen. Meistens war der innere Saal schon besetzt, wenn ich kam, so daß ich auf dem Boden im Hof draußen Platz nehmen mußte. Aber an diesem Tag gelang es mir, drinnen noch ein Plätzchen zu ergattern. So konnte ich Sai Baba gut beobachten, wie er, auf seinem Thron sitzend, unsere Verehrung entgegennahm. Auch konnte ich den Text der Lieder besser verfolgen.

Während der einstündigen Lobpreis- und Anbetungszeit strömten die rhythmischen Melodien hypnotisierend dahin. Die Atmosphäre war buchstäblich mit Anbetung »geladen«. Die Musik schwoll zu einem gewaltigen Crescendo an und wurde immer noch lauter, bis mein Herz sich im Lobpreis emporschwang.

»Sai Baba!« rief ich in einem Augenblick innerer Befreiung, »ich gebe dir mein Herz mit all seiner Unvollkommenheit. Nimm es! Es gehört dir. Du kannst damit machen, was du willst!«

Im gleichen Moment verließ mich das unangenehme Gefühl der Hitzewallungen (nervlichen Überdrehtheit). Endlich empfand ich jene Gelassenheit, nach der ich mich so lange gesehnt hatte. Ich kam mir vor wie ein Vogel, der hoch oben durch die Lüfte segelt. Nie zuvor hatte ich eine solche Freiheit verspürt.

Kapitel 14

Kein Entrinnen

Bald war die Zeit der Bhajans vorüber. In einem Zustand absoluter Glückseligkeit machte ich mich auf den Weg ins Dorf, um Lebensmittel einzukaufen. Ich scherzte mit den indischen Ladeninhabern und freundete mich sofort mit ihnen an. Jetzt, da die innere Hitze und Überspanntheit verschwunden waren, fühlte ich mich wunderbar ruhig und gelassen.

In mein Zimmer zurückgekehrt, fing ich an, meine Einkaufstüten und Pakete auszupacken. Ich war total entspannt – so entspannt wie noch nie zuvor in meinem Leben. Die Mattigkeit nahm zu, bis sie mich vollkommen überwältigte. Als ich damals in Darjeeling das Opium genommen hatte, war ich so träge geworden, daß ich zwölf Stunden lang, ohne mich zu bewegen, auf meinem Bett gelegen hatte. Doch die Trägheit, die mich jetzt übermannte, war bei weitem größer. Ich konnte mich in keiner Weise dagegen wehren. Ich mußte meine Tätigkeit unterbrechen und mich einfach fallen lassen.

Ich lag auf dem Fußboden, die Arme in der Form eines Kreuzes von mir gestreckt. Mehrmals versuchte ich aufzustehen, aber irgend etwas hielt mich am Boden fest. Plötzlich spürte ich, wie eine Kraft, ähnlich einem sanften elektrischen Strom, über mich kam und in mich hineinfloß. Unwillkürlich mußte ich an Mutter Teresa denken. Sie hatte uns damals von einem Schlüsselerlebnis berichtet, bei dem sie ihr Ich vollkommen dem gekreuzigten Jesus ausgeliefert hatte und mit Ihm eins geworden war. Ich hatte das Gefühl, eine ähnliche Erfahrung zu machen.

Nach geraumer Zeit ebbte der elektrische Strom, der durch meinen Körper floß, ab. Die Mattigkeit verschwand, und ich konnte wieder aufstehen. Ich wußte, daß eine Veränderung in mir stattgefunden hatte, doch als ich in den Spiegel schaute, blickte mir genau dasselbe Gesicht entgegen wie vorher. Auch sonst kam ich mir ganz normal vor. Verwirrt wandte ich mich wieder meiner Arbeit zu und fing an, meine Kleider für die Wäsche zu sortieren.

Ganz plötzlich tauchte das Bild Sai Babas vor mir auf. Sein Gesicht hatte jedoch nicht die entfernteste Ähnlichkeit mit dem liebevollen Guru, den ich bis jetzt kennengelernt hatte. Es war finster und furchterregend und glühte wie Kohle.

»Hahaha«, lachte er höhnisch, »du hast dich dem Teufel übergeben!«

Das Seltsame an der Sache war, daß seine Stimme nicht von seinem Bild kam, sondern aus meinem Innern. Sai Babas Geist hatte in mir Wohnung genommen! Er erfüllte mein ganzes Sein und war entschlossen, mich zu vernichten. Im gleichen Moment war mir alles klar. Ich wußte nun, woher Sai Babas unglaubliche Kräfte kamen: Er stand mit den bösen Mächten im Bund!

Der Ashram erschien mir plötzlich als Inbegriff der Hölle und seine Bewohner als deren Statthalter, die ihre teuflische Arbeit ausführten. Der Gedanke flößte mir Furcht ein. Wußten die verantwortlichen Leiter, was sie taten? Einige wahrscheinlich schon. Mich schauderte bei dem Gedanken, daß jemand sich bewußt für das Böse entscheiden konnte.

Ich krümmte mich innerlich vor Entsetzen. Was hatte ich bloß getan? Die Bibel hatte tatsächlich recht, wenn sie das Nebeneinander von Gut und Böse so klar aufzeigte. Wie dumm von mir, die Realität der dunklen Seite nicht erkannt zu haben! Jetzt stand ich ihr Auge in Auge gegenüber. Ich griff nach meinem Neuen Testament, umklammerte es mit beiden Händen und fiel, bitterlich weinend, auf die Knie.

»O Gott, vergib mir!« schluchzte ich. »Ich bin getäuscht worden! Ich wußte nicht, was ich tat, wirklich nicht!« Die Worte der schottischen Missionarin fielen mir wieder ein. »Jesus ist der einzige Weg zu Gott«, hatte sie gesagt und ihre Behauptung mit der Bibel untermauert. Zum ersten Mal, seit ich mich auf die geistliche Suche begeben hatte, war ich bereit, persönlich an Jesus zu glauben.

Voller Abscheu warf ich Sai Babas Bücher an die Wand, stopfte meine Habseligkeiten in meinen Rucksack und rannte aus der Tür, ohne mich weiter um die soeben gekauften Nahrungsmittel und die in einem Eimer eingeweichte Wäsche zu kümmern. Ich mußte unbedingt fort von hier!

Sharon begegnete mir im Korridor. »Was ist denn mit dir los?« rief sie erstaunt.

»Sai Baba ist nicht Gott!« schrie ich. »Er ist der Teufel!« Sharon trat einen Schritt auf mich zu und wollte mich beruhigen.

»Bleib mir ja vom Leibe!« brüllte ich. Ohne Zweifel wurde sie auch von Sai Baba manipuliert. Man konnte keinem Menschen in diesem Ashram mehr trauen. Janet war inzwischen ebenfalls dazugekommen. Ihr Gesicht spiegelte offene Bestürzung wider.

»Laßt mich, ich muß tun, was ich tun muß!« fügte ich in etwas leiserem Ton hinzu und lief eilig die Treppe hinunter.

Da ich mich unwissentlich dem Teufel verschrieben hatte, war mir klar, daß ich mich nur an Jesus wenden konnte, um Hilfe zu bekommen. Und der einzige Weg, um Ihn zu finden, war meines Wissens die Kirche. Ich rannte also aus dem Ashram hinaus auf die Dorfstraße, wo ich einen Vorübergehenden nach der nächsten Kirche fragte.

»Es gibt keine Kirche in diesem Ort, nur den Tempel«, gab er mir zur Antwort und deutete dabei in Richtung Ashram. Als er sich anschickte, mich hinzuführen, prallte ich erschrocken zurück.

Wie dumm von mir, zu glauben, ich könne hier in der Nähe eine Kirche finden! Schließlich befand ich mich im »Reich des Satya Sai«, wie auf den beiden Schildern deutlich genug zu lesen gewesen war.

Wenn ich eine Kirche aufsuchen wollte, mußte ich nach Bangalore fahren, fünf Stunden entfernt mit dem Bus. Wie sollte ich jetzt am Abend dorthin kommen? Es war gegen 20 Uhr. Der Bus war bereits weg, und der nächste würde erst am folgenden Abend fahren. Mir fielen die Taxen ein, die gewöhnlich im Eingangsbereich des Ashrams parkten, und ich bat einen Inderjungen, mir eines zu besorgen. Während ich darauf wartete, kam mir jedoch der Gedanke, daß der Fahrer sehr wohl von Sai Baba instruiert sein und entsprechend mit mir verfahren könne. Wie, wenn er mich gar nicht nach Bangalore bringen würde? In mir hörte ich klar und deutlich Sai Babas Stimme, die mich verwirrte. Ich bezweifelte, ihr entfliehen zu können. Als das Taxi kam, drückte ich dem Fahrer einen Zehn-Rupien-Schein in die Hand und erklärte ihm, ich hätte es mir anders überlegt. Ich wollte lieber zu Fuß gehen.

Mein schwerer Rucksack machte mir zu schaffen, als ich mich auf den Weg machen wollte. Mein ganzes Seelenheil stand auf dem Spiel! Mit dem Teufel in mir konnte ich für alle Ewigkeit verdammt sein. Das Dilemma, in dem ich mich befand, war so groß, daß äußerste Eile geboten schien. Der Wert meines Eigentums kam mir unbedeutend vor, verglichen mit dem Gedanken, wieviel schneller ich ohne diese Last laufen konnte. Ohne Zögern ließ ich den Rucksack fallen und rief dem Taxifahrer zu, er solle den Inhalt unter den Armen verteilen. Außer meiner Gürteltasche mit Geld und Papieren nahm ich nichts weiter mit als mein Neues Testament.

In der Dunkelheit der Nacht hastete ich über die Straße, ohne Sai Babas Stimme in mir überhören zu können, die mich pausenlos versuchte.

»Willst du meine Kraft nicht haben? Ich gebe dir meine Erkenntnis!« Ich weigerte mich, seinen Worten irgendwelche Beachtung zu schenken. Als er merkte, daß er so nichts ausrichten konnte, versuchte er es auf eine andere Art.

»Glaubst du wirklich, du würdest lebendig hier herauskommen? Niemals! Du weißt viel zuviel!« Angst überkam mich, doch ich wußte, ich mußte weiter!

Zwischendurch vernahm ich noch eine andere Stimme. Sie war sehr leise und kaum zu verstehen:

»Bleib auf dieser Straße!« flüsterte sie mir zu. »Geh einfach weiter, bis du zu den Schildern kommst!« Die Schilder, das war mir klar, markierten die Grenzen von Sai Babas Reich. »Diese Strafe ist pure Einbildung. Nichts kann dir Schaden zufügen, solange du den Namen Jesu Christi anrufst!« Es waren tröstliche Worte. Ich erkannte, daß sie aus einer Quelle stammten, die nichts mit Sai Baba zu tun hatte. Deshalb entschloß ich mich, ihnen Glauben zu schenken.

Die mondhelle Landschaft sah unwirklich und furchterregend aus. Menschen kamen auf mich zu, als wollten sie mir den Weg verstellen. Erst in letzter Minute, so schien es in dem trüben Dämmerlicht, gingen sie auseinander, um mich durchzulassen. Als ich um eine Kurve bog, fingen plötzlich ein paar Hunde an zu bellen. Ihre gespenstisch wirkenden Umrisse ließen mich unwillkürlich an böse Geister denken. Dann kam ein Ochsenwagen an mir vorbei. Der Fahrer bot mir an, mich mitzunehmen. Ich tat so, als hätte ich nichts gehört. Dies war Sai Babas Reich. Er beherrschte sowohl das Gelände als auch die Menschen, die darauf wohnten.

Nun kam ich an einem Teich vorbei. »Setz dich hin und ruhe ein wenig aus!« redete mir Sai Baba gut zu. »Spürst du nicht, wie still es hier ist?« Hastig ging ich weiter. »Sobald du das Krankenhaus erreichst, wirst du deinen ersten Anfall von Tollwut erleben. Es wird ein langsames, qualvolles Sterben sein!« Das, wovor ich mich innerlich am meisten fürchtete, wurde zur Zielscheibe seiner heftigen Angriffe. Immer wenn seine Stimme allzu laut wurde, fing ich an, laut den Namen Jesu Christi anzurufen, während ich mit unvermindertem Tempo weiterging und dabei meine Bibel fest umklammert hielt. Ich fühlte mich mit Jesus verbündet, der ja ebenfalls vom Teufel versucht worden war. Doch im Gegensatz zu Ihm hatte ich das Gefühl, die Sache nicht bis zum Ende durchstehen zu können. Gewiß, ich rief Seinen Namen an, aber wo war Er?

»Es gibt hier keinen Jesus«, lachte Sai Baba mich aus.

Wenn ich erst die Schilder hinter mir gelassen hatte, würde ich außerhalb von Sai Babas Reich und damit seinem Zugriff entzogen sein. An diese Hoffnung klammerte ich mich mit aller Macht. »Bist du sicher, daß Christus dir helfen wird?« spottete Sai Baba. »Bilde dir bloß nichts ein! Es wird überhaupt nichts passieren.«

Schließlich kam ich zum ersten Schild. An diesem Punkt teilte sich die Straße, und ich blieb verwirrt stehen. Das zweite Schild war einige Kilometer von hier entfernt, aber ich wußte nicht, welchen Weg ich einschlagen mußte, um dorthin zu kommen. Es war reine Vermutung, daß ich mich nach links wandte. »Haha«, lachte Sai Baba, »du begibst dich noch tiefer in mein Reich hinein. Welcher Weg ist es? Das weißt du nicht, haha!« Ich lief zurück und schlug den Weg nach rechts ein. »Dieses mein Reich hat überhaupt kein Ende«, hörte ich Sai Babas Stimme. »Du wirst nie mehr hinauskommen, sondern permanent im Kreis laufen, bis du zusammenbrichst. Du wirst bald genug aufhören, den Namen Jesu Christi anzurufen.« Hoffnungslosigkeit und Verzweiflung erfüllten mein Herz. *Lange halte ich das nicht mehr aus,* dachte ich. Meine Kehle war wie ausgedörrt von dem vielen Rufen.

Auf einmal merkte ich, daß ich immer noch die religiösen Schmuckstücke an mir trug. Früher waren sie für mich das Zeichen der Einheit aller Religionen gewesen. Doch nun verspürte ich direkt einen Widerwillen gegen sie. Ich mußte mich von jeder Verbindung mit dem Bösen freimachen. Ich zog das Sikh-Armband ab, riß mir die Hindu-Kette vom Hals und warf sie zusammen mit dem Medaillon, das den Schutz der »Mutter« enthielt, in die Büsche. Doch obwohl ich froh war, das ganze Zeug los zu sein, verspürte ich deswegen noch keine Erleichterung. Erst später fiel mir auf, daß ich ja den Ring noch trug, den Jean, der Kanadier mit dem bösen Blick, mir gegeben hatte. Obwohl meine Hände mittlerweile ziemlich stark angeschwollen waren, war ich fest entschlossen, den Ring abzuziehen, selbst wenn mein Finger dabei abgerissen wurde. Mit größter Anstrengung gelang es mir schließlich, den Ring vom Finger zu ziehen. Ich warf ihn so weit weg, wie ich nur konnte.

Augenblicklich spürte ich, wie eine Last von meinen Schultern abfiel. Die Hoffnungslosigkeit und Verzweiflung, die mich niedergedrückt hatten, wichen, und ich schöpfte neue Hoffnung. Ich sah, wie die dunklen Wolken am Himmel sich vorübergehend teilten und einen schwachen Lichtschein durchließen. Um mich herum verspürte ich eine andere Gegenwart, bereit, mir zu helfen. Von nun an schien der Kampf ausgewogener zu verlaufen, weil zwei verschiedene Mächte um meine Seele rangen. Sogar die Straße wurde zu einem Symbol dieser Zweiheit. Die linke Seite verkörperte das Böse, die rechte das Gute. Ich bemühte mich, so weit rechts zu bleiben wie nur möglich. Auf keinen Fall wollte ich mich mehr der Herrschaft Sai Babas unterwerfen. Zwar wohnte sein Geist in mir, aber er sollte in mir keinen willigen Untertan finden. Mit allen Kräften leistete ich ihm Widerstand. Um mich endlich »kleinzukriegen«, versuchte er es auf andere Weise. Er bot mir an, mich zu belehren.

In einer langen Rede erklärte mir Sai Baba, was sich damals im Garten Eden zugetragen hatte. Die Geschichte vom Sündenfall ging mir dabei zum ersten Mal richtig auf. Ich staunte über den tiefen Sinn, der sich dahinter verbarg. Obwohl ich die Einzelheiten schon bald darauf wieder vergessen hatte, war ich überzeugt, unwissentlich von der Frucht des Baumes der Erkenntnis von Gut und Böse gegessen zu haben. Ich hatte ein Gefühl wie das erste Menschenpaar unmittelbar nach dem Sündenfall. Das einzige Heilmittel, das ich mir vorstellen konnte, war eine zweite Taufe. Die leise, kaum vernehmbare Stimme gab mir die Zusicherung, sobald ich eine Kirche gefunden hätte, würde der Pastor mich taufen, ohne lange nachzufragen.

Inzwischen hatte es zu regnen begonnen. Mir war furchtbar kalt in meiner kurzärmeligen Bluse und den dünnen Riemchensandalen. Schutzsuchend lief ich querfeldein auf einen Schuppen zu und trat in der Dunkelheit versehentlich in die Dornen. Mit schmerzverzerrtem Gesicht humpelte ich weiter.

»Du bist, was du zu sein glaubst«, fuhr Sai Baba mit seiner Belehrung fort. »Wenn du glaubst, Gott zu sein, dann bist du Gott. Wenn du meinst, von den Dornen verletzt worden zu sein, dann bist du verletzt. Wenn du denkst, es sei dir kalt, dann ist dir kalt. Für dich ist dies der Anfang eines neuen Lebens. Du bist jetzt nicht mehr dem Karma (»Schicksal«) unterworfen, sondern kannst tun und lassen, was du willst. Du gestaltest dein Karma selbst.« Das einzige, was mich interessierte, war, so weit wie möglich auf der guten Seite zu bleiben.

Ein Hund fing wie wild an zu knurren, als ich mich dem Schuppen näherte. Mit Sai Babas Gegenwart in mir hatte ich meine persönliche Identität verloren. Mein Selbstvertrauen war völlig zerstört, und ich schlich beschämt davon. Ich hatte kein Recht, dort zu sein! In der größten Finsternis kurz vor Tagesanbruch kam ich schließlich an ein Haus und kauerte mich unter dem überhängenden Dach zusammen, wo ich sehnsüchtig auf den neuen Tag wartete.

»Wenn dir kalt ist«, fuhr Sai Baba mit seinen Instruktionen fort, »denk an die Wärme in deinem Innern. Stell dir vor, wie sie nach außen strahlt und dich ganz einhüllt.« Ich zitterte vor Kälte, und seine Anweisungen schienen mir logisch zu sein. Gewiß würde es nicht schaden, ihnen zu folgen. Nachdem ich es etliche Male versucht hatte, merkte ich, daß es funktionierte. Ich fühlte mich durch und durch warm, obwohl ich völlig durchnäßt war. Damit kam er zur nächsten Lektion. »Wenn du dich naß fühlst, stell dir vor, du seist von einer Mauer umgeben, die wasserundurchlässig ist.« Das war zwar schon etwas schwieriger, aber schließlich gelang es mir, mich trocken zu fühlen. Ein Hund fing an zu bellen. »Tu so, als könne er dich nicht sehen!« Ich gehorchte, und der Hund lief fort.

Langsam wurde es hell. Ich stellte fest, daß ich mich am Rand einer kleinen Stadt befand. Ein paar Leute waren bereits auf und gingen ihrer Beschäftigung nach. Als die Eigentümer des Hauses, unter dessen Dach ich Schutz gesucht hatte, mich entdeckten, jagten sie mich fort. Traurig ging ich weiter und spürte von neuem die Kälte in mir hochkriechen. Über eine Brücke gelangte ich ins Stadtzentrum. Beim erstbesten Haus, das ich fand, hielt ich an und fragte, ob ich mich ein wenig aufwärmen dürfe. Es war eine Schreinerwerkstatt, und die Familie trank gerade Kaffee. Ich wurde eingeladen, mich auf die Bank zu setzen und mitzutrinken. Mit Jutesäcken zugedeckt, fühlte ich mich langsam wieder besser.

Solange ich mich mit der Familie, die nur gebrochen Englisch sprach, unterhalten konnte, war ich wieder ganz ich selbst, doch sobald Schweigen eintrat, verfolgte mich von neuem Sai Babas Stimme und brachte mich schier zur Verzweiflung. »Jetzt, da du dich außerhalb des Karmas befindest, ist es völlig gleichgültig, was du tust. Selbst wenn du gut bist, wirst du merken, daß die Menschen ganz wahllos darauf reagieren.« Wie um seine Worte zu bestätigen, reichten mir meine Gastgeber Zahnpulver und Wasser in einem Gefäß, aus dem die Inder tranken, ohne es mit den Lippen zu berühren. Leider beherrschte ich diese Technik nicht, so daß ich sehr viel Wasser verschüttete. Die Frau warf mir einen vernichtenden Blick zu. »Siehst du? Es hat gar keinen Zweck, gut zu sein«, belehrte mich Sai Baba.

Auf der Bank lag ein Stück Stoff, groß genug, daß ich mich darin einhüllen konnte, um warm zu werden. Sai Baba wußte, was ich dachte. »Los, nimm den Stoff!« forderte er mich auf. »Du brauchst ihn dringender als die Leute hier, und sie werden es wahrscheinlich nicht einmal merken. Schließlich befindest du dich außerhalb des Karmas.« Es war eine echte Versuchung, aber ich widerstand ihr erfolgreich, weil ich mich bereits früher entschlossen hatte, dem Guten zu folgen, auch wenn es noch so schwer war. Selbst wenn dieser Weg keine positiven Ergebnisse mehr zeitigte, ließ mein Gewissen doch nichts anderes zu.

Inzwischen hatte ich intensiv nachgedacht. Die zwei Rupien in meiner Tasche würden gerade für eine Mahlzeit ausreichen, aber in dieser Stadt mußte es bestimmt eine Bank geben. Sobald sie offen war, würde ich einen Reisescheck in indische Währung umtauschen. Ich verließ die Schreinerwerkstatt und kaufte mir unterwegs einen proteinlosen Imbiß und zwei Tassen Kaffee, die ich mit den beiden Geldmünzen bezahlte. Die Bank befand sich an der Hauptstraße und war leicht zu finden. Mit neu erwachter Zuversicht ging ich hinein, um dem Manager mein Anliegen vorzutragen.

»Es tut mir leid, aber da müssen Sie nach Puttaparthi fahren«, informierte er mich. »Wir tauschen hier kein Geld um. Das lohnt sich in solch einer Kleinstadt nicht.«

»Aber was soll ich denn machen? Ich habe überhaupt kein indisches Geld!« protestierte ich.

»Ich will Ihnen was sagen«, erwiderte er. »Nehmen Sie dieses Geld! Es reicht für eine Busfahrkarte nach Puttaparthi.« Mit diesen Worten gab er mir einen 5-Rupien-Schein.

»Und was ist mit Anantapur?« wollte ich wissen. Ich hatte mich inzwischen orientiert und festgestellt, daß ich in der Nähe dieser etwas größeren Stadt sein mußte.

»Jawohl, dort können Sie auch Geld umtauschen, aber es ist weiter als nach Puttaparthi. Sie werden es nicht dorthin schaffen, bevor die Bank zumacht.« Damit war die Sache für ihn erledigt. Ich nahm das Geld und ging verzagt hinaus. *Sai Baba arbeitet sogar mit der Indischen Bank zusammen,* dachte ich mutlos. *Er will mich unbedingt nach Puttaparthi zurückholen.* Das war wirklich der allerletzte Ort, den ich je wiedersehen wollte.

Über der Beschäftigung mit dem Geld hatte ich ganz vergessen, daß ich mich taufen lassen wollte. Doch jetzt wandte ich mich dieser Angelegenheit mit neuerwachtem Eifer zu. Ein Passant zeigte mir den Weg zur nächsten Kirche.

»Kann ich Ihnen irgendwie behilflich sein?« fragte mich ein Angestellter im Gemeindebüro. Ich erklärte ihm, daß ich Christ werden und mich taufen lassen wolle. Er strahlte über das ganze Gesicht und gab einem Jungen den Auftrag, den Pastor zu holen. Während wir auf sein Erscheinen warteten, plauderte der Mann mit mir. Dabei fühlte ich mich jedoch immer unbehaglicher. Sein Lächeln kam mir direkt gehässig vor, und sein Gesicht war schrecklich anzusehen, wie das Böse in Person. Am liebsten wäre ich davongelaufen. Doch ich bezwang mich und versuchte, ruhig sitzen zu bleiben. Es blieb mir nichts anderes übrig, als die Sache durchzustehen.

Schließlich kam der Pastor. Ich erklärte ihm, daß ich eine frühere Anhängerin von Sai Baba sei, aber den Ashram verlassen hätte, als ich feststellte, daß der Guru böse sei. Jetzt wolle ich Christ werden und mich taufen lassen.

»Wir wissen hier alle, daß Sai Baba böse ist«, bestätigte der Pastor zu meiner Überraschung. »Wir wollen absolut nichts mit ihm zu tun haben!« Ohne viel weitere Worte legte er mir die Hände auf den Kopf und schritt anschließend zur Taufe.

Was dann geschah, kam für mich völlig unerwartet. Kraft floß durch die Hände des Pastors aus meinem Körper hinaus. Meine Hände vibrierten wie eine Stimmgabel. Ich versuchte, an der Stuhllehne Halt zu finden, aber auch das gelang mir kaum. Dieser Strom nach draußen wurde stärker, bis ich ihn im ganzen Körper spürte, besonders in der Magengegend. Die Muskeln dort verkrampften sich derart, daß ich beinahe damit rechnete, mein Leib würde durch die geballte Kraft in Stücke gerissen werden. Ich zitterte am ganzen Körper und konnte nichts dagegen machen.

»Lieber Herr, hilf dieser Frau in ihrer Qual«, betete der Pastor, während ich laut schrie. Durch den Lärm angelockt, eilten Leute herbei. Sie drängten sich in der Tür und schauten fasziniert zu. »Ach, das arme Ding«, murmelte der Pastor vor sich hin. Langsam wurde das Zittern weniger, und der Pastor schickte sich an, die Hände von meinem Kopf zu nehmen.

»Nicht loslassen, Pater«, flehte ich, »es ist noch nicht zu Ende!« Zum zweiten Mal spürte ich, wie Kraft durch die Hände des Pastors floß, dieses Mal jedoch in mich hinein. Wieder verkrampfte sich mein Magen, und ich zitterte von Kopf bis Fuß.

Dann wurde ich ruhiger. Der Strom nahm an Intensität ab. Auf einmal kam mir ein furchtbarer Gedanke: Der Pastor, durch dessen Hände die böse Macht mich verlassen hatte, war jetzt selber vom Bösen infiziert. Ich konnte ihm nicht mehr trauen. Ich mußte auf schnellstem Wege fort von hier! Mit immer noch zitternden Händen erhob ich mich.

»Vielen Dank, Pater!« murmelte ich, »ich muß jetzt gehen.« Der Pastor machte eine Bewegung, als wolle er mich festhalten. »Fassen Sie mich nicht an!« schrie ich. So schnell ich konnte, verließ ich die Kirche, ohne an das Geld zu denken, das der Bankmanager mir gegeben hatte. Der Pastor und sein Assistent rannten hinter mir her und baten mich inständig zu bleiben, aber ich nahm keine Notiz von ihnen.

Höchstens 50 Meter von der Kirchentür entfernt, gaben plötzlich meine Beine unter mir nach. Ich hatte keinerlei Kraft mehr, sondern fiel mit dem Gesicht zuerst auf den Gehweg, die Arme kreuzweise von mir gestreckt. *Das ist das Ende,* dachte ich, *jetzt muß ich sterben! Dies ist der Preis für das, was ich getan habe!*

Mahatma Gandhi pflegte zu sagen, man solle mit dem Namen Gottes auf seinen Lippen sterben, deshalb wiederholte ich fortwährend leise den Namen Christi. Menschen liefen an mir vorbei. Einige bückten sich, um mich zu betasten. Jemand hob meine Hand hoch und kontrollierte den Puls. Der Schließmuskel meiner Blase versagte. *Wenn ich tot bin,* dachte ich, *werde ich endlich die Wahrheit wissen.*

»Die Wahrheit ist: Du wirst lebendig begraben werden und jeden einzelnen Biß der Würmer und Maden verspüren, die deinen Körper langsam, aber sicher auffressen!« Es war die Stimme Sai Babas in meinem Innern. Es hatte sich überhaupt nichts geändert! Die Taufe war wirkungslos geblieben. Sai Baba beherrschte nach wie vor meinen Körper und nahm mir jegliche Lebenskraft. Ich war ein Spielball seines Willens.

»Wenn du im Grab liegst, wird deine Seele vor lauter Qual die Erde aufwerfen, und du wirst in alle Ewigkeit keine Ruhe finden.« *Das ist also die Hölle,* dachte ich, *wie schnell bin ich dorthin gekommen!* Im Geist sah ich bereits meinen Grabstein, durch heftige Zuckungen auseinandergerissen, so wie ich es einmal in einem Horrorfilm gesehen hatte. Menschlich gesprochen, gab es absolut keinen Ausweg aus diesem Dilemma!

Kapitel 15

Ein Katz-und-Maus-Spiel

So unvermittelt, wie die Ohnmacht mich ergriffen hatte, verließ sie mich auch wieder. Ich konnte mich aufsetzen und griff gierig nach einem Trunk Wasser, den man mir reichte. Es schmeckte köstlich! Jeder Schluck war eine Erquickung, die direkt aus der Quelle des Lebens zu kommen schien. Als ich jedoch merkte, daß der freundliche Spender zur Kirche gehörte, war ich entsetzt. Dem Pastor, der, wie ich meinte, jetzt selber vom Bösen Sai Babas infiziert war, konnte man nicht mehr trauen. Auch keinem anderen aus seiner Kirchengemeinde. Abrupt hörte ich auf zu trinken, rappelte mich hoch und lief dann, so schnell ich konnte, davon, während die Menge erstaunt und verwirrt zurückblieb.

»Also, du wirst doch nicht lebendig begraben! Dieses Schicksal wird jetzt den Pastor treffen, weil er dir geholfen hat. Allerdings weiß er noch nichts davon. Wenn er es erst gewahr wird, wird er dich in alle Ewigkeit verfluchen. Es sei denn, du meldest dich freiwillig an seiner Stelle . . .«

»Niemals!« protestierte ich laut. Schuldgefühle durchbohrten mein Herz wie ein spitzer Dolch, als ich mir vorstellte, daß der arme Pastor an meiner Stelle so furchtbar gepeinigt werden sollte. Doch ich war zu feige, um den Platz mit ihm zu tauschen. *Ich werde niemals Frieden haben!* stöhnte ich, von Sai Baba in die Enge getrieben.

»Nun gut, da du dich nicht freiwillig stellst, wird dein Karma von jetzt an das eines Einfaltspinsels sein. Du wirst durch Indien ziehen, deine Bibel an dich pressen und permanent den Namen Christi anrufen, um meine Gegenwart aus deinen Gedanken zu verbannen. Deine Mutter und K-san werden hierher kommen, dich in diesem Zustand sehen und zutiefst bedauern. Weißt du übrigens, daß K-san momentan in Kalkutta ist? Er brennt darauf, dich wiederzusehen.«

Gegen meinen Willen nahm ich tatsächlich die genannte Rolle an. Ich fing an, wie eine Ente zu watscheln, die Bibel fest an meine Brust gedrückt. »Vielleicht sollte ich nach Kalkutta zurückgehen«, dachte ich. »Bei Mutter Teresa finde ich jederzeit Arbeit.« Im gleichen Atemzug verwarf ich diesen Gedanken jedoch wieder. Was würde K-san von mir denken? Auf keinen Fall durfte er mich so sehen!

Inzwischen hatte sich eine Traube von Kindern gebildet, die hinter mir herliefen. Sie ahmten meine Bewegungen nach und amüsierten sich dabei köstlich. Das Spiel dauerte so lange, bis ich sie energisch wegscheuchte. Noch eine geraume Weile konnte ich ihr Gelächter in der Ferne hören. Dann war ich wieder allein.

Nach einiger Zeit kam ich an einen Fluß am Rande der Stadt. Es schien ein ruhiges Fleckchen Erde zu sein, und das Wasser sah einladend aus. In voller Kleidung stieg ich hinein. Während ich mich badete, sah ich, wie der Schmutz sich langsam in dem lauwarmen Wasser auflöste. Endlich fühlte ich mich wieder einigermaßen wie ein Mensch! Anschließend streckte ich mich zum Trocknen auf einem flachen Felsen am Ufer aus. Die Stille um mich her wirkte einschläfernd. Für wenige Augenblicke war ich wieder ein ganz normaler Tourist, der in einer ganz normalen Welt lebte und sich an den wärmenden Strahlen der Sonne erfreute.

Zwischenzeitlich hatte sich der Himmel bezogen. Die Sonne verschwand hinter dunklen Wolken, und es fing an zu nieseln. Unwillkürlich zitterte ich in meinen nassen Kleidern.

»Denk daran, du hast in Puttaparthi eine Menge warmer Sachen zum Anziehen«, flüsterte Sai Baba in meinem Innern.

»Laß mich in Ruhe!« rief ich, von seinen Worten jäh aus meinen Träumen gerissen. »Ich gehöre jetzt zu Christus!«

»Das bildest du dir nur ein«, kam die Antwort. »Wo ist er denn? Vergiß nicht, du bist hier in *meinem* Reich!«

»Nun, wie ist es?« fuhr er fort. »Übernimmst du freiwillig die Stelle des Pastors?« *Um keinen Preis der Welt lasse ich mich dazu überreden, eine solch schreckliche Strafe auf mich zu nehmen,* dachte ich, *selbst wenn ich sie wirklich verdient habe!*

Oh, wie sehnte ich mich nach Ruhe und einem warmen, trockenen Plätzchen! Aber die Schuldgefühle quälten mich, bis ich es fast nicht mehr aushalten konnte. Ich sprang auf und lief blindlings drauflos. Fort, nur fort!

Doch Sai Baba dachte nicht daran, mich in Ruhe zu lassen. Von Zeit zu Zeit überfiel mich wieder diese lähmende Ohnmacht, und ich sank kraftlos zu Boden. Sai Baba besaß die absolute Kontrolle über meinen Körper. Zum Glück dauerten die Schwächeanfälle immer nur kurze Zeit. Dann hatte ich genügend Kraft gesammelt, um aufstehen und meine Wanderung fortsetzen zu können. Inzwischen watschelte ich zwar nicht mehr wie eine Ente, aber ich legte andere, nicht weniger groteske Verhaltensweisen an den Tag. Sai Baba wollte mich einfach mürbe machen; er spielte mit mir wie die Katze mit der Maus. Ich war wie eine Marionette in seiner Hand.

Einmal, als ich wieder bewegungsunfähig auf dem Gras saß, kam ein Inder vorbei.

»Was ist los?« wollte er wissen.

Ich versuchte erst gar nicht, ihm zu antworten. Wie konnte ich ihm erklären, was mit mir los war? Er würde mich sowieso nicht verstehen.

»Sie sollten etwas essen«, fuhr er fort. Als ich immer noch nicht antwortete, zuckte er gleichgültig die Schultern. Ich wich bewußt dem verständnislosen Blick seiner Augen aus. Achselzuckend ging er schließlich weiter. *Am besten sollte ich jeden Kontakt mit Menschen vermeiden*, dachte ich bei mir.

Als ich schließlich aufstand, um weiterzugehen, sah ich in einiger Entfernung eine Gruppe von Arbeitern auf mich zukommen. Ich schlug die Augen nieder, um sie nicht ansehen zu müssen, während sie an mir vorbeigingen. Als ich sicher war, daß genügend Zeit verstrichen war, blickte ich wieder auf. Wie erstaunt war ich, die Männer immer noch an der gleichen Stelle zu sehen, obwohl sie kräftig ausschritten. Die Zeit, die nach meiner Erfahrung verstrichen sein mußte, war in Wirklichkeit überhaupt keine Zeit gewesen.

»Es gibt hier keine Zeit«, lachte Sai Baba mich aus, »du bist schon in der Ewigkeit!«

Die ganze Landschaft machte einen Eindruck, als sei sie erstarrt. Die Zeit schien stillzustehen. Die Sekunden dehnten sich zu Stunden – endlos. Durch die Kälte war ich wie betäubt. Außer dem kleinen Imbiß hatte ich den ganzen Tag noch nichts gegessen. Die Dornen in meinen Füßen schmerzten unerträglich. Und was das Schlimmste war: Es war kein Ende abzusehen! Ob so die Hölle aussah? Eine wunderschöne Welt umgab mich. Einmal war sie mir ganz nahe gewesen, aber nun war sie in unerreichbare Fernen gerückt. Ich sehnte mich danach, den Kontakt mit ihr zurückzugewinnen, aber ich wußte, daß alles nur eine Illusion war. Die Realität lag in meinen Gedanken.

Ich war verzagt und mutlos, unfähig, die Qual noch länger zu ertragen. »Okay, okay, du hast gewonnen!« rief ich schließlich in meiner Verzweiflung. »Ich bin bereit, an Stelle des Pastors zu gehen!«

»Das geht nicht!« verkündete Sai Baba triumphierend, »das ist das Schicksal des Pastors!« Seine unerwarteten Worte jagten mir eine Gänsehaut über den Rücken. Was würde er als nächstes von mir verlangen?

Plötzlich wechselte das Spiel. »Ich möchte, daß du einen Stein nimmst und damit einen der Feldarbeiter tötest. Dann können wir unsere Kräfte vereinigen und gemeinsam wirken. Du wirst sozusagen meine Sonderbeauftragte.« Der Gedanke versetzte mich in Panik. *Keine Macht der Welt kann mich zwingen, so etwas zu tun,* dachte ich. *Lieber laufe ich weiter, bis ich vor Erschöpfung umfalle.*

Wieder und wieder kam Sai Baba mit dem gleichen Vorschlag. »Beeil dich«, drängte er, »wir haben nicht den ganzen Tag Zeit!« Seine Stimme verriet Ungeduld. Einige Augenblicke später jedoch lenkte er ein: »Du kannst es auch im Schutz der Dunkelheit tun, wenn dir das lieber ist.« Niedergeschlagen ging ich weiter. Meine geschwollenen Füße machten mir zu schaffen. Kleine Steine lagen am Wegrand verstreut. »Dieser hier hat genau die richtige Größe«, bemerkte Sai Baba. »Siehst du, wie scharfkantig er ist? Damit läßt sich die Sache perfekt erledigen.« Meine körperliche Kraft war praktisch auf dem Nullpunkt angelangt. »Du brauchst ja nicht gleich die ganze Gruppe umzubringen. Einer reicht vollkommen!«

Irgendwo hatte ich unterwegs meine Bibel liegenlassen. Egal, sie hatte mir auch nicht die erhoffte Kraft gegeben, erfolgreich gegen Sai Babas Einschüchterungsversuche anzugehen.

Nach einiger Zeit kam ich an eine Weggabelung. Ein kleinerer Pfad zweigte von der Hauptstraße ab, und ich entschloß mich, ihm zu folgen.

»Prima, das hast du gut gemacht!« beglückwünschte mich Sai Baba. »Du befindest dich jetzt auf einer direkten Abkürzung nach Puttaparthi. So kannst du in die Hölle kommen, ohne jemand umzubringen. Diese Voraussetzung hast du erfolgreich umgangen.«

Ich zögerte, aber der eingeschlagene Weg schien wirklich leichter zu sein. Auch hatte ich keinerlei Kraft mehr zu kämpfen. Also ging ich weiter. Der Pfad führte hinunter zur Hauptstraße, auf der ich im Bogen zurück in die Stadt gelangte.

Wieder war die Luft erfüllt mit den vertrauten Geräuschen und Gerüchen des Markttreibens. Während ich die Hauptstraße entlangging, kamen mir drei Polizisten entgegen, die mich mit unverhohlenem Mißfallen betrachteten. Ich nahm an, daß sie mich zur Wache schleppen und verhören würden, aber zu meiner großen Erleichterung ließen sie mich unbehelligt passieren. Es kam mir vor, als ob jeder, der meinen Weg kreuzte, etwas Böses gegen mich im Schilde führte. Wahrscheinlich war ich der Hölle wirklich schon ganz nahe!

»Was ist bloß mit den Leuten los?« fragte ich mich. »Warum starren sie mich alle so an?« Dann fiel mir ein, daß ich wahrscheinlich nicht gerade vertrauenerweckend aussah – die Gesichtszüge verkniffen und abweisend, die Augen mißtrauisch und voller Argwohn, die Haare strähnig und mit Heuhalmen gespickt, die Kleider verschwitzt und schlammbedeckt, die Füße geschwollen und infiziert.

Inzwischen brach die Abenddämmerung herein. Es war beinahe 24 Stunden her, seit ich den Ashram verlassen hatte. Den größten Teil der Zeit war ich auf den Beinen gewesen. Ich konnte kaum noch laufen. Von den Riemen meiner Sandalen waren meine Füße durchgescheuert, und die vielen Dornen taten bei jedem Schritt weh. Hatte es überhaupt noch Zweck, weiterzukämpfen? fragte ich mich. Die ganze Situation war hoffnungslos, und ich war innerlich bereit aufzugeben. Am besten wäre es wirklich, in die Hölle zu gehen, und damit basta!

Es war bereits dunkel geworden, als ich zurück über die Brücke humpelte und den Weg nach Puttaparthi einschlug. Ich hatte noch beinahe zwanzig Kilometer zu gehen, als eine Gruppe von fünf oder sechs Männern, alle schätzungsweise in den Zwanzigern, auf mich zukam. Sie verstellten mir den Weg und betrachteten mich mit abschätzenden Blicken.

»Sie sind doch schon gestern Abend hier rumgelaufen«, meinte einer von ihnen. »Sie sind wohl nicht ganz zurechnungsfähig?«

»Mag sein«, wimmerte ich. Wie sonst sollte sich ein Unbeteiligter mein Verhalten erklären?

Die Männer starrten mich lüstern an. Einer von ihnen ergriff mich am Arm und zog mich an den Straßenrand. Zu Tode erschrocken und einer solchen Übermacht absolut hilflos ausgeliefert, wandte ich mich in meiner Verzweiflung an den einen, der stark genug war, mich zu retten. »Sai Baba, hilf mir!« schrie ich innerlich. Im Moment schien er mir das geringere von beiden Übeln darzustellen.

»Bleib mir ja vom Leibe!« fauchte ich meinen Gegner an, von meiner eigenen Energie überrascht. »Laßt mich in Ruhe, ihr Halunken!« brüllte ich dann, die Faust drohend nach den Männern ausgestreckt. Zu meiner großen Erleichterung wichen sie, verlegen lachend, zur Seite. Mit zitternden Knien ging ich an ihnen vorbei und setzte meinen Weg fort.

Wenig später tauchte Sai Babas Gesicht, pechschwarz und wie Kohle glühend, vor mir auf.

»Na, komm schon, laß dich einsmachen mit meinem Geist!« forderte er mich auf. Seine Augen sprühten Funken. »Leg dich einfach hier auf die Straße. Es wird so aussehen, als wärest du tot, aber in Kürze wirst du zu einer neuen Realität erwachen. Das wird die wahre Selbstverwirklichung sein.«

»Oder willst du lieber nach Puttaparthi laufen?« fuhr er fort, als ich keine Anstalten machte, seinen Worten Folge zu leisten. »Ich werde dich öffentlich auspeitschen lassen – als abschreckendes Beispiel für andere Leute. Schließlich kann ich es unmöglich zulassen, daß jemand, der mich als böse bezeichnet, ungestraft davonkommt!«

Wieder wurde ich von der nunmehr wohlbekannten Ohnmacht ergriffen. Meine Beine gaben unter mir nach, und ich plumpste wie ein nasser Sack zu Boden. Einige Inder, die an einer nahe gelegenen Bushaltestelle standen, kamen herbeigelaufen, um zu sehen, was passiert war. Ich war unfähig, mich zu bewegen.

»Also gut, ich gebe dir noch eine Alternative«, ließ sich Sai Baba vernehmen. »Du kannst zum Ashram zurückgehen und dich als einzige Ausländerin zu den Bettlern gesellen, die vor dem Tor sitzen. Du wirst strohdumm sein und nur noch »*Om Sai Ram*« (ein Hindugruß, der großen Respekt ausdrückt) sagen können.«

Während ich vor dem Gedanken zurückgeschreckt war, mich lebendig begraben zu lassen oder einen Menschen zu töten, um Sai Babas Sonderbeauftragte zu werden, hatte ich es hier mit einem Vorschlag zu tun, der mir akzeptabel schien. Zumindest würde ich damit keinem anderen weh tun, dachte ich.

»Es wird dir relativ gutgehen«, fuhr Sai Baba fort, »und du wirst genug zu essen haben. Nach vier Jahren oder so überlege ich mir dann vielleicht, was ich weiter mit dir mache.«

»Okay«, stimmte ich zögernd zu. »Ich gebe mich geschlagen!«

Jetzt, da ich mich Sai Babas Willen gebeugt hatte und bereit war, freiwillig nach Puttaparthi zurückzukehren, ging auf einmal alles glatt. Einer der dabeistehenden Inder half mir beim Aufstehen.

»Sie sind krank«, stellte er fest.

»Es wird schon wieder besser«, murmelte ich. »Ich muß unbedingt nach Puttaparthi!« Willig ließ ich mich von ihm zur Bushaltestelle führen, während die ganze Gruppe besorgt hinterherkam. Mittlerweile hatte es aufgehört zu regnen.

Plötzlich fiel mir etwas ein. »Ich habe ja gar kein Geld!« platzte ich heraus, ohne jemand dabei direkt anzusprechen. Der Mann neben mir steckte die Hand in die Tasche und zog einen Zehn-Rupien-Schein hervor, den er mir überreichte. Ich bedankte mich für diese unerwartete Hilfe.

Als er merkte, daß ich lange nichts gegessen hatte, deutete er auf einen Laden, der wenige Meter entfernt lag. Zu meiner Enttäuschung hatte der Besitzer jedoch bereits Feierabend gemacht. Mit leeren Händen kam ich zurück. Sofort bot mir ein anderer Inder zwei Bananen an. Ich setzte mich auf einen Kilometerstein und verzehrte die Früchte mit großem Behagen.

Während ich auf den Bus wartete, fiel mir ein, daß ich eigentlich dort aussteigen könnte, wo die Straße sich teilte, um dann den Weg einzuschlagen, den ich tags zuvor verpaßt hatte. Von dort würde es nicht mehr weit sein bis zum Ende von Sai Babas Reich. Die goldene Freiheit winkte! Gleich darauf ließ ich diesen Gedanken jedoch wieder fallen. In meinem erschöpften Zustand würde ich bestimmt nicht weit kommen. Nein, es war besser, freiwillig nach Puttaparthi zurückzukehren und die Folgen auf mich zu nehmen. Damit war die Entscheidung gefallen, und ich begrub auch den letzten noch verbleibenden Gedanken an die Freiheit. Sai Baba war aus dem endlosen, zermürbenden Katz-und-Maus-Spiel als unbestrittener Sieger hervorgegangen.

Kapitel 16

Endlich frei!

Der Bus mußte jeden Augenblick kommen. Immer mehr Menschen drängten sich an der Haltestelle. Ich saß auf dem Kilometerstein und dachte über meine Zukunft in Puttaparthi nach. Daß ich dorthin zurückmußte, war für mich eine unausweichliche Tatsache. Ich hatte mich dem Willen Sai Babas gebeugt.

Plötzlich hörte ich seine Stimme in meinem Innern. »Wie kannst du glauben, daß du in mein Reich zurückkehren darfst!« donnerte er. »Du gehörst nicht hierher! Du bist keine von uns! Mach, daß du fortkommst! Und wag es ja nicht, vor der nächsten Stadt haltzumachen! Sonst kannst du was erleben!«

Ich meinte, nicht richtig gehört zu haben. Sai Baba wollte mich gehen lassen! Wieso gerade jetzt, da ich die Hoffnung bereits aufgegeben hatte? Das kam mir irgendwie unlogisch vor, aber im Grunde war es auch egal. Was zählte, war die Tatsache, daß ich frei war. Eine unbeschreibliche Last fiel von mir ab.

Ich sprang mit neu erwachtem Lebensmut von meinem Stein und humpelte zurück in Richtung Stadt, so schnell mich meine Füße trotz der Dornen darin trugen. Es nieselte wieder. Der Mann, der sich so nett um mich gekümmert hatte, folgte mir dicht auf den Fersen.

»Wohin wollen Sie?« erkundigte er sich besorgt.

»Es ist alles in Ordnung!« rief ich. »Ich brauche nicht mehr nach Puttaparthi!« Mit diesen Worten gab ich ihm sein Geld zurück und ließ ihn, vor Verwunderung sprachlos, mitten auf der Straße stehen.

Als ich zum dritten Mal die Brücke über den Fluß überquerte und die Stadt betrat, hatte ich den Eindruck, durch eine unsichtbare Schranke zu gehen – etwa so, wie wenn ein Läufer nach langem Lauf die Ziellinie erreicht und den Preis in Empfang nimmt. Im Kampf zwischen Gut und Böse war ich endlich auf der richtigen Seite angekommen.

144

Mein einziges Ziel war jetzt, andere Christen zu finden. Am entgegengesetzten Ende der Stadt entdeckte ich ein paar baufällige Hütten. Hinter einer der Türen lugten die Gesichter einer jungen Familie hervor.

»Gibt es hier irgendwo in dieser Gegend Christen?« erkundigte ich mich erwartungsvoll.

»Nein, wir sind alle Haridschans (›Unberührbare‹)«, gab der junge Mann zur Antwort. »Aber in der Stadtmitte befindet sich eine Kirche.« Das war die, deren Pastor mich getauft hatte! Wegen der unliebsamen Erinnerungen an Sai Baba, die sich mit diesem Ort verbanden, verzichtete ich darauf, ihn nochmals aufzusuchen.

»Wie sieht es denn in jener Richtung aus?« fragte ich und deutete auf die Straße, die aus der Stadt hinausführte. In einigen Metern Entfernung sah ich ein Straßenschild mit der Aufschrift »Kadiri, 45 Meilen«.

»Ja, natürlich, in Kadiri werden Sie jede Menge Christen finden. Es gibt dort eine christliche Kolonie.« Diese Auskunft entzückte mich. Am liebsten hätte ich mich sofort auf den Weg gemacht, wenn es nicht so weit und auch bereits so spät am Tag gewesen wäre. Ich wußte, daß es besser war, bis zum nächsten Morgen zu warten.

»Könnte ich für die Nacht bei Ihnen bleiben?« fragte ich. »Leider habe ich kein indisches Geld, aber ich kann Ihnen einen amerikanischen Dollar geben. Er ist ungefähr acht Rupien wert.«

Der Mann musterte mich prüfend von oben bis unten und schüttelte dann verneinend den Kopf.

»Trotzdem, vielen Dank für die Auskunft!« Immer noch in gehobener Stimmung, wandte ich mich um und schlug den Weg nach Kadiri ein, obwohl ich genau wußte, daß ich nicht weit kommen würde. Meine Füße waren total geschwollen, und die Zehen krampften sich bereits verdächtig zusammen.

»Warten Sie!« rief er mir, plötzlich milder geworden, nach. »Es ist zu weit bis zum nächsten Dorf! Sie können bei uns bleiben.« *Gott kümmert sich wirklich um mich,* dachte ich erfreut.

Die Familie nahm mich freundlich in ihrer bescheidenen Behausung auf. Als erstes ließ ich meine Blicke über die Wände gleiten, ob nicht irgendwo ein Bild von Sai Baba hinge. Als ich nichts Derartiges entdecken konnte, atmete ich erleichtert auf. Die junge Frau reichte mir eine Tasse heißen Tee und etwas gekochten Reis, mit einer kalten Sauce übergossen. »Was für eine armselige Mahlzeit!« murmelte ich leise. Gleichzeitig stürzte ich mich wie ein hungriger Wolf auf das Essen. Doch plötzlich hielt ich inne. »Wie kannst du nur so undankbar sein!« schalt ich mich selber. »So was essen die Haridschans jeden Tag. Und das bißchen, das sie haben, teilen sie noch mit mir!« Wesentlich bescheidener leerte ich daraufhin meinen Teller.

Die Hütte bestand aus zwei kleinen Räumen, die mit Palmzweigen voneinander getrennt waren. Nachdem wir uns kurze Zeit unterhalten hatten, führten meine Gastgeber mich auf die andere Seite. Ein schmales, schäbiges Bett stand darin, sonst nichts. Ich legte mich im Dunkeln darauf und deckte mich mit einem Jutesack zu.

Die Nachtluft war kalt, und meine immer noch feuchten Kleider klebten mir am Körper. Die dürftige Hütte bot nur wenig Schutz. Der Wind fegte unter dem Bett her über den Fußboden, der aus gestampftem Lehm bestand, und drang auch durch den Jutesack. Ich spürte, wie alle Wärme aus meinem Körper wich und meine Temperatur immer tiefer sank. Das ständige Laufen, die Kälte, fehlende Kleidung und zu wenig Essen während der beiden letzten Tage hatten mir sämtliche Kräfte geraubt. Nicht nur äußerlich, sondern auch innerlich war mir kalt. Auch das Schöne, das ich in der letzten Stunde erlebt hatte, konnte mich nicht darüber hinwegtäuschen, daß dieser gravierende Wärmeverlust ein Alarmsignal war, das auf Unterkühlung hinwies. Ich mußte unbedingt etwas dagegen unternehmen, und zwar sofort!

In diesem Moment spähte mein Gastgeber, die Petroleumlampe hoch über seinen Kopf haltend, ins Zimmer.

»Ist alles in Ordnung?« erkundigte er sich freundlich. Ich ergriff die Gelegenheit beim Schopf und bat um eine zweite Decke. Er schüttelte den Kopf.

»Eine ist genug«, informierte er mich. Die Lampe, die er in den Händen hielt, sandte einen warmen Schein durchs Zimmer.

»Kann ich dann wenigstens die Lampe haben, bitte?« In meinem Verlangen nach Wärme war mir ganz plötzlich dieser Gedanke gekommen.

»Das wäre möglich«, stimmte der junge Mann zu. Er befestigte die Lampe auf einer Stange am Bett. »Achten Sie aber ja darauf, daß sie nicht hinunterfällt!« warnte er mich. Ich verstand seine Besorgnis nur zu gut. Eine einzige unachtsame Bewegung, und die ganze Hütte würde augenblicklich in Flammen stehen. Nachdem er mir gezeigt hatte, wie die Lampe gelöscht wurde, ging er mit einem nochmaligen Gutenachtgruß hinaus.

Mittlerweile hatte mich ein starker Schüttelfrost gepackt. Zum ersten Mal in meinem Leben war mein Körper nicht mehr in der Lage, die verlorengegangene Wärme zu ersetzen. Innerlich fror ich entsetzlich, besonders im Unterleib. Langsam wurde die Situation gefährlich!

Mir fiel ein, daß das beste Mittel gegen Unterkühlung eine Wärmflasche auf dem Bauch war. Behutsam nahm ich die Lampe von der Stange und stellte sie direkt auf meinen Unterleib. Minutenlang spürte ich überhaupt nichts. Es war so, als sei die Lampe zu schwach, um mit ihrer Wärme durchzudringen. Doch nach und nach wurde es besser. Zuerst nur schwach, dann immer stärker verspürte ich eine leichte Glut durch meinen Körper ziehen. Endlich hörte auch das Zittern auf.

Doch schon bald wurde die ersehnte Wärme unangenehm. Ich deckte die bereits behandelten Stellen zu und schob die Lampe weiter. Auf diese Weise wärmte ich einen Körperteil nach dem anderen, bis mir durch und durch warm war.

Drei Blasen erschienen auf meinem Leib, und der plötzliche Umschwung in der Körpertemperatur war so unangenehm, daß ich mich vor Unbehagen krümmte. Aber die Lampe hatte mir das Leben gerettet!

Schlafen konnte ich jedoch immer noch nicht. In meinen Füßen hämmerte die Entzündung. Alle Muskeln waren total verkrampft. Ich setzte mich auf und versuchte, einige der Dornen aus meinen Füßen zu entfernen. Doch das Schlimmste war, daß ich plötzlich die Anwesenheit Sai Babas verspürte. »Ich habe dir doch gesagt, du sollst diese Stadt verlassen!« grollte er. »Hau ab, und zwar sofort! Wie kannst du es wagen, mir ungehorsam zu sein?«

Ich überlegte krampfhaft, ob ich seinem Befehl nachkommen sollte. Aber das hätte bedeutet, das Haus der Haridschans ohne die versprochene Bezahlung zu verlassen. Deshalb beschloß ich zu bleiben und dem Teufel die Stirn zu bieten. Dieser Gedanke stürzte mich in tiefe Schwermut.

»Morgen wirst du dein wahres Schicksal erfahren«, fuhr Sai Baba fort. Diese Töne kannte ich ja bereits. Mal sehen, was diesmal dabei herauskommen würde!

Endlich brach die Morgendämmerung herein und erweckte neue Hoffnung in mir. Zu meiner Überraschung schien die Sonne vom strahlend blauen Himmel. Mein Gastgeber klopfte an die Zwischentür aus Palmwedeln, eine Tasse mit dampfend heißem Kaffee in der Hand. Er lächelte mich freundlich an und wechselte ein paar Worte mit mir, während er mir das Getränk reichte. Mit jedem Schluck spürte ich stärker, wie meine Lebensgeister zurückkehrten. Dies war mein erster Tag auf der »anderen Seite« – in einem völlig neuen Leben!

Nachdem ich meinen Kaffee getrunken hatte, reichte mir die junge Frau ein winziges Stückchen Seife, und eine Schar kleiner Kinder führte mich zu einem Tümpel mit brackigem Wasser. Mit Hilfe von Jutesäcken schützten sie mich vor neugierigen Blikken, während ich meine schmutzigen Kleider auszog und ein Stück nach dem anderen ins Wasser fallen ließ.

Ein Mädchen, das sich selbst zum Führer der Gruppe ernannt hatte, war empört über die Art und Weise, wie ich meine Jeans waschen wollte. Durch Zeichensprache versuchte sie mir klarzumachen, wie ich vorzugehen hätte. Zuerst mußten die Kleider eingeseift, dann auf flachen Steinen kräftig geschlagen und zum Schluß gründlich ausgespült werden. Sobald ich es wagte, ihre Instruktionen auch nur um Haaresbreite zu übertreten, mußte ich mit einem gewaltigen Proteststurm rechnen. Schließlich legte ich die Kleider zum Trocknen auf einen Stein, so wie man mir bedeutet hatte, und machte mich daran, selber ein Bad zu nehmen und meine Haare zu waschen.

Das waren die ersten Schritte in meinem neuen Leben. Kleider und Körper zu waschen, wurde für mich zu einem symbolischen Akt, einem regelrechten Reinigungs- und Initiationszeremoniell, bei dem jede Bewegung rituelle Bedeutung erhielt. Die Kinder fungierten dabei als meine Führer und Beschützer. Sie überwachten die gesamte Prozedur und wiesen auf mögliche Hindernisse und Gefahren hin, die am Weg lagen. Doch ich mußte jeden einzelnen Schritt ganz alleine tun.

In der heißen Sonne waren meine Kleider rasch wieder trocken, und ich kehrte, völlig erschöpft, mit den Kindern in die Hütte zurück. Dort wartete ein regelrechtes Festmahl auf mich. Mit gekreuzten Beinen saß ich auf dem Fußboden, während meine Gastgeber Brotfladen, Reis sowie frisch geerntete Erdnüsse, die sie extra für mich geschält hatten, vor mich hinstellten. Die Haridschans teilten ihre gesamten Vorräte mit mir! Gierig griff ich zu, während die anderen dabeisaßen und einfach nur zuschauten. Es war eine fröhliche Atmosphäre, und wir lachten viel. So sah die erste Mahlzeit in meinem neuen Leben aus.

Als ich mit Essen fertig war, hielt mein Gastgeber durch Handzeichen einen Lastwagen an, der nach Kadiri fuhr. Die ganze Familie begleitete mich bis zur Straße, um Abschied von mir zu nehmen. Die junge Frau gab mir noch eine langärmelige Bluse für die Reise mit. Da alles sehr schnell gehen mußte, drückte ich meinem Gastgeber ohne weitere Erklärungen die versprochene Dollarnote in die Hand. Er betrachtete sie unschlüssig.

»Behalten Sie sie lieber!« meinte er dann, während er mir auf den Lastwagen half, und gab mir den Schein zurück. Die Familie und ich winkten einander zu, solange wir in Sichtweite waren. Meine ohnehin schon freudige Stimmung wurde immer besser, während der Lastwagen die Straße entlangbrauste. Wie wunderbar plötzlich alles lief – es war fast zu schön, um wahr zu sein!

Gottes Hand lag ganz offensichtlich auf meinem Leben. Wie sich herausstellte, war der Lastwagen eine Art Taxi, das Reisende gegen Bezahlung mitnahm. Fünf oder sechs Inder saßen bereits darin. Ich erklärte dem Fahrer, daß ich kein indisches Geld hätte, und zeigte ihm die besagte Dollarnote. Er betrachtete sie aufmerksam von allen Seiten. Die anderen Fahrgäste waren ebenfalls darauf erpicht, sie zu sehen, und so machte der Geldschein erst einmal die Runde, ehe er wieder zum Fahrer zurückkam.

»Ach was, behalten Sie es!« sagte er und gab mir den Dollar zurück. »Ich nehme Sie so mit nach Kadiri. Machen Sie sich wegen des Geldes keine Sorgen!«

Ich bedankte mich überschwenglich und machte es mir für die Reise bequem. Nach ungefähr einer Stunde waren wir in Kadiri. Ich wollte mit den anderen Passagieren aussteigen, als der Fahrer mir ein Zeichen gab, noch sitzen zu bleiben. Dann winkte er einen Rikschafahrer für mich herbei. Diese Art der Beförderung war zwar für meinen Geschmack reichlich ausgefallen, aber die Entscheidung lag nicht in meiner Hand.

»Wohin?« fragte der Rikschafahrer.

»Zu einer Kirche«, erwiderte ich schnell. Wenigstens einmal in meinem Leben gelangte ich so ganz vornehm zum Gottesdienst! Nachdem ich an der Kirchentür ausgestiegen war, nahm der Fahrer den Dollarschein, den ich ihm reichte, ohne Zögern entgegen und ließ ihn in seiner Tasche verschwinden. Schade!

Kapitel 17

Kadiri

Es war Sonntag, als ich die Kirche erreichte, und der Gottesdienst hatte bereits begonnen. Ich warf einen Blick auf das Schild über der Eingangstür, während ich hineinschlüpfte. »The General Mission Church of India and Ceylon«, stand da zu lesen. Die Frauen in ihren Saris saßen auf der linken Seite und die Männer mit ihren Hosen auf der rechten. Ich wollte mich zu den Frauen setzen, aber sie gaben mir durch Zeichensprache zu verstehen, ich solle auf der Männerseite Platz nehmen. In meinen Jeans und dem losen Hemd hatten sie mich wohl irrtümlich für einen Mann gehalten. Ohne viel Aufhebens zu machen, drückte ich mich in eine Bank auf der Männerseite.

Die Kirche war insofern ungewöhnlich, als nirgendwo ein Kreuz zu sehen war. Aber wenn ich überhaupt Zweifel gehegt hatte, ob ich mich wirklich in einer christlichen Kirche befand, so wurden diese rasch zerstreut, denn hinter einer überdimensionalen Kanzel erschien ein kleiner Mann und fing an, in Telegu, dem örtlichen Dialekt, zu predigen. Wild gestikulierend, brachte er seine Botschaft an den Mann. Zwischendurch fielen mir immer wieder die mit großer Begeisterung gerufenen Worte »Yesu Christe« auf.

Ich saß auf meinem Platz, von dem Rhythmus seiner Rede eingelullt. Ganz plötzlich schaltete er auf Englisch um. »Die Bruderschaft Jesu Christi!« rief er und riß mich damit aus meinen Träumen. Gleich darauf sprach er auf Telegu weiter. Ich hatte nun etwas, worüber ich nachdenken konnte – besonders da ich versehentlich auf der Seite der »Brüder« saß!

Als der Gottesdienst zu Ende war, gingen die Besucher einer nach dem anderen hinaus, zuerst die Frauen, dann wir »Männer«, immer hübsch der Reihe nach. Ich wartete draußen auf den Pastor und erklärte ihm ohne Umschweife, ich wolle getauft werden und das Abendmahl gereicht bekommen.

»Welche Denomination?« fragte der Pastor. Verdutzt starrte ich ihn an, während er seine Frage wiederholte. »Welche Denomination? Katholisch? Evangelisch? Welche Denomination?«

»Katholisch«, erwiderte ich. Ich war im katholischen Glauben erzogen worden und hatte keinerlei Vergleichsmöglichkeiten. Ein Inder, der dabeistand, erbot sich, mich auf dem Weg nach Hause bei der katholischen Kirche vorbeizubringen. Gemeinsam machten wir uns auf den Weg.

Der Inder, der sich mir als Dr. Sunderam vorstellte, hörte aufmerksam zu, während ich ihm erzählte, wie ich ohne irgendwelches Gepäck hierhergekommen war. Er war entsetzt über den Zustand meiner Füße und lud mich ein, zuerst mit ihm nach Hause zu gehen, damit er danach sehen könne.

Seine Praxis, die sich im hinteren Teil seines Hauses befand, bestand aus einem schlichten, großen Raum mit einer Reihe von Stühlen auf der einen Seite. Die Wände waren mit Schränken und Regalen bedeckt, in denen sich Medikamente jeder Schattierung befanden. Er ließ mich auf einem Tisch Platz nehmen und entfernte dann mit Hilfe einer sterilen Pinzette einen Großteil der Dornen aus meinen Füßen. Es dauerte eine geraume Weile, ehe er einigermaßen zufrieden mit seiner Arbeit war. Anschließend wischte er meine Füße mit einem Desinfektionsmittel ab. Die tiefer liegenden Dornen mußten irgendwann von selbst herauskommen, wenn die Haut fester geworden war. Als meine Füße versorgt waren, lud der Doktor mich in sein Haus ein.

Seine Frau, eine stattliche Person, nahm mich mit offenen Armen auf. Sie schickte sofort den Diener in die Küche, um mir etwas zu essen zu holen. Ich tat mich an dampfend heißem Grießbrei gütlich, serviert mit zerlassener Butter, wie das bei vielen Gerichten in Indien üblich ist, bis mein Hunger gestillt war.

Dr. Sunderams Haus, das mitten in der christlichen Kolonie lag, entsprach dem Standard der durchschnittlichen indischen Familie. Die Kinder im Teenageralter schwirrten alle um mich herum. Swarna Latha (»Goldblatt«), die älteste Tochter, zeigte mir ihren Schrank voll Saris und bestand darauf, ich müsse unbedingt ein solches Kleidungsstück anziehen, wenn ich den Priester besuchen wolle. Sie wählte einen Sari mit leuchtend orangefarbenem Muster auf weißem Grund aus. Die kleinen eingestickten Kreuze waren für mich von regelrecht symbolischer Bedeutung.

Trotz meiner Proteste, ich hätte mich bereits gewaschen, schickten meine Gastgeber einen Diener los, Wasser zu holen, damit ich ein Bad nehmen konnte. Als ich dann aber in dem warmen Wasser saß, genoß ich diesen lange entbehrten Luxus ungemein. Ich schrubbte mich von Kopf bis Fuß und trocknete mich dann mit einem dicken Frottiertuch ab. In der Zwischenzeit wusch der Diener meine Kleider und hing sie zum Trocknen auf die Leine.

Vor dem Badezimmer wartete Swarna Latha bereits ungeduldig darauf, mir beim Ankleiden behilflich zu sein. Mit einer Geschicklichkeit, die auf jahrelange Praxis schließen ließ, legte sie den aus vielen Metern Stoff bestehenden Sari in Falten. Als sie damit fertig war, fühlte ich mich jedoch nicht nur unbehaglich, ich sah auch komisch aus. Der Sari stand mir überhaupt nicht, und ich mußte ständig aufpassen, wohin ich trat, damit ich nicht in den langen Falten hängenblieb und stürzte.

Die gesamte Familie trat an, um das fertige Werk zu begutachten. Nach einigen geringfügigen Korrekturen gaben alle ihre Zustimmung und erklärten, so könne ich mich beim Priester sehen lassen. Ich brannte selber darauf, endlich loszukommen, und machte mich, ohne zu zögern, auf den Weg zur Kirche. Dr. Sunderam begleitete mich. Unterwegs lud er mich ein, in seinem Haus zu wohnen, solange ich wollte. Ich hatte mir noch gar keine Gedanken über die nächsten Schritte gemacht und war von seinem Angebot freudig überrascht.

Dr. Sunderam stellte mich dem Priester vor, einem Missionar aus Holland, der bereits über 32 Jahre in Indien lebte. Er führte uns in einen gemütlich eingerichteten Raum und hieß mich auf einer langen, mit blauem Samt bezogenen Couch Platz nehmen, die aussah, als gehöre sie in eine psychiatrische Praxis. Nach etlichen Versuchen, aufrecht darauf sitzen zu wollen, gab ich es auf und nahm statt dessen eine halb liegende Position ein, von der aus ich eine prächtige Aussicht auf die himmelblau gestrichene Zimmerdecke hatte.

»Herr Pater«, begann ich, »ich möchte mich taufen lassen, meine Sünden beichten und das Abendmahl gereicht bekommen.« Ich erzählte ihm, daß ich eine Anhängerin von Sai Baba gewesen sei, er sich aber als Teufel entpuppt habe.

Der Priester saß mit versteinertem Gesicht da. Ich redete immer heftiger auf ihn ein, bis ich schließlich nichts mehr zu sagen wußte und ein peinliches Schweigen eintrat. Nach einer Weile wandte er sich an Dr. Sunderam.

»Es passiert immer wieder, daß Frauen aus dem Westen, die längere Zeit allein durch Indien reisen, ein bißchen komisch werden«, bemerkte er. »Meinen Sie wirklich, Sie sollten sie in Ihrem Haus aufnehmen?«

Entsetzt stellte ich fest, daß der Priester meinen Worten gar keinen Glauben schenkte. Das, was ich soeben erlebt hatte, paßte einfach nicht in seine Weltanschauung hinein.

»Lieber Gott«, betete ich im stillen, »bitte hilf, daß er mir glaubt!« Trotzdem war mir klar, daß ich die Realität des Priesters akzeptieren mußte, wenn ich wieder Teil der normalen Welt sein wollte.

Zu meiner großen Erleichterung stellte sich Dr. Sunderam klar auf meine Seite. »Wir freuen uns, wenn sie für einige Tage bei uns wohnt«, meinte er. Dann fuhr er fort, wie enttäuscht er sei, daß ich die Bibel gar nicht kenne. Er hatte mich nämlich gebeten, einen Vers in den Psalmen nachzuschlagen, und ich hatte nicht einmal gewußt, wo ich sie finden sollte.

»Nun ja«, murmelte der Priester, »wir Katholiken lesen nicht gerade viel in der Bibel. Wir beten lieber und singen unsere Lieder. Das ist bei uns das Wichtigste.«

Dann wandte er seine Aufmerksamkeit mir zu. »Sind Sie als Kind getauft worden?« wollte er wissen.

»Ja«, erwiderte ich.

»Dann brauchen Sie keine zweite Taufe«, belehrte er mich. »Ihre Kindertaufe reicht fürs Leben.« Ich war erleichtert über seine Worte. Damit konnte ich diesen Punkt wohl als erledigt betrachten.

»Was Beichte und Kommunion angeht«, fuhr der Priester fort, »so warten wir lieber noch ein paar Tage. Man sollte solche Dinge nie überstürzen.«

Während er sich weiter mit mir unterhielt, war ich selber erstaunt über meine Antworten. Sie klangen durchaus vernünftig und vollkommen logisch. Das war gewiß nur durch die Hilfe Gottes möglich!

Beim Abschied lächelte der Priester ein wenig verlegen, so, als wüßte er nicht recht, was er von meiner Geschichte halten sollte. Er lud mich freundlich zum Mittagessen ein, damit ich den indischen Bischof kennenlernen könne, der ebenfalls erwartet werde. Dr. Sunderam nahm das Wort und erklärte, ich würde in seinem Haus zu Mittag essen, aber gerne am Spätnachmittag zum Tee kommen.

Bei Sunderams angekommen, hatte seine Frau bereits eine Mahlzeit mit Ziegenfleisch für uns fertig. Es war seit Monaten das erste Mal, daß ich Fleisch aß – und es schmeckte so gut, daß ich kaum genug davon kriegen konnte. Als meine Gastgeberin meinen Appetit bemerkte, brachte sie einen zweiten Teller voll Fleisch herein. Es war mir äußerst peinlich, später feststellen zu müssen, daß die Familie sich nur zweimal in der Woche Fleisch leisten konnte – und ich hatte von der Sonntagsration den Löwenanteil vertilgt!

Langsam verstrichen die Nachmittagsstunden. Ich versuchte, ein wenig zu ruhen, aber es gelang mir nicht. Eine überwältigende Macht schien sich aufgemacht zu haben, die versuchte, mich buchstäblich aus meinem Körper herauszusaugen und mit meiner Umgebung einzumachen. Während ich z. B. das Bild des verstorbenen Vaters von Dr. Sunderam in einem Fotoalbum, das er mir zeigte, betrachtete, konnte ich kaum der Versuchung widerstehen, mich mit dem Toten zu vereinigen. Von Panik erfaßt, sandte ich ein Stoßgebet zum Himmel, und das verrückte Gefühl legte sich vorübergehend.

In der Folge tauchte es jedoch immer wieder auf. Jedesmal betete ich ernstlich, um es zum Schweigen zu bringen. Einmal, als die Situation besonders kritisch war, kam zum Glück eines der Kinder und brachte mich auf andere Gedanken. Swarna Latha, die sich rührend um ihre jüngeren Geschwister kümmerte, stimmte fröhliche Jesuslieder an, und die anderen stimmten begeistert ein. Als ich mitzusingen versuchte, gratulierten mir die Kinder voller Begeisterung. Sie hatten bestimmt keine Ahnung, wie sehr mir ihr Gesang in meinem Zustand half.

Die ganze Familie setzte mich in Staunen. Jeder einzelne von ihnen schien auf Jesus fixiert zu sein. Swarna Latha glich einem

Bergkristall, rein und unverdorben. Ihr Gesicht strahlte ständig. Leichtfüßig eilte sie durchs Haus. Ich war noch nie einem Menschen wie ihr begegnet und fragte mich unwillkürlich, ob ihre Unschuld nicht vielleicht verblassen würde, wenn sie sich außerhalb ihrer behüteten Umgebung befände.

Zur vereinbarten Stunde begab ich mich, diesmal in einen noch präsentableren Sari gekleidet, in Begleitung von Dr. Sunderam zur katholischen Pfarre. An der Kirchentür verabschiedete er sich und ließ mich für den Besuch allein. Ich hatte darum gebetet, noch am gleichen Tag meine Beichte ablegen zu können. Da sehr viel von dem Eindruck abhing, den der Bischof von unserem Treffen haben würde, war ich äußerst ängstlich und nervös.

Der Bischof reichte mir zur Begrüßung die Hand. Ich fühlte mich sofort zu ihm hingezogen. Er entschuldigte sich bei dem Priester und führte mich in das Zimmer mit der blauen Decke, um sich mit mir zu unterhalten. Unser Gespräch war einzigartig. Rede und Gegenrede flossen mühelos zwischen uns hin und her, wie ein Tischtennisball in einem nicht enden wollenden Spiel. Ganz gleich, welches Thema wir ansprachen – es war immer dasselbe. Die Gedanken strömten in wohlgeformten Sätzen aus meinem Mund, als hätte ich mir vorher genau überlegt, was ich sagen wollte, obwohl das wirklich nicht der Fall war. Ich konnte mir jedoch nichts darauf einbilden, denn es war einzig und allein das Werk des Heiligen Geistes.

Ich wußte nicht, wie lange wir geredet hatten, als ein Diener zum Tee rief. Unsere Unterhaltung endete genauso ungezwungen, wie sie begonnen hatte, und wir setzten uns mit dem Priester an einen runden Tisch, der mit schmackhaften Speisen beladen war. Die Fülle von Essen war direkt überwältigend. Allerdings war mein Magen nach allem, was ich kürzlich erlebt hatte, nicht in der Lage, sich daran zu erfreuen. Der Priester und der Bischof luden sich die Teller voll, aber ich hatte kaum Appetit und nippte nur hier und da ein wenig, um nicht unhöflich zu erscheinen.

Gegen 5 Uhr war die Mahlzeit beendet, und wir begaben uns in die Kapelle zur Abendmesse. Indische Arbeiter, noch in ihrer Arbeitskleidung, schlurften durch die Seitentür herein. Einer von ihnen bot mir einen Stuhl in der letzten Reihe an, etwas abseits von den anderen – aus Achtung vor meiner weißen Haut.

Langsam füllte sich die kleine Kapelle, und die Leute fingen an zu singen. Die Töne waren disharmonisch und die Worte asynchron und schleppend. Ich mußte unwillkürlich lächeln. Der Gesang auf der »anderen Seite« war zweifelsohne besser gewesen, aber ich spürte, daß diese Lieder, Gott zur Ehre gesungen, Ihm Freude machten. Ich war glücklich, hier zu sein.

Einer nach dem anderen der Anwesenden schlüpfte während des Gottesdienstes in den angrenzenden Raum, wo der Bischof die Beichte abnahm. »Lieber Gott«, betete ich, »laß mich doch auch an die Reihe kommen! Und nimm mich bitte so an, wie ich bin – auch mit meiner Liebe zu K-san!« Als der letzte Gottesdienstbesucher in die Kapelle zurückgekehrt war, nickte der Bischof mir aus dem Nebenraum aufmunternd zu.

»Danke, Gott!« flüsterte ich und ging hinein. Ich saß dem Geistlichen gegenüber, während ich zum ersten Mal nach über vier Jahren offiziell meine Sünden beichtete. Nach kurzem Nachdenken stellte er mir eine einzige Frage: »Ist alles, was Sie dem Priester heute erzählt haben, wahr?« »Ja«, erwiderte ich im Brustton der Überzeugung, »es ist wahr.« Der Bischof war mit meiner Antwort zufrieden und erteilte mir Absolution. Dann bekam ich das Abendmahl gereicht und verspürte einen tiefen Frieden in meinem Herzen. Endlich war ich mit Gott im reinen!

Nach dem Gottesdienst sah ich mir im Pfarrhaus noch einen Film an, der das Geschehen von Golgatha zum Inhalt hatte. Der Film war von sehr schlechter Qualität, und der Projektor versagte einige Male den Dienst. Plötzlich hatte ich das dringende Bedürfnis, über das, was ich vor kurzem erlebt hatte, mit einem Menschen zu sprechen.

»Haben Sie einen Moment Zeit für mich?« fragte ich den Bischof. Er ging mit mir ins Hinterzimmer, wo wir auf zwei Stühlen Platz nahmen. Ich versuchte, ihm meine Geschichte zu erzählen, verhedderte mich aber ständig. Je länger ich sprach, um so schlimmer wurde es, bis der Bischof so weise war, mich zu unterbrechen.

»Ich glaube, das hat Zeit«, sprach er begütigend auf mich ein. »Reden Sie jetzt lieber nicht weiter!« Er gab mir noch einen Rosenkranz zum Schutz mit und schickte mich nach Hause. Als ich bei den Sunderams angekommen war, ging es mir schon viel besser. Der Doktor gab mir noch eine Schlaftablette, und ich begab mich zur Ruhe.

Die folgenden Tage ging in meinem Kopf alles drunter und drüber. Obwohl die Dinge normal zu laufen schienen, gab es immer wieder Bewußtseinslücken bei mir, die ich nicht erklären konnte. Manchmal ging ich in einem Zimmer ins Bett und wachte in einem anderen auf, ohne zu wissen, wie ich dorthin gekommen war.

Eines Nachts fuhr ich plötzlich aus dem Schlaf hoch und konnte nicht wieder einschlafen. Unruhig, wie ich war, kletterte ich die Treppe hinauf auf das flache Hausdach. Die Sterne leuchteten hell. Plötzlich wehte mir eine Duftwolke von Pfeifentabak entgegen, so wie mein Vater ihn zu rauchen pflegte. Dadurch, daß er mit Feigenblättern hergestellt wurde, hatte er einen ganz eigenen, eher süßlichen Geruch, der mich unwillkürlich an meinen Vater erinnerte. Seit seinem Tod im Jahr 1971 hatte ich nicht mehr oft an ihn gedacht, aber jetzt fühlte ich seine Gegenwart in meiner unmittelbaren Nähe. »Bete für mich!« flehte er. Diese Worte verfolgten mich noch lange, nachdem seine Anwesenheit gewichen war.

Die Sunderams beobachteten alle meine Bewegungen aus der Ferne. Ich schlief und wachte zu den unterschiedlichsten Tageszeiten. Eines Abends – ich war gerade aufgewacht – schoß mir ganz plötzlich der Gedanke durch den Kopf, daß der Teufel in mir sei. Ich erwähnte dies beiläufig Dr. Sunderam gegenüber. Nicht, daß ich es unbedingt für wahr gehalten hätte, es war einfach ein Gedanke gewesen.

Am nächsten Morgen kam mir Frau Sunderam mit traurigem Blick entgegen. Wie ich später erfuhr, hatte die Familie für mich gebetet und Gott angefleht, ihnen zu zeigen, was sie mit mir machen sollten. In Psalm 91 hatten sie die Antwort gefunden:

»Weil du den Herrn, meine Zuflucht, den Höchsten, gesetzt hast zu deiner Wohnung, so wird dir kein Unglück widerfahren, und keine Plage deinem Zelte nahen.«

(Psalm 91,9.10)

So hielten sie weiter zu mir und sorgten während der insgesamt zehn Tage, die ich bei ihnen war, liebevoll für mich. Ich bin ihnen noch heute dafür dankbar.

Täglich ging ich zur Messe. Jetzt, da der holländische Priester mich akzeptiert hatte, kannte seine Hilfsbereitschaft keine Grenzen. Er ging mit mir zur Bank, um mir zu helfen, meinen Reisescheck umzutauschen.

»Es tut mir leid, aber zum Geldwechseln müssen Sie nach Puttaparthi fahren«, teilte mir der Manager mit. Als ich mich weigerte, bot mir der Priester Geld von seinem privaten Konto an, das dem Wert des Schecks entsprach. Die Bank wollte das Geld seinem Konto gutschreiben, sobald es aus Puttaparthi überwiesen wurde. Ich war überwältigt von dieser Großherzigkeit des Priesters.

Welch eine Erleichterung, endlich wieder Geld in der Tasche zu haben! Bei einem kurzen Ausflug zum Basar kaufte ich mir eine Zahnbürste und Zahnpasta sowie Haarshampoo und Seife. Dieser Einkaufsbummel hatte jedoch etwas Traumatisches an sich, denn ich fürchtete mich noch immer vor Sai Babas Einfluß. Mit größter Vorsicht betrat ich jeden Laden. Sobald ich irgendwo ein Bild von einem Hindugott entdeckte, lief ich schleunigst davon und kaufte statt dessen nur in Geschäften ein, die Bilder von Jesus zeigten.

Tagsüber gab es für mich bei den Sunderams nicht viel zu tun. Die einzigen Bücher im Hause waren »Die Gute Nachricht« – eine moderne Bibelübersetzung – und ein dünnes Büchlein über das Heil in Christus von J. Oswald Smith, einem Evangelisten aus Toronto in Kanada. Ich fing an, dieses Buch zu lesen. In einem Kapitel beschreibt der Verfasser eine besonders entscheidende Zeit im Leben der Menschen, wenn ihr Herz gegenüber dem Wirken des Heiligen Geistes weich oder – um mit seinen Worten zu sprechen »reif zur Ernte« ist. Ist das Herz erst hart geworden, könnte die Chance, gerettet zu werden, für immer vertan sein. Die meisten Bekehrungen finden laut Smith in den Teenagerjahren statt. Danach werden es prozentual immer weniger, und von den Menschen in mittleren Jahren bekehrt sich nur noch ein kleiner Bruchteil. Deshalb ist es so außerordentlich wichtig, daß wir gerade jetzt, wenn der Heilige Geist an unserem Herzen arbeitet, Jesus in unser Leben aufnehmen.

Die Worte sprangen mich förmlich an. Sie redeten zu mir, und ich war bereit, Jesus in mein Herz aufzunehmen. So betete ich und bat Ihn, in mein Leben zu kommen. Und Er tat es! Ich verspürte Seine Gegenwart ganz deutlich. Eine große Freude durchflutete mich.

Dieses Erlebnis war für mich ein echter Wendepunkt. Kurz danach ging ich unter die Dusche und fühlte mich anschließend wie neugeboren. Mein neues Shampoo und die Seife trugen mit zu dem Gefühl des Neuseins bei. Die Sunderams sahen mich glücklich lächeln, sagten aber nichts.

Nun wandte ich meine Aufmerksamkeit der Bibel zu. Zum ersten Mal in meinem Leben las ich die Apostelgeschichte von vorne bis hinten durch. Die Berichte packten mich, und ich konnte es kaum erwarten, die Seite umzublättern. Ich sah alles so deutlich vor mir, als würde es in diesem Moment geschehen und ich dürfe zuschauen. Total überrascht war ich, festzustellen, wie lebendig und leicht zu verstehen die Bibel im Grunde ist. Jede freie Minute benutzte ich von nun an zum Bibellesen. Dr. Sunderam inspizierte meinen Lesestoff und nickte zufrieden mit dem Kopf.

Als nächstes kaufte ich mir ein Notizheft und fing an, Tagebuch zu führen. Bei meiner ersten Eintragung bezeichnete ich die Sunderams als meine neue Familie in Christus und Swarna Latha als meine Schwester. Frau Sunderam las meine Aufzeichnungen durch. In Kanada hätte ich mich über ein derartiges Eindringen in meine Privatsphäre gewiß geärgert, aber hier in einer indischen Familie unterwarf ich mich willig ihrer Kontrolle, denn ich wußte, daß echte Sorge um mein Wohlergehen hinter ihrem Tun stand.

Ich ging weiter täglich zum Markt, und dabei verschwand meine Angst vor dem Einfluß von Sai Baba immer mehr. Ich kaufte neue Kleider, einen Koffer, Sandalen und ein großes Kreuz, das ich mir um den Hals hängte. Langsam ersetzte ich so die Dinge, die ich in Puttaparthi zurückgelassen hatte. Die Auswahl in den Geschäften war jedoch gering, und jede Einkaufstour bedeutete ein echtes Abenteuer.

Dr. Sunderam ließ auch einen Schneider kommen, der Maß für verschiedene Punjabi-Anzüge bei mir nahm. Sie bestanden aus einer weitgeschnittenen langen Hose und einem Oberteil im

Tunikastil aus dem gleichen Material. Nach Ansicht des Doktors war das für mich genau die richtige Kleidung. Er suchte persönlich die Stoffe aus, und ich bezahlte sie. Ich wurde überhaupt nicht nach meiner Meinung gefragt, aber auch das nahm ich mit Gleichmut hin. Solange ich mich in seinem Haus aufhielt, würde ich mich den Regeln dieses Hauses unterwerfen. Ich war nun einmal in Indien, und so war es hier Sitte.

Jeden Abend hielt die Familie im Wohnzimmer eine Andacht ab, von Dr. Sunderam geleitet. Wir lasen einen Abschnitt aus der Bibel, sangen und beteten. Für mich war es das erste Mal, daß ich sah, wie eine Familie wirklich mit Gott lebte, und es beeindruckte mich tief. Ihr ganzes Leben drehte sich um einen Mittelpunkt: Christus – und bekam von dort her seinen Sinn. Zudem herrschte ein sehr enges Zusammengehörigkeitsgefühl unter den Familienmitgliedern. Jeder tat seine Arbeit mit Freuden.

Bald hatte es sich herumgesprochen, daß ich bei den Sunderams zu Gast war. Nachbarn aus der christlichen Kolonie kamen und luden mich ganz zwanglos in ihr Haus ein. Für Swarna Latha war es selbstverständlich, daß sie mich bei diesen Besuchen begleitete. Die Einrichtung in den Häusern war gewöhnlich sehr ärmlich, aber überall hing an exponierter Stelle ein Bild von Jesus, und auch Bibelverse fehlten normalerweise nicht. Was auffiel, war die Freude, die in den christlichen Familien herrschte. Sie hatten etwas Besonderes gefunden und waren sich dessen bewußt. Gott war mir wirklich gnädig, indem Er mir eine solch wunderbare Einführung ins Christenleben gab!

Kapitel 18

Gottes Treue

Nach zehn Tagen fühlte ich mich soweit fit, daß ich mir Gedanken über die Zukunft machen konnte. Als Pilger auf der Suche nach Gott war ich damals von Kanada losgezogen. Nun hatte ich gefunden, was ich gesucht hatte. Mein Herz war zum Frieden gelangt, meine Pilgerreise zu Ende. Zum ersten Mal dachte ich daran, entweder nochmals nach Japan zu reisen – auf die geringe Chance hin, K-san wiederzusehen –, oder nach Kanada zurückzukehren.

Gerade in dieser Zeit ergab sich eine unerwartete Möglichkeit. Dr. Sunderam war Koproduzent eines Films über die Haridschans, der gegenwärtig in Madras gedreht wurde. Diesen Titel hatte er sich dadurch verdient, daß er dieses Projekt finanziell unterstützte. Als Koproduzent fuhr er regelmäßig nach Madras, um den Fortgang der Arbeit zu überwachen. Bei der nächsten Gelegenheit lud er mich ein, ihn dorthin zu begleiten. Ich war begeistert über den Vorschlag. Von Madras aus konnte ich allein nach Neu-Delhi weiterreisen, dem Ausgangspunkt für Flugreisen nach Europa wie nach Japan. Schnell packte ich meine neu erworbenen Habseligkeiten zusammen und verschenkte die Punjabi-Anzüge.

Es fiel mir nicht leicht, von meiner Gastfamilie Abschied zu nehmen. Ich hatte sie richtig liebgewonnen. Sie hatten mich wie ein Familienmitglied behandelt. Bei Sunderams hatte ich zum ersten Mal gesehen, wie echtes, gelebtes Christentum aussah. Ich verdankte ihnen sehr viel.

Wir tauschten unsere Adressen aus, und sie schenkten mir ein Foto, das mich zusammen mit der Familie zeigte und das ich bis heute in Ehren halte. Frau Sunderam begleitete uns bis zur Bushaltestelle und winkte uns mit einem Taschentuch nach, bis wir ihren Blicken entschwunden waren. Unwillkürlich füllten sich meine Augen mit Tränen.

Dr. Sunderam hatte die Strecke schon oft zurückgelegt, und es machte ihm Freude, mich auf wichtige Dinge am Wege aufmerksam zu machen. Wir kamen an einem christlichen Hospital in Vellore vorbei, das in ganz Indien wegen seiner ausgezeichneten Pflege berühmt war. Am Abend erreichten wir Madras. Für mich war die Hitze dort immer noch überwältigend – besonders weil wir bereits November hatten.

Wir wurden in einer Wohnung einquartiert, die zwei Mitarbeitern des Filmteams gehörte. Ich schlief auf einer Matratze auf dem kühlen Fußboden und erwachte neu gestärkt und erfrischt am nächsten Morgen.

Nach dem Frühstück rief Dr. Sunderam einen Rikschafahrer, der uns ins Filmstudio brachte. Sobald der Wächter uns das Tor öffnete, waren wir Teil der privilegierten Klasse. Sowohl Schauspieler als Angehörige der Filmmannschaft behandelten uns mit größter Hochachtung und Zuvorkommenheit. Im Tonstudio erlebten wir mit, wie ein Lied von einer hübschen, jungen indischen Künstlerin aufgenommen wurde. Wir besuchten auch das Gelände, wo die Außenaufnahmen gemacht wurden, und sahen bei den Dreharbeiten zu. Wie schnell hatte sich doch in meinem Leben das Blatt gewendet! dachte ich lächelnd. Innerhalb von nur wenigen Wochen hatte ich sowohl mit den Ärmsten der Armen als auch mit den Reichsten in Indien zusammengelebt. Aber im Grunde war das gar nicht entscheidend.

Am nächsten Tag ging ich zum Bahnhof, um mein Glück zu versuchen, eine Fahrkarte nach Neu-Delhi zu ergattern. In Indien sind Warteschlangen an den Fahrkartenschaltern ein alltäglicher Anblick, und keiner hat die Garantie, am gewünschten Tag einen Sitzplatz zu bekommen. Man muß ihn Wochen, wenn nicht Monate vorher reservieren lassen. In einer langwierigen, umständlichen Prozedur tragen die Beamten jede Platzreservierung von Hand in verschiedene Bücher ein. Zum Glück gaben mir die extra für ausländische Touristen reservierten Quoten einen Vorteil über die indische Bevölkerung: Ich bekam tatsächlich einen Platz im Schlafwagen 2. Klasse für den nächsten Tag.

Dr. Sunderam brachte mich zum Bahnhof. Wir umarmten uns nach indischer Sitte. Ich wußte, ich würde diesen Mann, der mir gegenüber sein Herz geöffnet und wirklich Vaterstelle an mir vertreten hatte, sehr vermissen. Ein dicker Kloß saß mir im Halse, als er sich umdrehte und wegging.

Allerdings hatte ich keine Zeit, weiter über seine Freundlichkeit nachzudenken, denn in diesem Augenblick kam ein anderer Inder auf mich zu.

»Sie sind Christ«, sagte er und deutete auf das Kreuz, das um meinen Hals hing. »Ich auch!« Er strahlte vor Freude. Wir unterhielten uns ganz ungezwungen. Ich war erstaunt über die herzliche Verbundenheit, die sich aus unserem gemeinsamen Glauben ergab.

Das sollte ich übrigens auf meinen Reisen immer wieder erleben. Bald gesellten sich noch ein paar seiner Freunde zu uns: ein weißer Missionar in den Vierzigern aus Neuseeland und ein Inder in einem orangefarbenen Gewand, der aussah wie ein buddhistischer Mönch, nur daß er eine Bibel unter dem Arm trug und für Jesus brannte. Es war eine bunt zusammengewürfelte Gruppe, und ich mußte unwillkürlich lächeln.

Der Inder mit dem orangefarbenen Gewand wollte ein Stück weit in meine Richtung fahren, hatte aber keinen Sitzplatz mehr bekommen. Deshalb bot ich ihm an, die Bank mit mir zu teilen. Seine Freunde waren überglücklich über diesen Vorschlag und priesen Gott dafür. Als der Zug aus dem Bahnhof rollte, winkten sie uns mit solcher Herzlichkeit nach, daß es mir vorkam, als hätten wir uns schon jahrelang gekannt.

Unterwegs erzählten wir uns gegenseitig unsere Erlebnisse.

»Es gibt ein Buch, das Sie unbedingt lesen sollten«, meinte der Inder, nachdem er meine Geschichte gehört hatte. »Es heißt *Sai Baba: Lord of the Air* (›Sai Baba: Herr der Lüfte‹) und ist von Tal Brooke geschrieben worden, einem Amerikaner, der längere Zeit bei Sai Baba gelebt hat. Genau wie Sie ist er Christ geworden, nachdem er gemerkt hatte, daß Sai Baba böse ist.« Das Buch war von einem indischen Verlag in Neu-Delhi herausgegeben worden, und ich nahm mir vor, dort hineinzuschauen und ein Exemplar zu kaufen. Es war ermutigend, zu hören, daß auch andere das Böse in Sai Baba erkannt hatten. Die Zeit verflog bei unserer Unterhaltung rasch, und bald war der Inder an seinem Ziel angekommen.

Frühmorgens lief der Zug am Bahnhof von Neu-Delhi ein, ungefähr vierzig Stunden nach unserer Abfahrt von Madras. Ich hatte die Stadt nur im Sommer erlebt, bei Temperaturen um 46° Celsius. Damals war es glutheiß und staubig gewesen. Jetzt aber, Ende November, zitterte ich vor Kälte in meiner dünnen, auf südindische Verhältnisse zugeschnittenen Kleidung. Ich machte ein Hotel in den Basarstraßen, nicht weit vom Bahnhof entfernt, ausfindig, und nachdem ich meinen Koffer dort abgestellt hatte, ging ich als erstes Wintersachen einkaufen.

Mein Aufenthalt in Neu-Delhi erwies sich als sehr fruchtbar. Wie geplant, suchte ich das Verlagshaus »Vikas Press« auf, wo der Verleger, ein gutgekleideter Sikh, mich in sein Büro bat.

»Aha, Tals Buch suchen Sie«, meinte er, nachdem ich meinen Wunsch vorgetragen hatte. »Warten Sie, ich hole Ihnen sofort ein Exemplar. Es kostet siebzig Rupien (ca. 9 Dollar).« Bei dieser Mitteilung mußte ich erst einmal kräftig schlucken. Mein Gegenüber mußte das gemerkt haben, denn im gleichen Atemzug bot er mir Tee an. Während ich an meiner hauchdünnen Porzellantasse nippte, einigten wir uns schließlich auf einen Kompromiß.

»Sie können dieses leicht beschädigte Exemplar für 35 Rupien haben«, erklärte er.

Voll Freude darüber, daß Gottes Hand auch in dieser Situation mit mir war, leerte ich meine Taschen und brachte genau den geforderten Betrag zusammen. Mehr Bargeld hatte ich nicht bei mir.

»Dann haben Sie ja gar kein Geld mehr für den Bus!« rief der Sikh bestürzt. »Wie wollen Sie denn zurück in Ihr Hotel kommen? Nein, so kann ich Sie unmöglich fortgehen lassen!« Mit diesen Worten gab er mir fünf Rupien zurück.

In mein Hotel zurückgekehrt, vertiefte ich mich sofort in das Buch. Tal Brooke hatte 19 Monate bei Sai Baba verbracht und bereits zum »inneren Zirkel« gehört, der sogar Zutritt zu Sai Babas Schlafgemach hatte. Doch irgendwann fielen ihm diverse Ungereimtheiten und Widersprüche in Sai Babas Lehren auf. Seine Ernüchterung war komplett, als der Guru versuchte, sich ihm sexuell zu nähern. Von anderer Seite wurden ihm dann die homosexuellen Neigungen Sai Babas bestätigt. Auf der Suche nach Wahrheit nahm er schließlich Jesus Christus in sein Leben auf.

In einem Notizheft hielt ich meine Erlebnisse mit Sai Baba stichpunktartig fest. Irgendwann, das wußte ich, würde ich ebenfalls ein Buch schreiben.

Jeden Abend nahm ich in der katholischen Kathedrale an der Messe teil. Dort lernte ich Rudolf kennen, einen Deutschen, der unter ähnlichen Umständen in Thailand Christ geworden war. In seinem Fall war es ein buddhistischer Mönch gewesen, der ihn durch hypnotische Kräfte in seine Gewalt bekommen hatte. Eines Abends verlor er unter dem Einfluß des Mönchs sogar das Bewußtsein. Als er wieder zu sich kam, fand er sich – ohne seine goldene Uhr und den wertvollen Ring – um sein Leben schwimmend in den Klongs von Bangkok wieder, den schmutzigen Kanälen, die die ganze Stadt durchziehen. Mit Mühe und Not erreichte er das rettende Ufer und wurde von einer Gruppe von Christen aufgenommen. Unter ihrer Fürsorge und geistlichen Pflege bekehrte er sich zu Christus.

Rudolf erwies sich als echte Hilfe in meinem Glaubensleben, solange er in Neu-Delhi war. Gemeinsam nahmen wir an evangelistischen Veranstaltungen im Herzen der Stadt teil und verteilten kostenlos Traktate auf der Straße – zum großen Ärger einer Gruppe von Hare Krishna-Anhängern, die ihre Schriften verkaufen mußten.

Eines Abends lud Rudolf mich ein, mit ihm zusammen den Film »The Legacy« (Das Vermächtnis) anzusehen, in dem Satans Macht verherrlicht wird.

»Ich möchte, daß du dem Teufel die Stirn bietest und die Spinnweben aus deinem Kopf wegräumst«, so drückte er sich aus. Obwohl der Film ein Happy-End hatte, deutete er insgesamt auf eine düstere Zukunft hin. Ich war nur froh, daß er mir nicht allzuviel Angst einjagte.

Einige Tage später passierte für mich etwas viel Schlimmeres. Ich las gerade ein Buch von Victor Wierville, das Rudolf mir geliehen hatte, und darin war von der Sünde bzw. Lästerung gegen den Heiligen Geist die Rede, die in Ewigkeit nicht vergeben werden kann. In den Evangelien steht von dieser Sünde geschrieben (Matthäus 12,31.32; Markus 3,29; Lukas 12,10). Obwohl unter Christen verschiedene Ansichten darüber vorherrschen, was mit dieser Sünde gemeint ist, behauptet Wierville in seinem Buch, daß ein Mensch die Sünde gegen den Heiligen

Geist begeht, wenn er bewußt seine Seele dem Teufel übergibt. Weiter schreibt er, daß die Wiedergeburt durch den Heiligen Geist genausowenig rückgängig gemacht werden kann wie diese Übergabe oder »Wiedergeburt« durch den Teufel. Die Worte brannten sich in mein Herz ein, denn genau das hatte ich ja getan. Ich war verzweifelt: Gewiß war ich nun in alle Ewigkeit verdammt! Lohnte es sich überhaupt noch zu leben, wenn das Heil doch nicht für mich galt?

Obwohl es schon spät war, rannte ich über die Straße zu Rudolfs Hotel und klopfte so lange an seine Tür, bis er aufmachte. Gemeinsam vertieften wir uns in die Bibel und fanden im Johannesevangelium einen Vers, der mir die innere Ruhe wiedergab. Jesus hat gesagt:

> *Wer zu mir kommt, den werde ich nicht hinausstoßen.«*
>
> *(Johannes 6,37b)*

Der Frieden Gottes erfüllte von neuem mein Herz, als ich in mein Hotel zurückkehrte. Dieser Vers gab mir in den folgenden Tagen immer wieder Trost und Mut.

Bevor Rudolf nach Deutschland abflog, lieh er mir eine Tasche voll christlicher Bücher. Ich versprach, sie ihm zu schicken, sobald ich sie gelesen hätte.

Für mich war immer noch nicht klar, ob ich nach Japan zurückkehren oder nach England weiterfliegen sollte. Beide Länder waren etwa gleich weit von Neu-Delhi entfernt. Während ich über die Sache betete, fühlte ich eine verstärkte Neigung für Europa. Die Chance, K-san wiederzusehen, war äußerst gering, und er war der einzige Grund, weshalb ich überhaupt nach Japan wollte. Ich betete jedoch weiter, Gott möge mir klar zeigen, ob K-san der Richtige für mich sei.

In der Zwischenzeit klapperte ich sämtliche Reisebüros in der Stadt ab, um einen billigen Flug nach Europa zu bekommen. Lot, die polnische Luftfahrtgesellschaft, hatte das günstigste Angebot. Der Flug schloß eine Zwischenlandung in Warschau ein – die ideale Gelegenheit, meine Verwandten dort zu besuchen. Ich war drauf und dran, das Ticket zu kaufen, entschloß mich dann aber im letzten Moment, lieber noch einen Tag länger zu warten. Diese Entscheidung erwies sich als echte Geistesleitung, denn in der darauffolgenden Nacht wurde in Polen der Ausnahmezustand verhängt. Der gesamte Straßen- und Flugverkehr von und nach Polen kam zum Erliegen, alle Lot-Tickets wurden ungültig. Hätte ich die Flugkarte gekauft, dann hätte ich eine Menge Geld verloren.

Also kaufte ich ein Ticket der afghanischen Luftfahrtgesellschaft nach Paris, mit Zwischenlandungen in Kabul/Afghanistan und Frankfurt/Main. Für ein paar Dollar mehr konnte ich nach England weiterfliegen.

Während die Maschine startete, warf ich einen letzten Blick auf Indien, das für acht Monate meine Heimat gewesen war – ein Land, das entscheidend zur Gestaltung meiner Zukunft beigetragen hatte. Die Aussicht, wieder nach Europa zu kommen, begeisterte mich. In Frankreich wollte ich die Gelegenheit nutzen, Colette einen Besuch abzustatten, dem jungen Mädchen, das ich in Kalkutta kennengelernt und das die indischen Kleider mitgenommen hatte, die ich weiterverkaufen wollte. In England hoffte ich eine Zeitlang arbeiten zu können, wenn die Behörden es mir gestatten würden. Ich wünschte mir, dieses Land, das auf meine Kindheit so großen Einfluß ausgeübt hatte, besser verstehen zu lernen. Es war wohl der versteckte Wunsch, meine »Wurzeln« wiederzuentdecken.

»Bitte, Herr, laß mich wohlbehalten nach Europa kommen«, betete ich, während das Flugzeug höher und höher stieg.

Während der einstündigen Zwischenlandung in Kabul sah ich mich auf dem kleinen Flughafen um. Sämtliche Ausgänge waren von Soldaten bewacht. Ihre schweren Maschinengewehre ließen nichts Gutes ahnen, aber ihre Augen blinzelten mir freundlich zu. Sie waren sehr an einer Unterhaltung mit mir interessiert, und als ich wieder in die Maschine einsteigen wollte, schenkten sie mir zwei Postkarten von Afghanistan.

Auf dem Weiterflug nach Deutschland zerbrach ich mir den Kopf, wie ich bloß in Europa zurechtkommen sollte. Ich hatte gerade genug Geld, um mich eine oder zwei Wochen bei den dortigen Preisen über Wasser zu halten. Wir landeten in Frankfurt, von wo aus ich am nächsten Morgen nach Paris weiterfliegen würde. Bei meinem Rundgang durch das Flughafengebäude stellte ich mit Erschrecken fest, daß die Preise sogar noch höher waren als erwartet. Von Sorge getrieben, ging ich in die Flughafenkapelle, um zu beten. Die Bibel war im Matthäusevangelium aufgeschlagen, und die folgenden Verse sprangen mich förmlich an:

> ».. . wird er das nicht vielmehr euch tun, ihr Kleingläubigen? So seid nun nicht besorgt, indem ihr sagt: Was sollen wir essen? Oder: Was sollen wir trinken? Oder: Was sollen wir anziehen? ... Trachtet aber zuerst nach dem Reich Gottes und nach seiner Gerechtigkeit, und dies alles wird euch hinzugefügt werden.«
>
> *(Matthäus 6,30b-33)*

Diese Worte nahmen mir alle Furcht. Ich wußte, Gott würde für mich sorgen.

Als ich den Zollbeamten in Paris erzählte, wie lange ich in Indien gewesen sei, untersuchten sie jeden Winkel meines Gepäcks, überzeugt, daß ich Drogen bei mir hätte.

»Ich muß Sie leider enttäuschen«, sagte ich lachend, als sie ein Glas mit getrockneten Kräutern öffneten. Kopfschüttelnd ließen sie mich schließlich weitergehen.

Mit der Metro fuhr ich ins Stadtzentrum von Paris, wo die Jugendherberge lag. Beim Umsteigen ließ ich versehentlich einen kleinen Koffer auf dem Bahnsteig stehen. Als ich es merkte, waren die Abteiltüren bereits geschlossen. An der nächsten Station stieg ich aus und fuhr zurück, aber es war zu spät. Der Koffer war weg. Darin waren Rudolfs Bücher sowie mein Adreßbuch.

Wie sollte ich jetzt Colette finden? Und wie konnte ich wissen, wo Rudolf wohnte oder wie ich ihm seine Bücher ersetzen sollte? Am nächsten Tag ging ich zum Fundbüro, aber der Koffer war nicht abgegeben worden. Für mich war das ein Zeichen, daß Gott nicht wollte, daß ich mir meinen Lebensunterhalt durch den Weiterverkauf von Kleidern verdiente. Eigentlich war das auch ganz logisch, denn es handelte sich hier um illegale Geschäfte. Jetzt war es an Ihm, mir zu zeigen, wie ich zu Geld kommen konnte.

Von Paris flog ich nach London weiter und landete am Flughafen Heathrow.

»Sie haben sich in der verkehrten Reihe angestellt«, teilte mir die Beamtin an der Paßkontrolle mit, als sie feststellte, daß ich in England geboren war. »Sie sind doch Engländerin.«

»Heißt das, daß ich hier arbeiten darf und alles?« fragte ich erstaunt.

»Selbstverständlich. Einmal britischer Staatsbürger, immer britischer Staatsbürger!«

Mit dem Gefühl, das eine heimgekehrte Tochter beseelt, mietete ich mich in einer Jugendherberge für Australier und Neuseeländer ein. Es war zwischen Weihnachten und Neujahr, und alle Stellenvermittlungsbüros waren geschlossen. Ich konnte nichts anderes tun als warten und mir die Zeit bis zum Arbeitsbeginn am Jahresanfang möglichst angenehm vertreiben.

In der Jugendherberge freundete ich mich bald mit einem jungen Mann aus Neuseeland an. Ich gab ihm den Spitznamen Jimoh, weil dieser mir besser gefiel als sein richtiger Name Jim. Er lud mich ein, zusammen mit ihm und seinem Freund Paul zu kochen. Jeder von uns steuerte 5 Pfund zur wöchentlichen Lebensmittelrechnung bei, und wir wechselten uns mit Einkaufen und Kochen ab. Die Sache klappte vorzüglich. Wir bekamen immer mehr Freude am Kochen und liehen uns sogar Koch- und Backbücher in der örtlichen Bibliothek aus. Die anderen Bewohner der Jugendherberge schnupperten jedesmal, was es wieder Neues gab, wenn die unterschiedlichsten Düfte aus der Küche drangen. Wir organisierten Pfannkuchenpartys und luden jedermann dazu ein. Wenn es ums Essen ging, waren wir wirklich populär!

Am ersten Arbeitstag im Neuen Jahr ging ich mit Jimoh zu einem Stellenvermittlungsbüro, wo wir zuerst eine Reihe von Formularen ausfüllen mußten. Der Raum war bereits voller Leute, die alle einen Arbeitsplatz suchten. Es sah nicht gerade ermutigend aus! Jimoh und ich nahmen auf den beiden letzten noch freien Stühlen Platz.

Kurz nachdem wir angekommen waren, ging das Telefon. Dickens & Jones, ein großes Warenhaus im Herzen von London, suchte eine weibliche Aushilfe fürs Restaurant. Überrascht stellte ich fest, daß ich die einzige weibliche Person im Raum war. Ich hatte also einen Job – einfach so!

Die Arbeit war anstrengend und wurde schlecht bezahlt. Neun Tage lang räumte ich schmutziges Geschirr von den Tischen im Restaurant ab acht Stunden pro Tag. Ich besaß nur noch zwei Pfund, mit denen ich die ganze Woche auskommen mußte. Aber Gott sorgte für mich. Vom Geschäft erhielten wir Gutscheine, für die wir uns im Selbstbedienungsrestaurant, das dem Personal vorbehalten war, ein komplettes Mittagessen holen konnten, einschließlich Nachtisch und Getränk. Und was noch besser war: der Herbergsvater gestattete mir, erst eine Woche später für meine Unterkunft zu bezahlen, nachdem ich meinen ersten Lohn bekommen hatte. Dann gab mir ein Kunde überraschenderweise zwei Pfund Trinkgeld, und am nächsten Tag fand ich eine Pfundnote auf dem Fußboden. Es schien so, als würde sich das Geld von Tag zu Tag vermehren.

An meinem letzten Arbeitstag bei Dickens & Jones zeigte mir Andrea, eine Kollegin aus Neuseeland, Bilder von Gottesdiensten ihrer Gemeinde, einer Gruppe von Christen, die sich außerhalb Londons versammelten.

»Ich würde gerne einmal einen Gottesdienst bei euch besuchen«, sagte ich zu ihr. Also trafen wir uns am darauffolgenden Sonntag auf dem Viktoriabahnhof und stiegen in einen Zug, der nach Kent fuhr. Andrea bezahlte für mich und bemerkte, sie hätte mich ja schließlich eingeladen. Ich hätte auch gar nicht genug Geld für die Fahrkarte gehabt. Es war, wie sich herausstellte, eine Gruppe von Pfingstgläubigen, die an das Erlebnis der Geistestaufe mit dem anfänglichen Zeichen des Redens in neuen Zungen glaubten. Zudem praktizierten sie die Glaubenstaufe, bei der der Täufling vollständig im Wasser untergetaucht wird. Als man erfuhr, daß ich nicht auf diese Weise getauft worden war, betrachtete man mich als Heidin. Ich ließ mich deshalb ohne Zögern in der Badewanne untertauchen und erfüllte damit die notwendigen Voraussetzungen eines »richtigen« Christen.

Am nächsten Tag ging ich zum American Express-Büro, wo zwei Briefe mit wichtigen Neuigkeiten mich erwarteten. Der eine kam von Jane, dem Mädchen aus Kanada, das bei Mutter Teresa in Kalkutta arbeitete. Sie schrieb, sie habe K-san in der »Red Shield«-Jugendherberge getroffen und ihm meinen Brief gegeben. Er habe sich gefreut, von mir zu hören, besitze aber nicht genug Geld, um nach London zu kommen und mich zu besuchen. Ich sah dies als eine Antwort auf meine Gebete an. Von nun an stand für mich fest, daß unsere Beziehung vorbei war und endgültig der Vergangenheit angehörte. Die Sache mit K-san war ein wichtiger Meilenstein in meinem Leben gewesen; ich würde immer gern an ihn zurückdenken. Er hatte mir gezeigt, daß ich fähig war, mich an einen anderen Menschen zu verschenken.

Der zweite Brief kam von Rob, dem Australier, der in Indien nach spiritueller Erfüllung suchte. Wäre ich, wie geplant, einen Tag früher gegangen, um meine Post abzuholen, dann hätte ich seinen Brief nicht bekommen. Aus dem Schreiben war zu entnehmen, daß Rob und sein Freund wie auf glühenden Kohlen saßen und unbedingt mehr über meine Erlebnisse bei Sai Baba erfahren wollten. Seit sechs Wochen hatten sie vergeblich versucht, wieder nach Puttaparthi zu kommen. Jedesmal, wenn sie sich auf den Weg machen wollten, kam irgend etwas dazwischen. Rob konnte sich nicht erklären, was das Hindernis war, vermutete aber, daß ich irgend etwas mit der Sache zu tun hatte. Noch am gleichen Abend schrieb ich ihm einen ausführlichen Brief, in dem ich über alle meine Erfahrungen berichtete und nichts ausließ. Ich empfahl ihm dringend, Tals Buch zu lesen.

Vier Wochen später erhielt ich einen kurzen Brief von Rob. Er schrieb, daß sie beide, er und sein Freund, total schockiert gewesen seien, als sie meinen Bericht gelesen hätten. Sie hatten sich auf meinen Rat hin das besagte Buch besorgt und waren mittlerweile beide Christen geworden.

Rückblickend auf alles, was geschehen war, seit ich Indien verlassen hatte, konnte ich nur staunen, wie klar die Hand Gottes in meinem Leben zu erkennen war, und zwar in jeder Hinsicht, sei es auf dem Gebiet der Finanzen, der Freundschaften oder der Gemeinde. Und das gleiche traf auch auf die Ereignisse zu, die folgen sollten.

Kapitel 19

Richtung Heimat

Ich ging nicht mehr zum Stellenvermittlungsbüro, um mir einen anderen Arbeitsplatz zu suchen, sondern beschloß, statt dessen lieber die Höhepunkte meiner Erlebnisse mit Sai Baba aufzuschreiben. Ich besaß jetzt genug Geld, um für einige Wochen über die Runden zu kommen. Was ich jedoch unbedingt brauchte, war eine Schreibmaschine. Nachdem ich am folgenden Sonntag einen Gottesdienst in einer nahe gelegenen Kirche besucht hatte, sah ich eine Schreibmaschine im Gemeindebüro stehen. Der Pastor erklärte sich bereit, mir das Büro für die Nachmittage zur Verfügung zu stellen. Gegen eine Kaution von ein paar Pfund Sterling erhielt ich einen Schlüssel. Wieder hatte Gott auf außergewöhnliche Weise für meine Bedürfnisse gesorgt. Am folgenden Nachmittag kaufte ich mir das notwendige Büromaterial und machte mich auf den Weg, mit meiner Arbeit zu beginnen. Doch es sollte anders kommen.

Unterwegs zur Kirche sah ich ein Schild, das auf eine Sprachschule hinwies. Da ich es nicht besonders eilig hatte, stieg ich die Treppe hinauf, um mich näher zu informieren. Eine Dame saß an der Empfangstheke und schrieb auf einer Schreibmaschine. Ich stellte fest, daß in dieser Schule das gleiche Lehrbuch verwendet wurde, nach dem ich meine Schüler in Japan unterrichtet hatte. Die Dame – mit Namen Margaret – sprach mich an, und es stellte sich heraus, daß sie die Schulleiterin war. Während der Unterhaltung kamen wir auch auf die verschiedenen Unterrichtsmethoden zu sprechen. Dieses Thema war für Margaret offensichtlich von besonderem Interesse. Ich hatte Freude an unserem Gespräch, war aber total überrumpelt, als Margaret mich plötzlich fragte, ob ich nicht Lust hätte, in ihrer Schule zu unterrichten. Sie wollte einige Wochen in Kenia Urlaub machen und suchte jemand, der sie während dieser Zeit vertrat. Ehe ich antworten konnte, fügte sie hinzu, sie müsse natürlich zuerst sehen, ob ich fähig sei zu lehren. Ob ich bereit sei, eine Lehrprobe abzulegen – vielleicht in einer Stunde?

»Aber ich habe seit über einem Jahr keinen Unterricht mehr gegeben«, stieß ich überrascht hervor.

»Das macht nichts. Wenn Sie die Arbeit nicht haben wollen, finde ich bestimmt jemand anders«, meinte sie, ziemlich kurz angebunden.

»Also gut«, erwiderte ich schnell. »Lassen wir es auf einen Versuch ankommen!« Während der nächsten Stunde arbeitete ich fieberhaft, um mich auf den Unterricht vorzubereiten, und betete dabei nicht weniger fieberhaft. Zum Glück handelte es sich um eine Lektion für Anfänger, die ich bereits in Japan gehalten hatte.

Als die Klingel ertönte, begab ich mich ins Klassenzimmer, wo ein Meer von Gesichtern mich begrüßte. Aller Augen waren auf die neue Lehrerin gerichtet. Margaret saß hinten auf der letzten Bank und machte sich diskret Notizen, während ich unterrichtete. Die Schüler gingen gut mit und reagierten wesentlich spontaner als die in Japan. Ehe ich mich versah, war die Stunde zu Ende. Anschließend blieben noch einige Schüler zurück, um mir Fragen zu stellen. Schließlich ging auch der letzte hinaus, und ich blieb allein mit Margaret zurück.

»Könnten Sie am kommenden Montag beginnen?« fragte sie mich. »Sie brauchen nur jeden Vormittag drei Stunden lang zu unterrichten – und zwar so lange, bis ich wieder da bin.«

Ich hatte eine Arbeitsstelle, ohne danach gesucht zu haben! Ich konnte nur staunen, wie Gott Sein Wort einlöste und für mich sorgte.

Natürlich war ich viel zu aufgeregt, um ins Büro zu gehen und zu tippen. Das mußte bis morgen warten. Heute wollte ich erst einmal mit Jimoh und Paul richtig feiern! Ich kaufte ein Kaninchen und bereitete ein schmackhaftes Essen zu, das wir zusammen mit der unvermeidlichen Flasche Apfelwein wegputzten. Wir unterhielten uns noch lange über dies und das, und Jimoh und ich lösten ein Kreuzworträtsel – mittlerweile unser liebster Zeitvertreib.

Am Montag hielt ich die erste Unterrichtsstunde mit etwa zwanzig Schülern ab. Ungefähr die Hälfte davon waren Flüchtlinge aus Polen, die übrigen kamen aus verschiedenen, meist arabischen Ländern, einige aber auch aus Europa. Wenn ich die polnischen Schüler aufrief, sprach ich ihre Namen auf Polnisch aus. Nach dem Unterricht kam einer von ihnen, mit Namen Andreas, auf mich zu und wollte wissen, ob ich etwas mit Polen zu tun hätte. Bereits nach wenigen Sätzen klagte er mir sein Leid: daß er keinen Glauben habe, sich aber gerade danach mehr als nach allem anderen sehne. Es war ein wirklich ungewöhnliches Gespräch, und wir setzten es fort, während wir den kurzen Weg bis zu meinem Quartier zu Fuß zurücklegten.

Am Dienstag war Margaret bereits wieder da. Sie hatte keinen Flug nach Kenia bekommen, war aber derart mit ihrer Büroarbeit im Rückstand, daß sie mich bat, weiter zu unterrichten, während sie die Sachen aufarbeitete.

»Übrigens«, meinte sie beiläufig, »in unserer anderen Schule wird noch ein Ersatzlehrer für die Nachmittage gesucht. Eine Bewerberin wird sich, soviel ich weiß, heute vorstellen. Wenn Sie Lust haben, können Sie es ja auch versuchen.«

Durch weiteres Nachfragen erfuhr ich, daß die andere Kandidatin eine erfahrene Lehrkraft war und den Lehrplan bereits kannte, was bei mir nicht der Fall war. *Vielleicht sollte ich es trotzdem versuchen,* dachte ich. Viel zu verlieren hatte ich nicht, auch wenn die Chance, den Job zu bekommen, gering war.

Die Schule war gut zu Fuß zu erreichen und leicht zu finden. Kaum hatte ich der Schulleiterin meinen Namen genannt, da teilte sie mir mit, ich könne die Stelle haben.

»Und was ist mit der anderen Bewerberin?« erkundigte ich mich skeptisch.

»Sie ist gar nicht gekommen.«

»Sie meinen, ich könnte die Stelle so ohne weiteres haben? Sie wissen doch gar nicht, ob ich lehren kann!«

»Margaret hat Ihnen beim Unterrichten zugehört. Das genügt mir.«

Sprachlos vor Überraschung ging ich hinaus. Nun hatte ich zwei Stellen, vormittags drei Stunden und nachmittags drei, ohne mich um eine von beiden bemüht zu haben! Gott tat wirklich wunderbare Dinge für mich!

Im Lauf der darauffolgenden Wochen kam ich in eine Routine hinein, die mir zusagte und mich nicht überforderte. Nach dem Vormittagsunterricht kehrte ich in mein Quartier zurück, aß dort zu Mittag und ging dann das kurze Stück zu der anderen Schule zu Fuß, wo ich mich auf den Nachmittagsunterricht, der um 4 Uhr begann, vorbereitete.

Mehrere Tage lang begleitete Andreas mich nach der Schule zur Jugendherberge. Schließlich lud ich ihn zum Mittagessen ein und erzählte ihm dabei von meinen Erlebnissen in Indien. Innerhalb von nur einer Woche verbrachten wir unsere gesamte Freizeit miteinander.

Andreas arbeitete in den Abendstunden, deshalb konnten wir jeden Tag vier Stunden zusammen sein. Wie bereits erwähnt, war er auf der Suche nach Gott, und bei unserem ersten »Rendezvous« lud er mich in die polnische Kirche zur Messe ein. In der darauffolgenden Woche gingen wir wieder hin und nahmen diesmal auch an der Beichte und am Abendmahl teil. Andreas war auch an den Gottesdiensten der pfingstlichen Gruppe interessiert, die ich weiterhin zweimal in der Woche besuchte. Nachdem er das erste Mal mitgekommen war, ließ er sich gleich in der nächsten Woche taufen. Das veränderte seine Lebenseinstellung von Grund auf. Wir waren beide überglücklich im Herrn.

Die Zeit flog nur so dahin. Andreas und ich hatten den Eindruck, daß wir den Leuten in Polen helfen müßten, und überlegten, was zu tun sei. Schließlich kam uns der Gedanke, alle Hotels in der Nähe aufzusuchen und nachzufragen, ob irgendwelche Kleidungsstücke von den Gästen zurückgelassen worden waren, die wir dann der polnischen Gemeinde überließen. Diese beförderte die Sachen jeweils mit Lastwagen nach Polen. Die Hotelbesitzer unterstützten uns in unseren Bemühungen und brachten hin und wieder sogar abgelegte Kleidung von zu Hause mit. Eine Frau schenkte uns vier Säcke voll Kleider, die sie aus irgendeinem Grund versäumt hatte, zur örtlichen Sozialstation zu bringen. Jeder Sack wog ungefähr 15 kg. Wir richteten es so ein, daß wir die Kleider einmal in der Woche bei den Hotels abholten und sie vorübergehend in meinem Quartier zwischenlagerten.

Meine Zeit war gut ausgefüllt. Neben dem Unterricht traf ich mich täglich mit Andreas, tippte meine Indienerlebnisse auf der Schreibmaschine im Kirchenbüro und besuchte jeden Sonntag und Mittwoch die Gottesdienste der Pfingstgemeinde.

Je länger ich dorthin ging, um so mehr erfuhr ich über meine neue Familie in Christus. Die Leute waren gegen die katholische Kirche eingestellt. Sie betrachteten den Papst als Antichrist und die Marienverehrung als puren Götzendienst. Überrascht stellte ich fest, wie wenig Interesse sie an unseren Kleidersammlungen zeigten. Ihnen ging es in erster Linie darum, daß Menschen für Jesus gewonnen wurden. Zudem war die Geistestaufe mit dem Zeichen des Zungenredens für sie außerordentlich wichtig. Ich nahm diese Gedanken zunächst mit einer gewissen Skepsis an. Doch trotz dieser anfänglichen Reibungspunkte freute ich mich jedesmal auf die Gottesdienste. Die Gemeinschaft mit den Geschwistern baute mich geistlich auf und stärkte mich im Glaubensleben. Gelegentlich gab es auch ein geselliges Beisammensein sowie hin und wieder Gebets- und Fastentage, die gewöhnlich damit endeten, daß wir auf den Straßen der Umgebung Traktate an die Leute verteilten.

Andreas kam oft zum Mittagessen in unsere Jugendherberge – sehr zum Leidwesen von Jimoh, der den jungen Polen als seinen Erzrivalen betrachtete. Eines Abends kam Jimoh nach Hause, und in seinem Blick lag etwas Unmißverständliches. Ich wußte, daß er mich gern hatte. Am darauffolgenden Tag war Andreas wieder zum Mittagessen bei uns. Jimoh war giftig. Er teilte nach allen Seiten hin sarkastische Bemerkungen aus, die besonders mich trafen. Da er meine Schwachpunkte genau kannte, nutzte er die Gelegenheit, jeden einzelnen von ihnen aufs Korn zu nehmen. Schließlich verließ er wutentbrannt das Haus und begab sich auf Sauftour, von der er erst am nächsten Abend zurückkehrte.

Als er nach Hause kam, weinte er. Im Wirtshaus hatte er ein paar Kerle aus Blackpool kennengelernt. In einer dunklen Seitenstraße hatten sie ihn überfallen und ihm alles Geld abgenommen, das er vom letzten Wochenlohn noch bei sich hatte. Außerdem hatten sie ihm die Nase eingeschlagen und seine Brille kaputtgemacht, so daß er sich im Dunkeln heimwärts tasten mußte. Wir riefen sofort einen Krankenwagen, und ich fuhr mit ihm ins Hospital. Einige Stunden später gingen wir fröhlich zu Fuß nach Hause; der Streit zwischen uns war beigelegt. Von dieser Zeit an gab Jimoh mir den Spitznamen »mein liebster Jesus-Freak«. Einer unserer Mitbewohner in der Jugendherberge ließ einen Hut herumgehen, und wir alle steuerten mit zu Jimohs Miete bei.

Das Unterrichten war eine echte Herausforderung für mich, die mir keineswegs nur Freude bereitete. Es gab Tage, an denen ich mir wünschte, die Schule nie im Leben wiedersehen zu müssen. Dann blieb mir nichts anderes übrig, als mich ganz auf Gott zu verlassen und Ihm zu vertrauen, daß Er mich durchbringen würde. Wiederum gab es andere Tage, die diese negativen Erlebnisse mehr als wettmachten und an denen ich die Schule mit einem Gefühl tiefer Befriedigung verließ. Doch weil ich mich mehr auf das Buch konzentrieren wollte, das zu schreiben ich als göttlichen Auftrag empfand, kündigte ich meine beiden Unterrichtsstellen zu Ende Februar. Der letzte Schultag verlief in meiner Vormittagsklasse nicht anders als sonst auch. In den sechs Wochen, die ich dort unterrichtet hatte, hatte ich nie das Gefühl gehabt, daß es meine Klasse sei. Die Schüler betrachteten Margaret als ihre Lehrerin, und das wirkte sich auch auf meinen Unterricht aus. Im Gegensatz dazu hatte ich meine Nachmittagsklasse von Anfang an gehabt, und zwischen uns war eine Beziehung gewachsen, die man als außergewöhnlich gut bezeichnen konnte. Deshalb war ich auch nicht überrascht, als mir die 16 Schüler nach einer lustigen Parodie, die ich für den Abschlußabend vorbereitet hatte, alle einen Blumenstrauß überreichten. Anschließend gingen wir noch in ein Restaurant, um gemütlich Kaffee zu trinken. Beladen mit einem Haufen kleiner Geschenke und mit schwerem Herzen begab ich mich schließlich auf den Heimweg. Ich vermißte meine Schüler bereits jetzt!

Noch etwas anderes machte mir zu schaffen: Ich hatte schon lange nichts mehr von meiner Mutter gehört. Als endlich ein Brief von ihr eintraf, kam er aus dem Krankenhaus, und die Schrift war zittrig. Die Zuckerkrankheit, die Mutter bereits seit beinahe zwanzig Jahren hatte, war so schlimm geworden, daß sie sie nicht mehr kontrollieren konnte. Mutter schrieb, sie glaube nicht, mich noch einmal wiederzusehen. Ich rief sie umgehend im Krankenhaus an, und wir mußten beide am Telefon weinen. Die Bibel wußte über solche Fälle klare Aussagen zu machen:

*»Ehre deinen Vater und deine Mutter, damit du
lange lebst in dem Land, das der Herr, dein Gott,
dir gibt.«*

(2. Mose 20,12)

Ich wußte, ich mußte nach Hause.

Am nächsten Tag erkundigte ich mich nach einer geeigneten Flugverbindung. Das billigste Ticket war auf »Standby« via Seattle und kostete nur die Hälfte des normalen Preises. Allerdings mußte ich in aller Kürze abreisen. Die nächsten Tage hatte ich alle Hände voll zu tun, um die nötigen Vorbereitungen zu treffen. Am Abreisetag nahm Andreas sich extra für mich frei. Er kochte ein Essen mit vier Gängen und brachte mich anschließend zum Flughafen, wo er mich zum Abschied liebevoll in die Arme nahm.

Wieder war ein Kapitel meines Lebens abgeschlossen. Gott hatte mir in dieser Zeit auf vielfältige Weise Seine Gnade und Treue erzeigt. Er hatte alle meine Schritte gelenkt – viel besser, als ich es je gekonnt hätte. Ich ahnte noch nicht, daß sich das nun folgende Kapitel als eines der schwierigsten meines Lebens erweisen würde.

Kapitel 20

Rückkehr von Sai Baba
und Heilung

Mit gemischten Gefühlen saß ich in der Maschine nach Seattle.
Zum einen hatte ich Andreas zurücklassen müssen, dessen
Freundschaft mir sehr viel bedeutet hatte. Zum anderen kehrte
ich in eine Welt zurück, mit der ich jeglichen Kontakt verloren
hatte. Was mich aber am meisten beschäftigte, war der Zustand
meiner Mutter. Wie sich doch die Zeiten ändern konnten: Früher
hatte sie für mich gesorgt, jetzt war es an mir, ihr in ihrer
Hilflosigkeit beizustehen. Außerdem war da die Frage meines
Christseins. Ob es überhaupt richtige Christen in Kanada gab?
Und würden meine früheren Freunde mich noch akzeptieren,
nachdem Christus der Mittelpunkt meines Lebens geworden
war? Würde ich wieder so gute Gemeinschaft finden wie in
England?

Als wir in Seattle gelandet waren und ich das Rollfeld betrat,
war jedoch ein gut Teil meiner Sorgen verflogen. Ich fühlte mich
auf Anhieb zu Hause und konnte mich kaum satt sehen an den
vertrauten Konturen der im amerikanischen Stil errichteten Gebäude, die ich ja seit beinahe drei Jahren nicht zu Gesicht
bekommen hatte.

Vom Busbahnhof aus rief ich zu Hause an. Als ich den
Telefonhörer in die Hand nahm, entdeckte ich ein Traktat, das
irgendwelche Christen vor mir zurückgelassen hatten. Für mich
war das ein Zeichen, daß es nicht nur auf der anderen Seite des
Atlantiks Gotteskinder gab, sondern auch hier. Diese Gewißheit
verstärkte sich beim Anblick eines jungen Mannes, der einen
Anstecker mit dem Namen »Jesus« trug, noch mehr. Ein zufrie-
denes Lächeln ging über mein Gesicht wegen dieser offensicht-
lichen göttlichen Bestätigung.

Je näher der Bus meiner Heimatstadt Vancouver kam, um so aufgeregter wurde ich. Die vertrauten Orientierungspunkte am Weg ließen eine Fülle von Erinnerungen wach werden. Die sauberen Holzhäuser mit den gepflegten Vorgärten und den unvermeidlichen Rasensprengern, die ich früher kaum bemerkt hatte, traten jetzt selbst als wichtige Elemente hervor.

Obwohl die Straßenzüge sich nicht groß verändert hatten, war ich schockiert zu sehen, daß so viele Geschäfte in der kurzen Zeit den Besitzer gewechselt hatten. Eine ganze Anzahl Second-hand-Shops war entstanden, ein deutliches Zeichen für die schwierigen wirtschaftlichen Verhältnisse im Land, von denen man mir bereits in England berichtet hatte. Ich fragte mich, ob ich überhaupt eine Arbeitsstelle finden würde.

In Vancouver angekommen, holte mich mein Bruder vom Bus ab. Abgesehen von ein paar zusätzlichen grauen Haaren hatte er sich überhaupt nicht verändert. Wir unterhielten uns angeregt, bis wir nach Hause kamen, wo Mutter uns an der Tür erwartete. Ihre offensichtliche Hinfälligkeit erschütterte mich tief.

»Barbara, wie froh bin ich, daß du gekommen bist!« empfing sie mich. Sie schien wirklich erleichtert zu sein. »Ich hätte nicht geglaubt, dich noch einmal wiederzusehen!« Es war eine tränenreiche Begrüßung. Später erzählte mir die Ärztin im Vertrauen, sie habe nicht damit gerechnet, daß Mutter die schwere Krankheit überstehen würde, aber meine Rückkehr habe offensichtlich ein Wunder zustande gebracht.

Langsam lebte ich mich wieder zu Hause ein. Überrascht und erfreut stellte ich fest, daß Chris, mit der mich die längste Freundschaft verband, ebenfalls während meiner Abwesenheit zu Christus gefunden hatte. Wir mußten lachen, als wir uns vorstellten, wie Gott uns beiden zur gleichen Zeit nachgegangen war, obwohl ich mich auf der anderen Seite des Globus befunden hatte. Am nächsten Tag fragte sie mich, ob ich nicht zu ihr ziehen wolle. Mutters Haus war sehr klein. Außerdem merkte ich, daß meine Anwesenheit meinem Bruder nicht recht paßte, da er sich daran gewöhnt hatte, mit Mutter allein zu leben. So nahm ich die Einladung dankbar an.

Die Frage, welcher Gemeinde ich mich anschließen sollte, löste Gott sehr schnell. Eines Tages entdeckte ich im Schaufenster eines christlichen Buchladens ein Buch mit dem Titel *The Death of a Guru* (»Der Tod eines Gurus«). Dieses Buch, das von der Pilgerreise eines Hindus zu Christus berichtet, war mir bereits in England empfohlen worden. Deshalb betrat ich den Laden und fing eine Unterhaltung mit der Dame hinter der Theke an. Es stellte sich heraus, daß Doris – so hieß die Dame – für 17 Jahre als Missionarin in Indien und Nepal gelebt hatte. Sie war von dem, was ich ihr erzählte, fasziniert und wollte unbedingt meine Notizen lesen. Sie selbst hatte damit begonnen, ein Buch mit Zeugnissen von Weltenbummlern zusammenzustellen, die sich in Indien zu Christus bekehrt hatten. Doris leitete zudem das »Link House«, eine christliche Wohngemeinschaft für Studenten aus dem In- und Ausland. Sie lud mich in eine charismatische Gemeinde ein, der ich mich dann auch anschloß.

Mit Mutters Gesundheit ging es immer mehr bergab. In den folgenden Monaten mußte sie mehrmals ins Krankenhaus eingeliefert werden. Ihre Beine waren geschwollen, und sie konnte kaum gehen. Die Ärzte stellten eine verdächtige Geschwulst an der Bauchspeicheldrüse fest, obwohl sie bei der anschließenden Operation gesundes Gewebe vorfanden. Doch durch diese Operation war Mutter emotional stark angeschlagen. Ihre eingeschränkte Bewegungsfähigkeit und die ständigen Schmerzen machten ihr schwer zu schaffen.

Mindestens ebenso gefährlich war jedoch die Tatsache, daß es mit meinem geistlichen Zustand ebenfalls bergab ging. Die Reinheit des Glaubens, die in Indien verhältnismäßig leicht zu bewahren gewesen war, verblaßte langsam, aber sicher. Die Menschen in Vancouver lebten so, als gebe es keine andere Dimension als die materielle. In dieser Umgebung verloren die geistlichen Konturen immer mehr an Schärfe. Und das Schlimmste war, daß ich anfing, die mich umgebenden Wertvorstellungen zu übernehmen. Ich entfernte mich mehr und mehr von Gott und zweifelte manchmal sogar an Seinen guten Absichten. War Gott wirklich an mir interessiert? Kümmerte Er sich überhaupt um mich? Wo war Er denn?

Beinahe unmerklich spürte ich auf einmal Sai Babas Gegenwart in meiner Nähe. Als ich zum ersten Mal seine Stimme hörte – es war nur ein leises Flüstern –, tat ich sie als Hirngespinst ab. Aber er wurde immer frecher. Die zuerst kaum vernehmbare

Stimme wurde laut und unüberhörbar. Meine eigenen Gedanken wurden von anderen Gedanken überlagert, die sich deutlich von den meinen unterschieden und Sätze formten, die eine mir fremde Struktur und Grammatik aufwiesen. Sie stammten ganz offensichtlich nicht von mir.

Es war entsetzlich. Dieses Eindringen in meine logischen Grenzen riß mich aus der Normalität heraus und verwies mich in ein Land, das unsere Kultur nicht als real anerkennt. Eine Gesellschaft, die der Realität solcher Manifestationen skeptisch gegenübersteht, hat auch keine Ahnung, wie damit umzugehen ist. Ich fühlte mich total allein. War denn keiner da, der mir helfen konnte, keiner, der Verständnis für mich hatte? Warum war Sai Baba zurückgekommen?

Dann fiel mir plötzlich Doris im »Link House« ein. Sie war lange genug in Indien gewesen, um die Realität dessen, was mir widerfahren war, zu begreifen. Schnell lief ich zu ihrem Haus, das nicht weit entfernt war, hinüber. Eine Gruppe von Leuten, die gerade dort wohnten, betete mit mir, und ich wurde ruhiger.

Doch im Lauf der darauffolgenden Wochen wurde ich mir immer häufiger der Gegenwart Sai Babas bewußt. Jedesmal ergriff mich panische Angst, sobald er sich bemerkbar machte. Und ohne es zu wollen, fing ich schließlich an, quasi darauf zu warten, daß er wiederkäme. Anstatt mich auf Gott zu konzentrieren, dachte ich nur noch an Sai Baba.

Natürlich kämpfte ich dagegen an wie ein Löwe. Häufig ging ich ins »Link House« hinüber, um mir Hilfe zu holen. Sogar mitten in der Nacht, wenn Sai Babas Stimme mich am meisten quälte und ich hellwach dalag, rief ich manchmal bei meinen Freunden an und bat darum: »Betet mit mir!«

Sonst wußte keiner in meiner Umgebung, was mit mir los war. Ich hatte Angst, meine Freunde könnten mich, wenn die Sache ans Licht käme, für verrückt erklären. Wenn man mich bloß nicht eines Tages in die Psychiatrie brachte! Im tiefsten Innern war ich zwar überzeugt, daß mein Zustand geistlichen Ursprungs war und die Lösung deshalb auch nur geistlich sein konnte. Dennoch war mir kein einziger Fall bekannt, wo man einem Menschen mit ähnlichen Problemen hatte helfen können. Wahrscheinlich stand ich mit meiner Erfahrung ganz allein auf weiter Flur!

Verzweifelt setzte ich mich gegen die Angriffe zur Wehr. Ich versuchte, mich auf Gott zu konzentrieren, aber immer wenn ich das tat, sah ich Sai Baba vor mir, wie er auf seinem Thron saß, in sein orangefarbenes Gewand gehüllt, und mich verspottete. Alle meine Versuche, selbst mit der Situation fertig zu werden, schlugen fehl. Je verzweifelter ich kämpfte, um so schlimmer wurde es. Ich verlor eine Schlacht nach der anderen. Sai Baba hatte von neuem die Herrschaft über mich, und er wußte es.

Tief in meinem Herzen begann ich, an Gott zu zweifeln. Hatte Er mich auch fallenlassen? Wie hatte Er so etwas zulassen können? Wollte Er mich am Ende auch vernichten? Sai Babas Stimme, die jetzt niemals weit weg war, bestärkte mich natürlich in diesen Gefühlen und goß permanent Öl ins Feuer. In meinem Kopf drehte sich alles. Ich kam kaum noch zur Ruhe.

Um alles noch schlimmer zu machen, entdeckte ich plötzlich auch Swami Premananda in meiner Nähe. Total verwirrt und durcheinander von den vielen schlaflosen Nächten, war ich mutlos und verzweifelt. Mutter bemerkte die Veränderung in mir und gab der Gemeinde, der ich angehörte, die Schuld. Sie hatte einen Traum gehabt, in dem der Teufel mich ergriffen und ich im Feuer der Hölle laut um Hilfe geschrien hatte.

»Gott hat mir gesagt, du sollst dich von dieser Gemeinde trennen«, versuchte sie mich zu überzeugen. »Du hast deinen katholischen Glauben, den einzig wahren Weg zum Heil, verlassen und wirst deshalb im höllischen Feuer brennen müssen. Was ist das für eine komische Religion, die dich so depressiv macht? Wo ist deine Fröhlichkeit geblieben? Du bist nicht mehr die Barbara, die ich früher gekannt habe.«

Mutter hatte recht. Ich war wirklich zutiefst unglücklich. Trotzdem merkte ich, daß der Teufel sie dazu benutzte, mich mürbe zu machen.

Ich war kurz davor, durchzudrehen. Jetzt verstand ich auf einmal die Bestürzung, die Angst und den panischen Schrecken, die der Schizophrene empfindet, denn ich erlebte alle diese klassischen Symptome am eigenen Leibe. Mit aller Kraft klammerte ich mich an der Normalität fest, obwohl das zuweilen mit einer derartigen Anstrengung verbunden war, daß ich mich fragte, ob die Mühe sich überhaupt lohne.

Doch immer dann, wenn mich totale Verzweiflung übermannen wollte, kam mir der Heilige Geist zu Hilfe, und ich erfuhr vorübergehend Erleichterung. Die meiste Zeit allerdings mußte ich sehen, wie ich allein fertig wurde. Gott wollte mich ganz offensichtlich etwas lehren, aber ich wußte nicht, was es war.

Eines Tages kam es zur Krise. Wieder lief ich ins »Link House« hinüber, aber alles Beten und Reden schien nichts zu nützen. Die Angriffe waren besonders stark. Vollkommen erschöpft, lag ich auf einem Bett und schluchzte hemmungslos.

In ihrer Verzweiflung rief Doris die Ältesten unserer Gemeinde an und vereinbarte ein Treffen zwischen ihnen und mir. Marilyn, eine gestandene Christin, die im Haus wohnte, begleitete mich. Ich war innerlich so durcheinander, daß ich nicht wußte, ob ich wirklich hingehen sollte oder nicht. Andererseits war mir klar, daß ich keine andere Hoffnung hatte.

Die neun Ältesten saßen im Kreis und bedeuteten uns, auf zwei freien Stühlen Platz zu nehmen. Dann fingen sie an, mir Fragen zu stellen.

»Weshalb bist du hierher gekommen?«

In kurzen Worten erzählte ich meine Geschichte und schloß mit der gegenwärtigen Situation.

»Kannst du uns etwas über deine Herkunft und Erziehung berichten?«

»Die waren eigentlich ganz normal. Ich bin zur Universität gegangen, habe mit einem Bakkalaureat in Psychologie abgeschlossen, danach für gut vier Jahre in der Forschung gearbeitet und bin dann um die Welt gereist.«

»Was für eine Bedeutung hat für dich der Teufel?« wollte ein anderer wissen.

»Er ist der Vater der Lüge und ein Mörder von Anfang an.« Ich wußte genau, was die Bibel darüber sagte.

Jemand aus der Gruppe schlug vor, wir sollten gemeinsam das Lukasevangelium, Kapitel 11 aufschlagen. Dort heißt es:

>*Wenn ein böser Geist von einem Menschen ausgefahren ist, durchwandert er dürre Orte und sucht Ruhe; und da er sie nicht findet, spricht er: Ich will in das Haus zurückkehren, das ich verlassen habe. Und wenn er kommt, findet er es gekehrt und*

185

geschmückt. Dann geht er hin und nimmt sieben andere Geister mit, schlimmer als er selbst, und sie gehen hinein und wohnen dort. Und der endgültige Zustand jenes Menschen wird ärger als der Anfang.«

(Lukas 11,24-26)

Ich konnte mich sofort mit diesem Menschen identifizieren. Ich wußte, das war ich.

»Aber weshalb ist der böse Geist zurückgekommen?« fragte ich.

»Was, denkst du, ist damit gemeint, daß das Haus ›gekehrt‹ war?«

»Ich nehme an, es bedeutet leer.«

»Leer von was?«

»Von Jesus vielleicht?« Schritt für Schritt war mir durch das Gespräch klar geworden, daß ich ja wirklich leer war. Ich hatte mich von Gott entfernt, und nun wohnte Jesus nicht mehr in meinem Herzen.

»Was möchtest du jetzt tun?«

»Ich möchte Jesus wieder in mein Herz aufnehmen«, war meine überzeugte Antwort.

Die Ältesten bildeten einen Kreis um mich und legten mir die Hände auf. Ich bat Jesus, von neuem in mein Herz zu kommen, und zum ersten Mal nach langer Zeit verspürte ich wieder die Freude des Heiligen Geistes, die mich von Kopf bis Fuß durchströmte. Ich bedankte mich bei den Ältesten und verließ freudig erregt das Haus. Auf dem Heimweg nahm ich einen Anhalter im Auto mit, dem ich sofort die ganze wunderbare Geschichte erzählte.

Die Veränderung war eine bleibende. Ich konnte zwar immer noch gelegentlich Sai Babas Stimme hören und seine Gegenwart verspüren, aber ich war imstande, mich von ihm fernzuhalten und seine Angriffe zu ignorieren. Das bedeutete eine enorme Verbesserung meines Zustandes, konnte ich doch wieder wie ein ganz normaler Mensch am Leben teilnehmen. Selbst Mutter hörte auf, sich Sorgen zu machen.

Sai Baba hatte mich nun nicht mehr fest im Griff. Seine Stimme, die jetzt weniger intensiv zu vernehmen war, akzeptierte ich als den Preis, den ich dafür bezahlen mußte, daß ich mich leichtfertig mit der Geisterwelt eingelassen hatte, obwohl dieses Gebiet für uns Menschen gemäß der Bibel verboten ist.

Einige Zeit später empfahl Doris mir, an einem Sommerkurs über Evangelisation teilzunehmen, den Michael Green, ein bekannter, dynamischer christlicher Leiter, in einem christlichen College abhielt. Die Lektionen waren aufrüttelnd und begeisternd. Im Verlauf eines Seminars sprach Bruce, Michaels Mitarbeiter, wie beiläufig über seinen Befreiungsdienst in England. Ich spitzte die Ohren. Vielleicht konnte dieser Mann mir helfen! Ich vereinbarte umgehend ein Treffen mit ihm.

Zu Beginn unserer Aussprache teilte ich ihm in kurzen Zügen meine Geschichte mit.

»Viele Christen sind der Meinung, daß sie sich mit gewissen Zuständen in ihrem Leben abfinden müssen«, erklärte er mir. »Das stimmt aber nicht. Jesus möchte, daß wir ganz gesund und völlig frei von allen dämonischen Einflüssen sind.«

Dann legte er mir die Hände auf und ließ mich durch ein Wort der Erkenntnis wissen, daß ich noch durch böse Geister der Unreinheit und Furcht angefochten sei. Ich solle mich verbal von jeglicher Macht lossagen, die sie über mich ausüben wollten. Zum Schluß sprach er ein kurzes Gebet, in dem er den Dämonen gebot zu weichen, und ließ mich gehen. Ich bedankte mich, obwohl ich nichts Besonderes fühlte.

Aber dann, auf dem Weg nach Hause, passierte etwas Gewaltiges.

Ich sah im Geist, wie Sai Baba mich packen wollte, aber ich schlüpfte durch seine Finger. Im gleichen Moment spürte ich, wie ein bleischweres Gewicht von meinen Schultern abfiel. Endlich war ich frei – frei im wahrsten Sinne des Wortes! Ich konnte es kaum fassen. Gott gab mir an diesem Tag einen Vorgeschmack des Himmels. Ich war vor Begeisterung ganz aus dem Häuschen, so daß ich aus lauter Freude vor dem Herrn tanzte. Welch ein Frieden, welch eine Ruhe! Sai Baba war endgültig fort!

Ich brach in jubelnden Lobpreis aus: »Herr, ich preise dich vom Grund meines Herzens! Ich kann dich gar nicht genug loben und dir danken!«

Wenn Christus uns frei macht, dann sind wir wirklich frei. Jesus hat alle Macht – auch über die Dämonen. Gott sei Dank dafür!

Epilog

Seit jener Zeit durfte ich beständig im Herrn wachsen. Er hat mich über Höhen und durch Tiefen geführt, und ich durfte es lernen, Ihm wirklich zu folgen. Der Schlüssel, um auf Dauer den Segen Seiner Gegenwart zu erleben, liegt in der völligen Übergabe all unserer Hoffnungen, Träume und Wünsche an Ihn, der am besten weiß, was für uns gut ist.

Sein Wunsch ist es, »Gottes Volk auszurüsten für das Werk des Dienstes, damit der Leib Christi gebaut wird, bis wir alle hingelangen zur Einheit des Glaubens und der Erkenntnis des Sohnes Gottes, zur vollen Mannesreife, zum Vollmaß des Wuchses der Fülle Christi« (Epheser 4,12.13). Er will nicht, daß wir auf der Stelle treten und dabei todunglücklich sind. Wir sollen wirklich frei sein, sollen »Leben haben und es in Überfluß haben« (Johannes 10,10b).

Wie können wir dahin kommen, daß wir dieses Leben, das Jesus uns versprochen hat, wirklich genießen – besonders dann, wenn wir immer noch von Dämonen oder Verletzungen aus der Vergangenheit angefochten werden?

Als erstes müssen wir unser Herz prüfen, um zu erkennen, wie unser Verhältnis zu Christus ist. Haben wir Ihm wirklich unser Leben total ausgeliefert? Jesus allein muß unser Führer und Lehrer sein. Wir werden niemals die Fülle von Freude erleben, die Er für uns bereit hat, wenn wir Ihm nicht unsere ungeteilte Loyalität darbringen. Das muß für uns oberste Priorität sein. Es darf in unserem Leben nichts geben, was mit dem Einfluß Jesu konkurrieren und Ihm die Herrschaft streitig machen will. Alles, was uns wichtig erscheint, sei es unsere Familie, unser Aussehen, unsere Karriere oder unser Wohlstand, müssen wir Jesus zu Füßen legen. Kurz, wir müssen von allen irdischen Verstrickungen frei sein.

Zweitens: Wenn wir in unserem Leben irgendwelche Kontakte zur okkulten Welt gehabt haben – vielleicht nur ganz lose –, müssen wir uns bewußt von ihnen lossagen. Das gilt auch für die Beschäftigung mit dem Ouijabrett, dem Horoskop, Tarockkarten, Wahrsagerei, Glückszahlenziehen, Hypnose, Transzendentaler Meditation, Lehren von Gurus oder irgendwelchen Kulten, und natürlich mit solch offensichtlich okkulten Praktiken wie Satansanbetung und spiritistischen Sitzungen. Alle diese Kontakte geben den Dämonen ein Anrecht auf unser Leben. Deshalb ist dies ein Gebiet, das ganz bewußt dem Herrn übergeben werden muß. Wenn man das nicht tut, bleiben automatisch Einfallstore offen, über die die bösen Geister bei uns eindringen können. Gott wird uns auch an okkulte Bindungen erinnern, die wir vielleicht schon vergessen haben, wenn wir Ihn darum bitten.

Wenn wir unser eigenes Zukurzkommen und unsere Not erkennen und im Gebet vor Gott aussprechen, kommen wir an den Punkt, wo wir wirklich Buße tun können. Buße tun heißt »sich abwenden« – von unserem alten Leben, von unseren Sünden, von unserer Vergangenheit. Gleichzeitig wenden wir uns einem neuen Leben zu, in dem Christus in uns lebt. Jesus ist immer bereit, zu uns zu kommen, denn Er sagt: »So sei nun eifrig und tu Buße! Siehe, ich stehe an der Tür und klopfe an; wenn jemand meine Stimme hört und die Tür öffnet, zu dem werde ich hineingehen und mit ihm essen, und er mit mir« (Offenbarung 3,19b.20). Wir können die Tür mit einem ganz einfachen Gebet aufmachen – etwa dem folgenden: »Herr Jesus, ich lade dich ein, in mein Herz zu kommen. Bitte, komm herein und sei mein Herr! Ich will dir folgen, dir ganz allein.« In der richtigen Glaubenshaltung gesprochen, werden diese Worte zum Beginn einer lebendigen Beziehung zu Gott dem Vater, Jesus Christus und dem Heiligen Geist.

Wenn wir davon überzeugt sind, daß Christus wirklich auf dem Thron unseres Herzens sitzt, aber immer noch dämonische Anfechtung größeren Ausmaßes erleben, sollten wir unbedingt Hilfe suchen. Brüder und Schwestern in Christus, die eine klare Erkenntnis der Vollmacht Jesu über die Dämonen und Seiner heilenden Kraft besitzen, können uns helfen, unser Herz aufzuschließen. In einer Atmosphäre der Geborgenheit, in der wir uns frei fühlen, unsere innersten Kämpfe und Nöte offenzulegen, fungieren sie als offene Kanäle für das Werk des Heiligen Geistes. Gottes Liebe und Gnade fließen durch sie in uns hinein, und es kann echte Heilung stattfinden.

Es gibt viele Gemeinden in Nordamerika, Großbritannien und Europa, die offen sind für das Wirken des Heiligen Geistes und deren Glieder an die unbegrenzte Macht Jesu Christi glauben. Manche haben einen ausgesprochenen Heilungs- und Befreiungsdienst, mit dem sie ihren Mitmenschen dienen. Doch wenn wir uns eine Gemeinde suchen, sollten wir unbedingt darauf achten, daß sie ihre Lehren einzig und allein aus der Bibel bezieht und eine klare christliche Ausrichtung besitzt. Am besten ist es, bewußt über diese Frage zu beten und uns von Gott führen zu lassen. Er wird zur richtigen Zeit die richtige Tür öffnen, wenn wir Ihm vertrauen.

Heilung ist manchmal ein längerer Prozeß. Aber wenn wir uns Gott anvertrauen, wird Er letztendlich Seinen Plan in uns zur Erfüllung bringen. Er macht uns völlig frei.

**Weitere Veröffentlichungen aus dem
VERLAG C. M. FLISS, Lütt Kollau 17, D-22453 Hamburg:**

Glaube ist Gnade von Dr. Charles S. Price
Dieses Buch ist ein Klassiker der christlichen Glaubensliteratur. Der Autor gibt dem Leser eine völlig neue Vision des Glaubens!

Von Gott erwählt von Dr. Charles S. Price
Lesen Sie diese Autobiographie von Dr. Price. Sein Leben ist ein eindrucksvolles Zeichen des Wirkens Gottes im Leben eines Menschen, der sich Gott total zur Verfügung stellt!

Völlige Erlösung für Geist, Seele und Leib von Dr. Charles S. Price
Diese Veröffentlichung stellt eine Weiterführung und Vertiefung der Bücher GLAUBE IST GNADE und VON GOTT ERWÄHLT dar.

Von der Zinne des Tempels von Prof. Dr. Charles Farah
Ein Buch über die Souveränität Gottes, geschrieben für eine Generation von Gläubigen, die meint, daß Gesundheit, Wohlstand und Glück der Maßstab für echten Glauben ist.

Die Verheißung gilt Dir von Canon Michael Harper
Eine praktische Einführung in das Erleben der Kraft des Heiligen Geistes!

Wandelt im Geist von Canon Michael Harper
»Voll Heiligen Geistes« zu sein, ist erst der Anfang einer neuen Lebensdimension. Danach müssen wir es täglich lernen, »im Geist zu wandeln«.

Lobpreisstraße von Dr. Don Gossett
Für Sie ist in der Lobpreisstraße eine Wohnung reserviert. Ziehen Sie ein! Sie werden feststellen, daß der Lobpreis Gottes Ihr ganzes Leben verändern wird!

Berührt von Jesu Liebe von Dr. Don Gossett
Sie werden erfahren, wie man in einer Welt voller Einsamkeit und Verzweiflung Jesu Liebe ausstrahlen kann.

Engel in Aktion von Hope MacDonald
ist ein fesselnd geschriebenes Buch, das Sie daran erinnern will, daß Ihr Leben in Gottes Hand liegt.

Ein Mann nach dem Herzen Gottes: Smith Wigglesworth
von Albert Hibbert
Ein Buch, das uns helfen will, das Geheimnis des Dienstes, der Vollmacht und der Kraft von Smith Wigglesworth zu erkennen.

Unter schallendem Lachen von Dean Jones — Autobiographie
Die Geschichte einer Verwandlung. Aus einer vollkommen hoffnungslosen Person wurde ein neuer Mensch, reich in Gott.

**Bestellen Sie bitte bei
C. M. Fliß, Versandbuchhandlung, Postfach 61 04 70, D-22424 Hamburg**

**Weitere Veröffentlichungen aus dem
VERLAG C. M. FLISS, Lütt Kollau 17, D-22453 Hamburg:**

Mit Lobpreis leben von Dr. Judson Cornwall
*ist das ganz andere Lobpreisbuch. Judson Cornwall will Sie aktiv mit hinein-
nehmen in den Lobpreis Gottes. Sie sollen ein Mensch des Lobpreises
werden.*

Anbetung — Lebensstil der Heiligen von Dr. Judson Cornwall
*Das Hauptthema der Bibel wird dargelegt. Dynamisches Leben durchpulst
dieses Buch.*

Vergebung — Gottes Liebe triumphiert von Dr. Judson Cornwall
*Ein Buch über Schuld und Sühne. Gottes Geschöpf, der Mensch, soll in die
ursprüngliche Stellung zurückversetzt werden.*

Errettet aus der tiefsten Hölle von Raul Ries
*Die Geschichte eines Saulus des 20. Jahrhunderts. Wer ihn kannte, der fürch-
tete ihn. Ein Wunder machte ihn zu einem Paulus.*

Der Schleier zerriß von Gulshan Esther
*Die mitreißende Bekehrungsgeschichte einer direkten Nachfahrin Moham-
meds. Ein beliebter Bestseller!*

Herr, warum trifft's mich von Elizabeth Gardner
*Der Ehemann und ihre zwei kleinen Kinder sterben an einer seltenen Krank-
heit. Jesus gab ihr Seinen Frieden und Triumph im Leid.*

Leben aus dem Wort von Frances Hunter
*Das ganz andere Andachtsbuch, das für viele Jahre Ihr ständiger Begleiter
werden möchte.*

Sei kühn im Glauben von Dr. Don Gossett
*Sie können kühn im Glauben sein, wenn Gott Ihnen für Ihre Situation ein
spezielles Bibelwort gegeben hat. Gehen Sie vorwärts!*

Zwei Welten von Dr. Charles S. Price
*Der göttliche Strom des licht- und lebenspendenden Wortes fließt auch heute
noch. Die Völker sind mit Finsternis umgeben, Kinder Gottes richten ihren
Blick nach oben.*

Und am Abend wird es licht von Dr. Charles S. Price
*Für Leser bestimmt, die sich vom Heiligen Geist in das Reich zunehmender
Offenbarung führen lassen wollen.*

Laß die Posaune erschallen von David Wilkerson
*Hier finden Sie alles, was Sie über Ehe und Scheidung, Rockmusik und christ-
liche Lebenshaltung, Fernsehen, Wohlstandsevangelium und vieles mehr
unbedingt wissen sollten.*

**Bestellen Sie bitte bei
C. M. Fliß, Versandbuchhandlung, Postfach 61 04 70, D-22424 Hamburg**
Wir informieren Sie auch gerne über unser Gesamtprogramm! Postkarte genügt.